本項目獲得一九九二年中華社會科學基金資助
本書出版獲得全國古籍整理出版領導小組資助

馬王堆簡帛文字編

選堂

陳松長 編著

鄭曙斌 喻燕姣 協編

文物出版社

圖書在版編目（CIP）數據

馬王堆簡帛文字編 / 陳松長編著. —北京：文物出版社，2001.6（2023.5 重印）
ISBN 978-7-5010-1192-6

Ⅰ.①馬… Ⅱ.①陳… Ⅲ.①馬王堆帛書—帛書文字—匯編②馬王堆漢墓—竹簡文字—匯編 Ⅳ.①K877

中國版本圖書館 CIP 數據核字（1999）第 52905 號

馬王堆簡帛文字編

編　　著：陳松長
協　　編：鄭曙斌　喻燕姣

書名題簽：饒宗頤
封面設計：程星濤
責任印製：張道奇
責任編輯：蔡　敏　黄　曲

出版發行：文物出版社
社　　址：北京市東城區東直門内北小街 2 號樓
郵　　編：100007
網　　址：http：//www. wenwu. com
經　　銷：新華書店
印　　刷：河北鵬潤印刷有限公司
開　　本：787 毫米×1092 毫米　1/16
印　　張：41.25
版　　次：2001 年 6 月　第 1 版
印　　次：2023 年 5 月　第 2 次印刷
書　　號：ISBN 978-7-5010-1192-6
定　　價：280.00 圓

目録

序

長沙馬王堆漢墓出土的帛書和竹木簡，久已膾炙人口。爲這些極其珍貴的簡帛纂輯一部系統完備的文字編，是學術界與書法界早已期待的事。

馬王堆簡帛，分别出自一號墓和三號墓。一號墓的發掘在一九七二年，三號墓在一九七三年底，算來已有二十幾年。但是由於三號墓帛書分量重，整理工作迄今還没有全部完成，若干内容尚未公佈，給文字編的輯集帶來困難。因此，在馬王堆簡帛前後發現的侯馬盟書、雲夢睡虎地秦簡，以及近年新出的荆門包山和郭店楚簡，都已有文字編問世，惟獨馬王堆簡帛的文字編姗姗來遲。

令人欣幸的是，湖南省博物館陳松長先生以數年心力，編成《馬王堆簡帛文字編》，即將出版，能够滿足大家的要求。這部《馬王堆簡帛文字編》，對馬王堆一號、三號兩墓簡帛進行窮盡性的字頭取樣，共得單字三千二百多個，一律使用照片進行電腦處理，以避免摹寫失真的弊病，確實是理想的文字編，不僅對研究馬王堆簡帛，對于整個馬王堆漢墓的探討，也是非常重要的貢獻。

一九九一年，我在參加馬王堆漢墓發現二十週年紀念時，曾在一篇小文中説，重大的考古發現應當對人們認識古代歷史文化起重要影響，改變大家心目中一個時代、一種文化以至一個民族的歷史面貌，而馬王堆漢墓就稱得起是這樣意義的重要發現。即以墓中所出簡帛而言，包含了多種佚書，不愧是真正的『驚人秘籍』。從《周易》經傳、《老子》與《黄帝書》開始，一直到大量的數術、方技書籍，無不爲前人所未見。即使是遣策、牘牌，其間名物體例，也藴含着許多需要細究的問題。想通過這些深入認識當時的學術文化、制度風俗，自然應先辨識簡帛的文字，而《馬王堆簡帛文字編》正是不可缺少的工具書。

從古文字學來説，馬王堆簡帛的發現又有着特殊重要的意義。馬王堆墓葬屬於軑侯一家，三號墓確定下葬於漢文帝前元十二年，即公元前一六八年，一號墓略晚一些，兩墓簡帛的年代都在秦至漢初的範圍内。這在中國古文字發展嬗變的歷史上，乃是極重要的轉捩時期。大家知道，許慎《説文解字·叙》云，周宣王時太史籀著大篆十五篇，字體與古文不同，而孔子及其門徒所用的文字都是古文。其後諸侯力政，分爲七國，『言語異聲，文字異形』，秦始皇帝兼并天下，推行『書同文』政策，『罷其不與秦文合者』。當時李斯作《倉頡篇》，趙高作《爰歷篇》，胡毋敬作《博學篇》，『皆取史籀大篆，或頗省改』，即所謂小篆，《漢書·藝文志》稱爲秦篆。同時，秦『大發隸卒，興役戍，官獄職務繁，初有隸書，以趣約易』，這也可以稱爲秦隸。秦篆、秦隸是後來漢代篆、隸的先聲，後者已經不屬於一般講的古文字了。因此，在秦至漢初通行的篆、隸，乃是中國文字從古文字階段逐漸脱出的轉化形態，在研究上有非常突出的價值。

隸書的流行，尤其值得注意。隸書的萌芽，包括其形體筆勢的種種特點，固然可以在戰國時代秦國文字中找到，然而隸書因其省易，在繁重的政府事務間普遍使用，成爲官方承認的一種字體，確係始於秦代。也正因爲如此，秦至漢初的書籍亦以隸書抄寫，取代了已被廢止的古文和書寫困難的篆書。

馬王堆簡帛向我們展示了這一轉化時期的種種文字現象。例如可能寫於秦始皇二十五六年的帛書《式法》（舊題《篆書陰陽五行》），保存了大量楚國古文的寫法，又兼有篆、隸的筆意，大約是一位生長于楚，不很嫻熟秦文的人的手迹。同樣書寫時間較早的帛書《五十二病方》，寫者應該是秦人，字體是帶有濃烈的篆書意味的隸書。最晚的例子，如在漢文帝時抄寫的《周易》經傳、《老子》乙本、《黄帝書》、《相馬經》、《五星占》等帛書，字體便與標準的漢隸相當接近。對于關心『隸變』問題的學者，這些材料無疑是十分寶貴的。

陳松長先生是撰著這樣一部馬王堆簡帛文字編的最佳人選。他於考古文物與古文字學均有甚深修養，研究馬王堆漢墓文物多年，並且參加馬王堆漢墓帛書整理小組，有條件據原物對簡帛觀察研究。凡讀過他和傅舉有先生編著的

《馬王堆漢墓文物》與他所編《馬王堆帛書藝術》的，接觸到他在多種刊物發表的有關馬王堆及其簡帛的研究論文的，都對其學博識卓有深刻印象。《馬王堆簡帛文字編》的出版，一定會得到大家的歡迎。

李學勤

二〇〇〇年九月十二日中秋

前言

馬王堆漢墓出土的帛書竹簡，既是出土文獻中很重要的一批珍貴資料，其價值可與西北的敦煌卷子媲美，又是漢字發展史上極重要的隸變時期的最寶貴的原始材料，其價值自然不在湖北睡虎地秦簡、西北漢簡之下。自其在一九七三年出土以來，已引起學術界和書學史界的普遍關注和研究熱潮，海内外學者已發表了數以千計的論文論著，但是，由於種種原因，這批珍貴的帛書竹簡出土二十多年了，仍然没有全部整理發表。許多研究者亦因看不到原件而常有以訛傳訛的情况發生，更由於没有一本可供查尋的專門的工具書以備查檢，因此常給研究者造成困惑。有鑒於此，我們秉着爲學界提供參考查尋方便的目的，開始了本書的編著工作。

馬王堆帛書内容很多，不僅因殘字太多而無法確定其準確的數字，僅能以十二萬多字或十多萬字來泛稱（我們的意見是在没有準確統計出來之前，最好是稱十多萬字較真實）。而且在篇目的分類上亦各執一説，有的説是二十八篇，有的説是二十多篇或三十多篇，以致使研究者大有無所適從之感。對此，我們分析認爲，之所以在篇目的數量上有種種差別，主要是對篇的定義下得太寬。

例如帛書《周易》，一般就把附在《周易》之後的《易傳》部分也劃在《周易》這一篇之下，統稱爲一篇。又如帛書《老子》卷前、卷後都各有古佚書四種，而一般就只稱爲帛書《老子》甲本、乙本。很顯然，這種分類是不準確的。因此，我們在本書的編排中，首先將帛書的内容嚴格按篇劃分，即每篇一種，如《老子》甲本卷後、乙本卷前的各四篇古佚書都單列，這樣就共有十種。准此，我們可將馬王堆帛書共分爲六類四十四種，其具體篇目如下：

一、六藝類：

1.《周易·六十四卦》
2.《易傳·二三子問》
3.《易傳·繫辭》
4.《易傳·易之義》
5.《易傳·要》
6.《易傳·繆和》
7.《易傳·昭力》
8.《春秋事語》
9.《戰國縱横家書》

10.《喪服圖》（這件帛圖上有一段説明喪服制度的文字，故歸在帛書類中討論，《太一將行圖》、《導引圖》亦同此處理）

二、諸子類：

1.《老子》甲本

2.《五行》

3.《九主》

4.《明君》

5.《德聖》

6.《經法》

7.《十六經》（或稱《經》、《十大經》）

8.《稱》

9.《道原》

10.《老子》乙本

三、兵書類：

1.《刑德》甲本

2.《刑德》乙本

3. 《刑德》丙篇（該篇内容與《刑德》甲、乙本並不相同，故以丙篇稱之以示區别）

四、數術類：

1. 《陰陽五行》甲篇
2. 《陰陽五行》乙篇
3. 《出行占》
4. 《五星占》
5. 《天文雲氣雜占》（一般稱爲《天文氣象雜占》）
6. 《木人占》
7. 《太一將行圖》（或稱《社神圖》、《神祇圖》、《避兵圖》、《太一避兵圖》、《太一出行圖》）
8. 《相馬經》

五、方技類：

1. 《足臂十一脈灸經》
2. 《陰陽十一脈灸經》甲本
3. 《陰陽十一脈灸經》乙本

4.《脈法》

5.《陰陽脈死候》

6.《五十二病方》

7.《胎產書》

8.《養生方》

9.《雜療方》

10.《却谷食氣》

11.《導引圖》

六、其他類

1.《長沙國南部地形圖》

2.《駐軍圖》

按此分類，我們在書中的每個字頭下注明其篇名時，即以這四十四種篇名的簡稱代之，這樣也就便於讀者相應準確地查找其出處。

馬王堆帛書由於內容衆多，遠非一人一時所能抄就，所以這批帛書保留了不同時期、不同抄手的原始筆迹，其時間跨度從戰國末年到漢文帝前元十年左右。從而客觀地保存了秦末漢初漢字隸變時期較豐富的第一手資料。這批資料所呈現的書體可以説是多姿多彩，早在七十年代，人們就將其分爲篆書、古隸、隸書三種。其實，這四十四種帛書，除被稱爲隸書的那一類似是出自同一抄手而面貌基本相同外，其他諸種都各有特色，不能簡單地統稱爲篆書或秦篆就算了。例如被稱爲篆書的就有所謂篆書《陰陽五行》和《五十二病方》、《足臂十一脈灸經》、《陰陽十一脈灸經》等，其筆畫結構、書體風格就各有千秋，而作爲代表性的篆書《陰陽五行》，實際上也不是典型的篆書，而是在字體上保存着篆書的結構，在點畫上則多用隸書的筆道寫出，而個别偏旁如『水』字旁，則已經完全隸化，徑直寫作三點水旁。至於古隸（或稱秦隸）則更是風格各異，如《戰國縱横家書》和《老子》甲本的風格就完全不一樣，而這種風格的差異既反映了書手水平的高低，也多少反映了帛書抄寫的年代先後。因此，我們在同一字頭的前後編排時，大體上按照筆者所編的《馬王堆帛書藝術》（上海書店出版社一九九六年版）的字體先後排列，以顯示其字體發展演變的大致序列。

馬王堆帛書竹簡由於出自不同的抄手，且其所處的時代正是漢字由篆向隸演變的巨變時期，因此，其文字的使用並不太規範。大量的通假字、異體字充斥在字裏行間，有的可能當時就是正字。如『魂魄』這兩個字，在帛書中並不見從『鬼』的『魂魄』二字，而只有從『示』的『⿰礻云⿰礻白』二字。在理解上，或稱其爲異構字，或稱其爲通假字。對這種現象，我們遵循以字形爲準的原則，直接將此二字歸屬『示』部，另在引文中用（ ）號注明其是通假字或異體字，這樣也許更便於檢索。

馬王堆帛書竹簡文字衆多，我們無法也没有必要做窮盡性的字頭排列，特別是那些反復出現，且又没什么字形變化的字，如『之』、『也』之類，如作詳盡的羅列，那只是徒增版面而已，對學人絶没有什么價值和意義。因此，我們在編排時，儘可能地搜盡每一個不同的字頭（當然也許還可能有疏漏），在每一個字頭下，根據字體的差異，按篆隸、古隸、漢隸的順序，即文字書寫時代的大致先後排序。需要説明的是，那些出現頻率不高的字，其重文自然較少，故其字形的演變痕跡也就無法反映。

在本書的編排過程中，我們希望是能按照《金文編》的體例，在每一個字頭下注明其出處和文句，但我們實際上又受到迄今爲止尚有部分帛書和三號墓遣策没有發表的條件制約；同時，有些帛書，如《陰陽五行》之類，殘缺太多，無法句讀，且還因没有正式發表而不能準確地注明其所在的行數。因此，我們只能就手頭所掌握的原帛書整理小組所做的釋文來標明其文例和行數，其文例無法句讀或文句太長者，我們就以詞例注之，而這類尚没發表的帛書竹簡的所注行數，則僅供參考而已，最後定準當依馬王堆帛書竹簡全部整理正式發表的本子爲準。

以上是我們在編著本書的過程中遇到一些問題的處理説明，應該説，我們是在摸索中編著這樣一部條件不很成熟的工具書，其目的無非是想早一點給學界提供一本可供查尋的、相對準確可靠的參考書。但就是這樣一本書，從獲得一九九二年國家中華社會科學基金資助立項到出版，已整整過去了八個年頭，其間的艱難、困惑和苦惱確實難以言表。如果説，該書的出版還能備學者的案頭查檢之需，那我們也就心滿意足了。

陳松長

一九九九年十一月二十四日

凡例

一、本書匯編馬王堆漢墓出土的帛書、竹簡（包括遣策、醫簡和木牌）文字，計有帛書四十四種，遣策七百二十二支，醫簡二百支，木牌一〇一塊。此外，一些無法綴合的帛書殘片中較清晰的字亦酌情收入。

二、匯編文字以筆畫清晰、形體特徵鮮明爲録入原則，在同一字頭下，以字體的演變先後爲序排列，凡字形相同者，只取一個爲代表，凡構形有差異者，則盡量録入。爲便于檢索和比較，凡異體字都歸於同一字頭之下，另起一行排列。

三、本編共分單字、合文和附録三部分，其中附録爲存疑字。共收單字三千二百二十六個，重文九千五百六十六個，合文十五個，存疑字三十九個。

四、匯編之字頭嚴格按照原物照片取樣，然后經電腦處理統一大小，不添不改，盡量讓字形保存原形原貌。每一個字頭下都標注楷體，每一個字形下均注明該字所出的篇名、行數和詞例，凡已發表的帛書、竹簡，均以文物出版社出版的《馬王堆漢墓帛書》精裝本（壹）、（叁）、（肆）和《長沙馬王堆一號漢墓》中的行數、簡號和詞例爲準。凡只發表釋文而未刊發圖版的，則以釋文的行數和詞例爲準。没有發表的部分，其中帛書以原帛書整理小組的整理分行爲據，確定其行數和詞例（其中《天文雲氣雜占》原分爲A、B、C、D、E、F、G七段，故其行數仍冠以其段號）；帛書殘頁則僅標明頁數；竹簡、木牌則因没有分行依據，故暫闕其行數而僅録其詞例。詞例中句子較短者，則全句録入。詞例中殘損無法隸定之字，或闕釋之字用□表示。通假字，則盡量用（）括出正字。根據傳世文獻補入之字，用［］標出。凡帛書中抄錯的字，則用〈〉標出正字。

五、分別部首一依許慎《説文解字》。凡《説文》所載之字，均用小篆書寫字頭，《説文》所無而形聲可識者，則附於《説文》各部首之末，其字頭則用楷書標明，凡無法隸定者，則歸於附録中。

六、釋文以成定説者爲準，間採各家考證之説。

七、編末附有筆畫檢字表。

本編所引詞例篇名簡稱表

篇名	簡稱	篇名	簡稱
《周易》	周	《五行篇》	五
《二三子問》	二	《九主》	九
《繫辭》	繫	《明君》	明
《易之義》	易	《德聖》	德
《要》	要	《經法》	經
《繆和》	繆	《十六經》	十
《昭力》	昭	《稱》	稱
《春秋事語》	春	《道原》	道
《戰國縱横家書》	戰	《刑德》甲本	刑甲
《喪服圖》	喪	《刑德》乙本	刑乙
《老子》甲本	老甲	《刑德》丙篇	刑丙
《老子》乙本	老乙	《陰陽五行》甲篇	陰甲

《陰陽五行》乙篇	陰乙	《却谷食氣》	却
《出行占》	出	《導引圖》	導
《五星占》	星	《地形圖》	地
《天文雲氣雜占》	氣	《駐軍圖》	駐
《木人占》	木	帛書殘片	殘
《太一將行圖》	太	一號墓遣策	遣一
《相馬經》	相	三號墓遣策	遣三
《足臂十一脈灸經》	足	一號墓木牌	牌一
《陰陽十一脈灸經》甲本	陽甲	三號墓木牌	牌三
《陰陽十一脈灸經》乙本	陽乙	《十問》	問
《脈法》	脈	《天下至道談》	談
《陰陽脈死候》	候	《合陰陽》	合
《五十二病方》	方	《雜禁方》	禁
《胎產書》	胎		
《養生方》	養		
《雜療方》	療		

馬王堆簡帛文字編

第一

一　陰甲　〇二〇
天一之徒

陰甲　二三九
戊亥八月一日

戰　〇九〇
若出一口

戰　二一一
夫一齊之强

遣一　〇五九
魚襘（膾）一器

遣三
紫綺複帶襘一

遣三
移䝳物一編

合　一〇六
一曰氣上面埶（熱）

陰乙　〇九一
有之一者

老乙　一八〇
一生二

元　遣一　一三九
元栂（梅）二資

星　一二三
漢元

星　一三〇
［高］皇后元

天　陰甲　〇一三
中旬天才（在）南地

刑丙　〇四二
發屋析木天□□□

春　〇八一
天子誅之

戰　一四〇
是以天幸自爲常也

合　一〇四
乃能久視而與天地牟（侔）存

經　〇〇三
故執道者之觀於天下毆（也）

星　〇〇八
是胃（謂）天維〈綰〉

吏　戰　二三六
願王兵（與）下吏羊（詳）計某言

遣三
家吏十人

上　陰甲　〇一六
中月上旬

殘　頁五
上

足　〇〇五
上貫膝外兼（廉）

胎　〇三〇
令嬰兒□上

刑丙　〇五五
招榣（搖）在上

老甲　〇八二
以其上有以爲［也］

戰　〇〇六
事之上

戰　〇二四
此其上計也

合　一〇六
一曰氣上面執（熱）

合　一〇八
徹備乃上

二　〇〇一
上則風雨奉之

星　〇二一
其出上遝午有王國

帝　陰甲　二五八
帝嵩（顓）玉（頊）□

戰　二一八
立三帝以令於天下

刑甲　〇一二
五帝出

旁　旁

十　一二一
黄帝曰

經　〇五二
帝王者

周　〇九二
王用芳（享）于帝

二　〇〇一
叚（假）賓於帝

星　〇七七
秦始皇帝元

旁　療　〇一二
旁令蠭（蜂）□螫之

陽乙　〇一五
大資（眥）旁

老甲　一二三
萬物旁（並）作

氣　G〇七八
候日旁見交赤云

合　一二二
旁欲攡（摩）也

老乙　二三一
萬物旁（並）作

相　〇四四
旁又（有）積緌者

刑乙　〇六〇
以見玄鳥於斗旁

相　〇一六
旁（霯）乎若羽

下　陰甲　一六四
庚辰下君之日

足　〇二七
循筋下兼（廉）

療　〇五二
取下贛汁

刑丙　〇五五
下乘龍戴斗

春　〇三七
禮下無悁（怨）

戰　〇四三
下苟毋死

祀 社 祅

下

氣 B〇九七
下一占曰見血少三軍

遣一 二八一
熏大簟一素鞔赤掾（緣）下

遣三
熏小簟一繢掾（緣）下

合 一一八
二日下之

合 一〇七
四曰下汐股濕

問 〇四二
天下孰最貴

出 〇三二
甲乙下失西不病必傷

二 〇〇一
下綸窮深潚（淵）之潚（淵）

星 〇二五
其下流血

祀

陰甲 一九五
女（毋）以祭祀

戰 一九五
祭祀則祝之曰

氣 B〇九二
邦君得祀

要 〇一八
故祭祀而寡也

社

九 三五七
威（滅）社之主二

戰 三〇〇
與楚粱（梁）大戰長社

經 〇〇九
則社稷（稷）大臣

經 〇二三
其主不吾（悟）則社稷（稷）殘

祅

刑乙 〇四二
天乃見祅

神　方　二〇四
天神下干疾

老甲　〇四七
其神不傷人也

談　〇一二
黃神問於左神曰

問　〇〇七
通於神明

合　一三三
精神入臧（藏）

問　〇〇二
稽於神明

二　〇〇二
則雷神養之

祖　問　〇四八
彭祖合（答）曰

祠　戰　二五九
此秦之所廟祠而求也

陰乙　〇四七
是謂毀以祠

陰乙　〇五〇
大祠巫□

祝　陰甲　一三一
祝從門中三祝

療　〇六七
祝

戰　二三二
屬之祝譜（籍）

戰　一九五
祭祀則祝之日

祭　陰甲　二五九
皆不可以大祭有咎

談　〇四七
乃祭（察）八撞（動）

陰乙　〇四六
□之以祭

祥 祿 禁 福

周 〇二六 東鄰殺牛以祭

繆 〇四〇 使祭服忽

老甲 〇三三 子孫以祭祀［不絕］

祥 老甲 〇三七 益生曰祥

老乙 二一六 受國之不祥

十 一一八 有祥□□

祿 稱 一四六 祿泊（薄）者

繆 〇六六 則士祿不足食也

禁 陰甲 一七六 土禁

問 〇三二 食氣有禁

十 一〇五 上帝以禁

周 〇四九 禁（咸）林（臨）

福 陰甲 〇二三 坆（士）者三遷徙者福多子

戰 二九五 轉禍爲福矣

戰 二一三 因過（禍）爲福

陰乙 〇六七 其福益壽

陰乙 〇五〇 是謂前陰以祠受福才

經 〇〇三 禍福同道

㞙

經 ○七四

是必爲福

易 ○二八

首福又（有）皇

相 ○一九

可以駝（馳）福

禍 春 ○九五

禍李（理）屬焉

戰 一六六

必無兵（與）强秦粼（鄰）之禍

春 ○二二

劫於禍

戰 一五二

負强秦之禍

經 ○○三

禍福同道

禦 五 二五八

强禦果也

經 ○二二

則守禦之備具矣

明 四一六

以氏（是）守禦

春 ○○八

燕大夫子□衛（率）帀（師）以禊〈禦〉晉人

禮 老甲 一五八

戰勝以喪禮處之

春 ○八一

諸侯失禮

戰 一一五

殺人之母而不爲其子禮

老乙 二四七

言以喪禮居之也

易 四○

以制禮也

㞙 陰甲 二五八

㞙從北方

陰甲 二一五

庚辛剸壬癸㞙

奈　材　⿰礻云　⿰礻白　⿰礻吴　⿱高示　⿱最示

周　〇五〇

弟子輿⿸尸示（尸）

戰　二八五

爲自恃計奈何

問　〇六七

治之奈何

問　〇四二

治生奈何

經　〇七四

非必爲材（災）

老乙　二三二

天物⿰礻云（魂）⿰礻云（魂）

老乙　二二四

戴營⿰礻白（魄）抱一

周　〇六九

日⿰礻吴（昊）之羅（離）

繆　〇三七

⿱高示（崇）高神明而好下

養　二〇一

五日魚⿱最示（嘬）

𥜿

瘵　〇六二
每朝啜𥜿二三果（顆）

禬

問　〇九九
翕其神禬（霧）

三

三　陰甲　〇二四
婦死者三人

養　〇〇三
［刌］瘨（顛）棘長寸□
節者三斗

遣三
右方十三牒□笥

問　〇七五
二三言而止

合　一二〇
三曰直踵

合　一〇七
三曰舌溥（薄）而滑

陰乙　〇八九
利在三歲中事者

星　〇三七
三指有憂城

星　〇〇八
二若〈舍〉三舍

王

王　老甲　一四二
道大天大地大王亦大

春　〇〇七
非先王□勝之樂也

戰　〇〇一
自趙獻書燕王曰

二　〇一二
此言聖王之安世者也

星　〇二一
其出上遝午有王國

閏

閏　繆　〇一六
此言自閏（潤）者也

皇

皇　問　一〇〇
云（魂）柏（魄）皇□

十　〇八六
刑德皇皇

易　〇二八
首福又（有）皇

王

玉　陰甲　二五八
帝耑（顓）玉（頊）□

五　一八七
金聲而玉振之

戰　〇三六
玉丹之勺（趙）致蒙

問　〇一二
玉筴（策）復生

合　一二五
玉莢（策）入而養（癢）乃始也

經　〇四六
黄金珠玉臧（藏）積

玩

玩　經　〇三一
玩好睘好而不惑心

珥

珥　氣　G〇四一
有行而珥

珠

珠　遣三
土珠璣一緓囊

遣一　二九八
右方土珠金錢

經　〇四六
黄金珠玉臧（藏）積

理

理　合　一一四
八而奏（腠）理光

問　〇〇八
民何得而奏（腠）理靡曼

易　〇一四
而理於義也

瑕

瑕　老甲　一四五
[善]言者无瑕適（謫）

老乙　二四一
善言者无瑕適（謫）

相　〇二〇
玉中又（有）瑕

瑣 瑩 璣 環 璧 靈

瑣 明 四一五
簡令天下之材瑣焉

瑩 明 四二四
裘封營瑩□臺華褩

璣 遺一 二九四
土珠璣一縑囊

遺三
土珠璣一縑囊

環 候 〇八七
目環（睘）視褱（衺）

老甲 一四三
唯（雖）有環官

戰 二七三
秦禍案環（還）中粱（梁）矣

老乙 二四一
雖有環官（館）

繆 〇六〇
環周而欲均荊方城之外

璧 明 四一一
此其爲璧多矣

春 〇四七
垂革璧假道於虞

戰 二七五
股符胠璧

遺一 二九三
木白璧生璧一笥

遺三
木白辟（璧）生璧一笥

靈 問 〇二九
飲榣（瑤）泉靈尊以爲經

問 〇九七
靈路（露）内臧（藏）

陰乙 圖四
伏靈

談　〇四三
九曰青（蜻）靈（蛉）

⿰王亥

老乙　二三九
獨立而不⿰王亥（改）

⿰王采

老乙　二〇六
我恒有三⿰王采（寶）

珵

養　〇一五
珵後用□□

气　十　〇九九
營行气（乞）食

周　〇七七
小狐气（汔）涉

⿰皀气

周　〇二九
⿰皀气（汽）至亦未汲井

士

士　春　〇四二
士說曰

春　〇七九
士匽爲魯君槀（犒）師

戰　〇八五
士民句（苟）可復用

談　〇六七
命曰天士

問　〇五四
徹士製（制）之

老乙　一七八
中士聞道

壯

壯 養 二〇五
乃若台壯

春 〇八七
魯壯（莊）公有疾

談 〇二六
令之復壯有道

問 〇一一
可以卻（却）老復壯

周 〇三三
泰（大）壯

中

中 陰甲 一三九
中宮而筑庫

療 〇一七
入前中

春 〇二〇
叔中（仲）惠伯□□□佐、之

戰 〇〇四
□□□□□之中

戰 一二一
使如中山

遣一 一八六
膝畫襲中幸酒杯十五

遣三
家丞奮移主贅郎中

遣三
膝畫襲中幸酒杯廿

合 一〇五
玄門中交脈也

經 〇六三
從中外周

繫 〇三〇
馬（象）在其中矣

繆 〇一一
日中必傾（？）

二 〇三五
日中而盛

屯

屯 療 〇六五
屯（純）以馬䵅

遣三
屯（錞）于鐃鐸各一

老乙 一九四
其民屯屯

稱 一五五
其實屯屯

每 繆 ○○三
將何無每（悔）之又（有）

毒 遣三
象劍毒窅具一

周 ○七九
愚（遇）毒

熏 方 二五○
日三熏

遣一 二二○
熏盧二

遣三
青綺熏囊一桃華（花）掾

周 ○一○
厲熏心

艾 養 二一六
君何不鬻（羹）茅艾

芋 遣一 ○一三
鹿肉芋白羹一鼎

芊 明 四三一
戎馬食苦（枯）芊（稈）
復庚

芍　方　二七一
冶白蔹（蘞）黄蓍（耆）
芍樂（藥）

芒　春　〇三六
伯有亦弗芒

相　〇三九
是不能威（滅）芒（亡）
數死生者也

折　陰甲　〇五八
腊矛必折

養　目録
折角

刑甲　〇四八
折木發屋

陰乙　〇四八
是謂衝折以祠

二　〇〇九
能毋折虖（乎）

繆　〇三四
君子之所以折其身者

星　〇三四
其出西方爲折陰

芬　老乙　二二一
解其芬（紛）

芩　方　二九〇
黄芩白蔹（蘞）

芫　方　四一三
芫華（花）一齊

芮　老甲　〇七二
吾不進寸而芮（退）尺

星　〇〇三
其名爲芮莫（涒灘）

芳　問　〇九〇
毋（無）芳（妨）也

周　〇一三
可用芳（享）

相　〇〇一
下有逢芳

芥　方　一九四
取芥衷莢

戰　二二九
則地與王王布屬壤芥者七百里

老乙　二一七
故又（有）德司芥（契）

芙　陰甲　一三三
垛櫻專之芙白茅莋

苦　明　四三一
戎馬食苦（枯）芊（稈）復庚

戰　〇六〇
臣之苦齊王也

遣一　〇二七
牛苦羹一鼎

十　一〇五
投之苦酭（醢）

繆　〇一〇
苦其思□

茅　陰甲　一四九
毄茅屋而□之大兇

刑乙　〇九一
氣茅實以高

星　〇九七
與茅（昴）晨出東方

茈　方　三六八
取茈半斗

養　一七二
桔梗茈威各一小束

茉 養 一一一
茉（术）一把

苽 方 二五一
取者（署）苽（蓏）汁二
斗以漬之

周 〇七五
乖（睽）苽（孤）

英 養 二〇六
凡彼京〈莫〉不溉（既）
蒿有英

相 〇五五
中又（有）［玉］英者

茇 氣 F〇六三
是是苦茇

苛 問 〇八〇
苛（疴）疾不昌

經 〇二一
苛事節賦斂

十 一三五
苛（荷）而不已

苑 明 四二九
故□苑則亶（殫）群

茀 戰 一五七
秦固有壞（懷）茀（茅）
刜（邢）丘

遣一 二四〇
茀二其一赤

十 一一八
茀茀陽陽

苾 戰 二六七
天下必苾〈笑〉王

若 療 ○六四

若以繆（綴）衣

療 ○二○

以蠹（蜜）若棗膏和

老甲 ○八○

若民恒是〈畏〉死

老甲 ○五八

故慎終若始

春 ○九○

若不惌（怨）惌（怨）則

德無事矣

刑甲 ○二四

若出兵隨之

陰乙 ○○三

子若午

苴 胎 ○二二

以方苴（咀）時

遣三

賴苴一坫

遣一 一五五

笥苴（菹）一資

十 ○八九

草苴復榮

苟 戰 ○四三

下苟毋死

問 ○八九

苟毋（無）苛（疴）虖

（乎）

茗 養 ○四五

桂要茗蛇牀

春 陰甲 ○九八

參春東辟

刑甲 ○四九

兵明春起

遣三

春草複衣一繢掾

陰乙　〇〇六
在木壬午位春

稱　一六四
春陽秋陰

十　〇八五
春夏爲德

刑乙　〇七一
春甲子

荅　方　〇〇三
即以赤荅一斗并□

荑　春　〇七二
長萬宋之荑士也

周　〇三七
［反］歸以荑（娣）

周　〇三七
不若其荑（娣）之快
〈袂〉良

茱　五　一八四
尸（鳲）叴（鳩）在茱

荊　方　一八四
煮荊

療　〇六九
蜚（飛）而之荊南者爲蜮

春　〇七八
宋荊戰弘（泓）水之上

繆　〇一五
其次秦翏（繆）公荊莊

茲　老乙　二〇七
一曰茲（慈）

十　〇八四
而茲（孳）者茲（孳）

茬　繆　〇四〇

故耶（聖）君以爲豐茬

茨　周　〇七三

壞（懷）其茨（資）

芻　方　一八〇

燔陳芻若陳薪

老甲　一〇一

以萬物爲芻狗

老乙　二二一

以萬物爲芻狗

二　〇一二

芻稾不重

茭　五　三三九

茭（窈）芍（窕）［淑女］

周　〇八四

自我西茭（郊）

周　〇三六

自我西茭（郊）

茹　周　〇一七

蘩（賁）茹（如）濡茹（如）

周　〇〇二

犮（拔）茅茹以其胃（彙）

草　方　〇四四

冶黃黔（芩）甘草相半

老甲　〇八四

萬物草木之生也柔脆

遣三

春草複衣一繢掾

問　〇〇一

草木何得而長

十　〇八九

草苴復榮

莊　問　〇九六
可以却老復莊（壯）

五　三〇七
不莊（藏）九割（害）人

繆　〇一五
其次秦翏（繆）公荆莊

莧　周　〇五八
莧勲（陸）缺（夬）缺（夬）

莞　遣一　二九一
右方席七其四莞

荷　遣一　一五四
襄荷苴（菹）一資

十　一三五
人亞（惡）荷（苛）

莖　方　〇六三
煮莖

莛　相　〇〇五
良馬容莛

莢　療　〇〇九
取桂薑椒蕉莢等

療　〇二〇
蕉莢四

莎　戰　二二八
距莎（沙）丘

莋　陰甲　一三四
㭜椶尃之芙白茅莋

营　方　二五八
以营裹

菌　養　一二四
菌桂

萃　戰　〇八七
疾與秦相萃也而不解

星　〇三〇
青黑萃

菜　遣一　〇一五
鸡白羹一鼎瓠菜

葍　方　二五一
葍者

方　二五〇
取葍茎乾冶二升

萆　養　一〇九
臧（藏）汁及萆英

養　一四九
萆薢牛膝各五抍（㮚）

萊　養　〇一八
以五月望取萊萷

菆 陽乙 〇一四
毄（繫）於足大指菆（叢）毛上

葵 養 一〇五
取冬葵種

遣一 一四八
葵穜（種）五斗布囊一

菻 養 〇八八
［取］菻莢二

葺 陰甲 〇九〇
以葺蘠（墻）

葉 療 〇七八
取闌（蘭）葉

戰 一五八
秦有葉昆陽

蓋 却 〇〇五
雲如蓋

老甲 〇二五
蓋［聞善］執生者

遣三
髹畫檀二皆有蓋

遣一 一七三
髹畫枋（鈁）一有蓋盛米酒

遣三
遷蓋一

繆 〇〇八
《書》《春秋》《詩》語蓋☐

葚 要 〇一一
無葚（祇）誨（悔）

葆

葆　九　四〇三
以爲葆守

戰　二三一
此三葆（寶）者

戰　二八八
從梁（梁）王葆（保）之東地單父

談　〇五四
徐葆（抱）

問　〇四九
竣（朘）之葆愛

二　〇一八
戒葆常也

老甲　〇五一
不善人之所葆（保）也

老乙　一九八
善人之葆（寶）也

蒲

蒲　相　〇〇六
蓋□以蒲

蓍

蓍　繫　〇二五
莫善乎蓍龜

蓂

蓂　方　一五三
冶筴蓂少半升

蒼

蒼　養　一七三
白膡蛇若蒼梗蛇長三四寸

問　〇〇八
黑而蒼

蒙

蒙　戰　二七〇
其民非愚蒙也

戰　〇三六
公玉丹之勺（趙）致蒙

戰　〇三六
使毋予蒙而通宋使

遣一 一六二

虆蒙四

繆 ○二二

蓳（童）蒙求我

相 ○五五

雍蒙別環者陰甑

相 ○○七

雍蒙別環

蒿

蒿 方 二四八

以煮青蒿大把二

胎 ○二二

取蒿牡卑（蜱）稍（蛸）三

明 四四○

戰於邦蒿

繫 ○三一

蒿然視人易

氣 F○五九

是是蒿彗

蓄

蓄 問 ○五六

長壽生於蓄積

談 ○三四

曰蓄氣

蓮

蓮 老乙 一七七

胃（謂）天毋已清將恐蓮（裂）

蔡

蔡 方 ○五一

取屋榮蔡

春 ○四六

亘（桓）公衒（率）帀（師）以侵蔡

春 ○八六

吴子餘蔡觀周（舟）

春 ○四二

齊亘（桓）公與蔡夫人乘周（舟）

戰 一八○

以爲下蔡□敔□

戰 一一四

下蔡

戰　二七四
燕使蔡鳥股符胠璧

戰　二七五
蔡鳥明日見

戰　一五六
右蔡

遣三
素裏蔡（彩）績掾

問　〇七九
目不蔡（察）者

蔥　問　〇二〇
耳目蔥（聰）明

繆　〇三五
蔥（聰）明叡知守以愚

談　〇二二
壹㼅（動）耳目蔥（聰）明

蕈　方　二六六
治之以柳蕈一捼

蕪　方　〇七六
取藶（藶）蕪本若□薺一

蔽　方　〇三一
蔽以市

經　〇六三
命曰蔽光

繆　〇〇三
賁福而弗能蔽者窮

九　三五三
膚下蔕（蔽）上

九　三九三
[膚]下蔕（蔽）上

董　繆　〇二二
非我求董（童）蒙

蕉

蕉　療　〇二〇
蕉莢四

療　〇二二
蕉莢三

蕃

蕃　療　〇一七
取蕃石蕉莢禹熏三物等

周　〇一七
蘩（賁）茹（如）蕃（皤）茹（如）

易　〇一六
壯之「觸蕃（藩）」

薛

薛　戰　〇五七
薛公以告臣

戰　〇三五
薛公

蘈

蘈　周　〇四一
豐其蘈（沛）

蕭

蕭　十　〇八八
孟穀乃蕭（肅）

老乙　二三九
蕭（寂）呵漻（寥）呵

薈

薈　牌三
衣薈乙笥

問　〇三五
中不薈腐

薄

薄　方　〇五三
磔薄（膞）若市

養　一二七
令薄如手三指

合　一三二
成死爲薄

談　〇五四
舌薄而滑

談　〇六〇
成死有薄

稱　一六一
是胃（謂）身薄

薄

經 〇五八　德溥（薄）而功厚者隋（隳）

昭 〇〇九　則大夫薄人矣

薪

薪 方 一八〇　燔陳芻若陳薪

繫 〇三七　厚裏之以薪

薌

薌 合 一三〇　五已而薌

藍

藍 老甲 一〇八　脩（滌）除玄藍（鑒）

遣三　髤畫檢徑（徑）尺高（膏）藍成五寸二合

薺

薺 陰甲 一三七　以薺果喪

方 〇二五　取薺孰（熟）乾實

藉

藉 繫 〇一四　藉用白茅

藥

藥 方 〇二四　財益藥

談 〇二八　飲藥約（灼）灸以致其氣

藩

藩 刑甲 〇一五　主人大勝藩兵

周 〇三三　羝羊觸藩

刑乙 〇七〇　主人大勝藩兵

蘇

蘇　戰　一一五

臣使蘇厲告楚王

戰　〇九九

蘇脩在齊矣

蘠

蘠　方　二四九

乾蘠（薑）二果（顆）

蘆

蘆　周　〇一二

小人剥蘆（廬）

蘄

蘄　繆　〇六四

遂爲之封於南巢至於北蘄

蘭

蘭　二　〇二五

故曰「貞蘭（吝）」

蘭

蘭　繫　〇一四

其臭如蘭

相　〇〇一

蘭筋既鷙

相　〇四五

蘭筋鷙者

蘞

蘞　方　二七五

以白蘞黄莒（耆）芍藥甘草四物者（煮）

蘱

蘱　療　〇二一

大如蘱

芜

老乙　一八九
田甚芜

芶

養　一一二
取芶桂二

芺

昭　〇〇七
又（有）芺（笑）而後見

苙

氣　G〇四三
有雲如車苙（笠）

茉

周　〇四一
日中見茉（沫）

⿱艹世

戰　二三〇
⿱艹世恒山而守

苻

養　一二六
取白苻紅符伏霝各二兩

茝

周　〇二九
茝（改）邑不茝（改）井

⿱艹旨

方 二七五
以白蘞黄⿱艹旨（耆）芍藥甘草四物者（煮）

⿱艹兇

遣一 一五〇
⿱艹兇穜（種）五斗布囊一

遣三
山⿱艹兇苴一埣

⿱艹囟

胎 〇〇五
不食⿱艹囟（葱）薑

⿱艹呈

十 一三七
大⿱艹呈（庭）之有天下也

十 一三七
大⿱艹呈（庭）之有天下也

莡

要 〇一〇
復（覆）公莡（餗）

二 〇〇九
謂「復（覆）公莡（餗）」

莌

戰 〇〇三
令秦與莌（兑）

莁

方 三四一
冶亭（葶）磿（藶）莁夷（荑）

⿱艹百

陰甲 一三六
⿱艹百因皆舟而食

莛

養 一七九
復鬻（煮）瓦莛長如中指

菑

戰 〇九六
俞疾功菑

周 〇〇八
不菑餘（畬）

萦

遣一 〇五〇
右方萦魚七聐

萻

繆 〇四〇
屋成加萻

惑

陰甲 一六五
惑於商

著

春 〇五九
是以勞著恶也

繫 〇二四
垂馬（象）著明

葇

明 四二三
已而周何故爲葇（茅）疢
（茨）枯〈栝〉柱

萓

老甲 〇八四
其死也萓仞賢（堅）强

萺

周 〇〇二

犮（拔）茅茹以其萺（彙）

葸

遣三

葸一□一笥

牌一

葸笥

遣一 一五八

葸一笥

萮

戰 〇五五

⿱艹晉（晉）將不萮（逾）泰（太）行

莥

春 〇五四

□亡而不莥（改）

莯

養 一一一

滿冬莯房（防）風

菫

方 〇二八

毋食魚彘肉馬肉龜蟲菫麻□洙采（菜）

葮

方 二〇〇

操葮（鍛）石毄（擊）而母

蒯

方 〇八八

以蒯印其中顛

葯

周 〇二一

人〈入〉葯（約）自牖

葢

談 〇二三

九墥（動）順彼天葢（英）

⿱艹晉

戰 〇六一

欲齊之先變以謀⿱艹晉（晉）國也

戰 〇五五

⿱艹晉（晉）將不萮（逾）泰（太）行

蒵

養 一二一

取堇蒵長四寸一把

葍

九 三六八

曰葍以受也

⿱艹孰

周 〇八四

少（小）⿱艹孰（畜）

蓯

稱 〇一五三

草蓯（蘩）可淺（殘）林

⿱艹養

方 二四二

即取⿱艹養（鉛）末菽醬之宰（滓）半

蔑

周 〇一二

蔑（蔑）貞兇

蓁

養 一一四

以繒蓁（裝）之

蒪

問 〇〇五

蒪（薄）而肌膚

薑

療 〇二〇

桂薑各一

療 〇〇九

取桂薑椒蕉莢等

胎 〇〇五

不食茵（蔥）薑

薙

方 一八二

薙一折（枼）

薊

方 二九〇

戴蘽（糝）黃芩白薊（蘞）

藏

陰乙 圖四

藏

蓫

養 一〇三

澤舄（瀉）蓫酸棗

藍

養　〇八五

藍本二斗半

蘩

遣一　一六二

蘩蒙四

周　〇一七

蘩（蕡）茹（如）濡茹（如）

蘠

陰甲　〇九〇

以葺蘠（墻）

刑甲　〇四〇

雨而蘠（墻）

蘽

方　二七三

三沥煮逢（蓬）蘽

蓐　方　〇八四

母爲鳳鳥蓐

胎　〇三一

即燔其蓐

戰　〇四五

蓐（辱）而顯之

星　〇一七

其丞蓐收

莫　養　〇二〇

雖旦莫（暮）飲之

五　三二二

莫敢不雖（唯）

戰　一一九

莫能合三晉以功（攻）秦

經　〇〇三

莫知其所從生

刑乙　〇五九

以蚤（早）莫（暮）次其日数

繆　〇〇四

莫不願利達顯榮

二　〇〇二

水流之物莫不隋（隨）從

易　〇〇二

萬物莫不欲長生而亞（惡）死

葬戰　〇三九

齊改葬其後而召臣

繫　〇三七

葬期無數

馬王堆簡帛文字編

第二

小　陰甲　〇〇二
東北小吉

方　〇〇七
小者［卌］

療　〇一七
爲小囊

春　〇四三
小之利也

戰　二六五
不穀唯（雖）小

遣一　〇一四
小叔（菽）鹿劦（脅）白
羹一鼎

二　〇一〇
故日德義無小

殘　頁九
小破

星　〇二七
小白麻（摩）大白

少　療　〇四二
少病

養　一四六
谷名有泰室少室

春　〇六六
魯亘（桓）公少

陰乙　〇九七
少毛（秏）師不利起

經　〇三一
費少而有功

易　〇三八
其稱名也少

八　足　〇一九
上八寸

養　〇三八
□入八完（丸）叔（菽）
醬中

戰　一三六
割八縣

遣三　執長極矛八人皆衣紺冠

合　一一四　八而奏（腠）理光

陰乙　〇九九　不出八歲中

出　〇二六　八曰小毛（耗）

繆　〇五九　大子辰歸冰八管

繫　〇四五　八卦以馬（象）告也

殘　頁一四　八卦

分　養　〇九〇　二分之

九　三六〇　法則明分

經　〇〇三　則黑白之分已

介　老甲　〇九一　是以聖右介（契）而不以責於人

戰　一四二　自天地始介（分）

戰　一七六　地不兵（與）秦攘（壤）介（界）

老乙　一八八　使我介有知

公　春　〇二八　晉獻公欲得隨會也

戰　〇一五　勺（趙）以（已）用薛公

經　〇〇四　公者明

二　〇〇九　復（覆）公莡（餗）

必

必　陰甲　一四五
必有詒

胎　〇〇二
食飲必精

春　〇二一
入必死

戰　〇二七
必害於燕

禁　〇一一
必得之

出　〇三二
丙丁日春人以北不涼必驚水

經　〇〇二
生必動

經　〇七四
已若（諾）必信

刑乙　〇三九
必破毀亡

星　〇二四
必視明星之所在

刑乙　〇六〇
猶氏（是）必單（戰）也

余

余　問　〇三七
探（深）余（徐）去執（勢）

稱　一六一
奴（駑）犬制其余

易　〇〇七
足而知余

尚

尚　戰　一一七
王尚（嘗）与臣言

戰　二八五
尚方五百餘里

問　〇五六
尚（上）察於天

稱　一五六
尚可易戋（哉）

周　〇〇六
尚上九或賜之般（鞶）帶

曾

曾　方　一一五
其一名灌曾

遣一　二三〇
九子曾（層）檢（奩）一合

遣三
布曾（層）檢（奩）一

稱　一五四
行曾（憎）而索愛

詹　五　二二五
詹（瞻）忘（望）弗及

悉　五　二五三
弗悉也

戰　○八九
勺（趙）氏將悉上黨以功（攻）秦

刑甲　○二二
參軍（暈）壹悉

刑乙　○七五
五軍（暈）再悉

番　十　一二六
番（播）于下土

審　談　○五○
審蔡（察）五言〈音〉

經　○○八
審密察於萬物之所終始

相　○一六
既審短長

半　方　一一七
治之［以］鳥卵勿毀半斗

療　○四三
取醇酒半桮（杯）

養　○八五
藴本二斗半

戰　一八三
周必半歲

問　○七七
后稷（稷）半鞣

相　○○一
半矣而未明

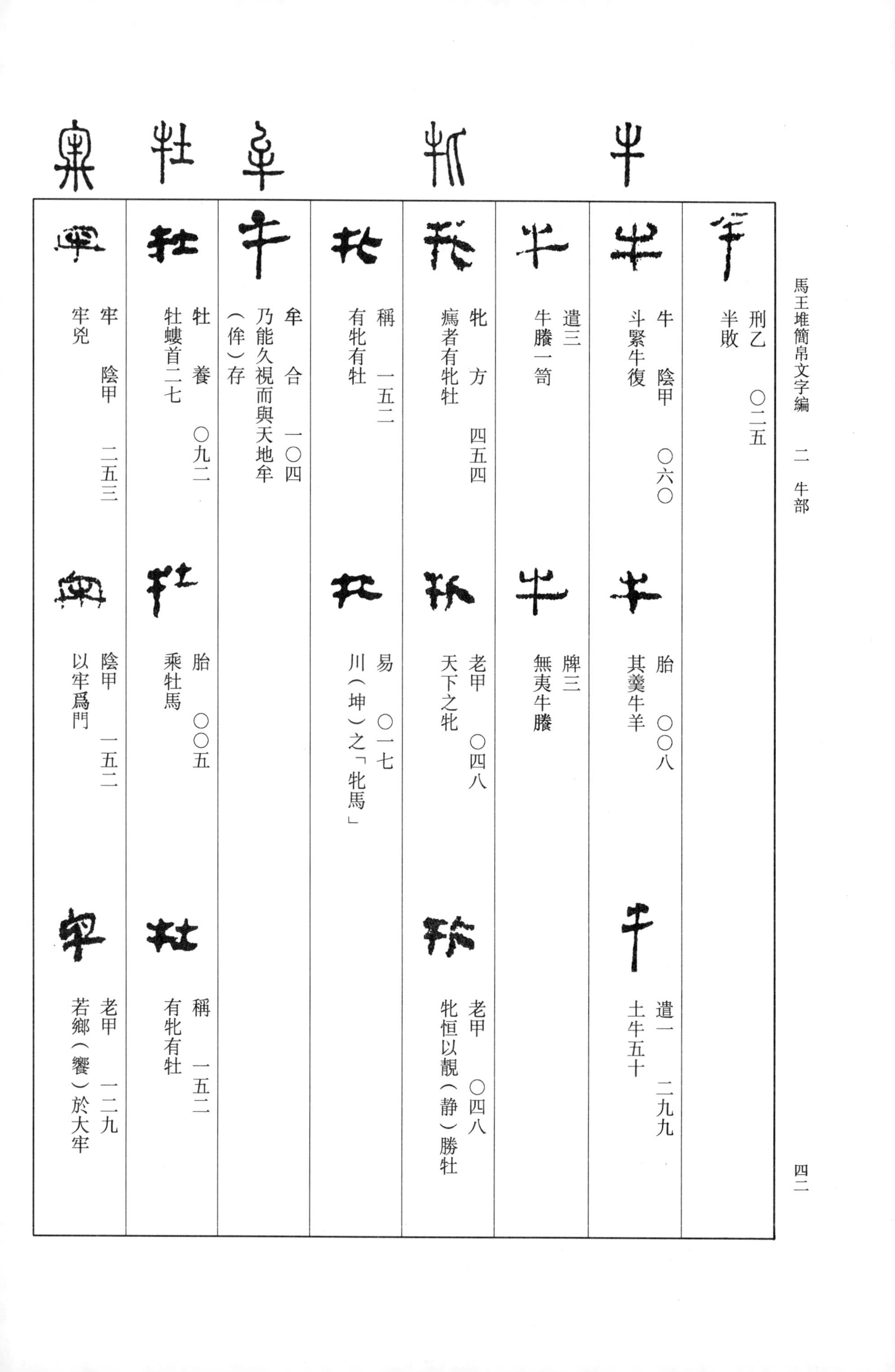

刑乙　〇二五
半敗

牛　陰甲　〇六〇
斗緊牛復

胎　〇〇八
其羹牛羊

遣一　二九九
土牛五十

遣三
牛賸一笥

牌三
無夷牛賸

牝　方　四五四
瘍者有牝牡

老甲　〇四八
天下之牝

老甲　〇四八
牝恒以靚（静）勝牡

稱　一五二
有牝有牡

易　〇一七
川（坤）之「牝馬」

牟　合　一〇四
乃能久視而與天地牟（侔）存

牡　養　〇九二
牡螻首二七

胎　〇〇五
乘牡馬

稱　一五二
有牝有牡

牢　陰甲　二五三
牢兇

陰甲　一五二
以牢爲門

老甲　一二九
若鄉（饗）於大牢

物　養　一〇七
界當三物

老甲　〇八四
萬物草木之生也柔脆

遣三
右方十三物土

經　〇〇八
物自爲名

二　〇〇二
水流之物莫不隋（隨）從

牽　遣三
胡人一人操弓矢贖觀牽附
馬一匹

犉　相　〇四七
高而犉犎

相　〇七五
欲目犉犎

犀　遣一　二九二
木文犀角象齒一笥

犕

方　一九三
取馬矢犕者三斗

⿰牜衷

稱　一五二
弗因无⿰牜衷（由）也

⿰牜貫

陰甲　殘
⿰牜貫曰

鞸

五　三一七
說（悅）鞸（臭）味者也

犛

犛　療　〇六五
屯（純）以馬犛

告

告　養　一九一
敢告東君明星

戰　〇一二
且告奉陽君

戰　〇五八
王告人

周　〇九二
告公用閨（圭）

繆　〇六九
自邑告命

口

口　療　〇四六
口唇不乾

老甲　一一二
五味使人之口呥（爽）

戰　〇四一
固知必將有口

戰　〇九〇
若出一口

談　〇二〇
闕（齺）尻畀（鼻）口

問　〇〇五
口必甘味（味）

召

召　春　〇六七
百圖之召也

戰　〇〇八
疾召臣

老乙　二一一
弗召而自來

台

台　陰甲　〇一八
以台立無死

養　二〇五
乃若台壯

老甲　〇五七
百仁（仞）之高台（始）于足［下］

十一〇〇
啟然不台（怠）

咎　老甲　一八四
尸（鳲）咎（鳩）在桑

明　四三〇
握鐱（劍）者（屠）戠（敵）若
報父母之咎（仇）者

繆　〇〇五
夫人道咎（讎）之

名　方　一一五
其一名灌曾

老甲　〇一六
名與身孰親

禁　〇〇六
書其名直（置）履中

經　〇〇八
正奇有立（位）而名□弗去

星　〇〇二
其名爲執徐

吉　陰甲　〇〇九
右地左天吉

老甲　一五七
是以吉事上左

經　〇七三
重柔者吉

出　〇三一
西東北南皆吉

二　〇〇八
不言吉凶焉

吐　問　〇五〇
必先吐陳

吁　方　二一〇
吁狐麃

各　養　一二四
各治之

養　一〇〇
之各四斗

遣三
鐃鐸各一

遣一　〇五二
牛濯脾含心肺各一

陰乙　〇〇九
亦各徙所不勝

吞　方　二五九
而吞之

含　陰甲　一三〇
親邦治家益先王行此含之胃（謂）

陰甲　一二六
塞火母臭含此胃（謂）順德之道

問　〇六三
四曰含亓（其）五味

二　〇二一
含亦美

吸　問　〇三五
虖（呼）吸必微

吹　陽甲　〇四四
婁（數）吹（欠）

陽乙　〇〇五
數吹（欠）

吾　方　一〇三
吾尤（疣）

老甲　一一四
吾所以有大梡（患）者

春　〇九四
使吾失親戚之

君　呈　局　味

談　〇一八
吾鄉（饗）其賞

合　一二七
吾精以養女精

老乙　二三一
吾以觀其復也

十　一〇三
吾或（又）使之自靡也

君　陰甲　一六四
庚辰下君之日

老甲　一四三
清（靜）爲趮（躁）君

九　三五二
既放夏桀以君天

春　〇一六
君弗見

氣　B〇八六
邦君諍（争）立

遣三
具奏主饔君

陰乙　〇一三
君令不行

老乙　二〇九
事又（有）君

二　〇〇八
君子智（知）難而備［之］

呈　相　〇二三
陰欲呈毋肉

局　遣三
博局一

繆　〇五八
局而穿

味　老甲　一一二
五味使人之口⿰口相（爽）

問　〇四〇
酒食五味

老乙　二五〇
淡呵其无味也

命　味　周

老乙　二二六
五味使人之口爽

命　五　三二九
天之監下也雜命焉耳

刑甲　〇一三
見其臨以命之

氣　E〇三五
有命兵

問　〇七八
故因而命之

和　方　〇二五
凡二物并和

老甲　〇一三
中氣以爲和

戰　〇〇五
五和

問　一〇〇
神和內得

易　〇〇六
和說而知畏

二　〇〇四
精白柔和

周　方　〇五三
因以匕周揹嬰兒瘛所

老甲　〇六四
有車周（舟）无所乘之

明　四二三
已而周何故爲莢（茅）疢（茨）枯（梏）柱

春　〇四二
齊亘（桓）公與蔡夫人乘周（舟）

遣三
赤緹博席長五尺廣四尺日裹蔡（彩）周掾

合　一〇三
覆周環

陰乙　〇〇六
歲而周

易　〇〇四
□□而周

星　〇一四
是司殺不周者駕之央

呻　胎　〇〇六

呻（紳）朱（珠）子

戰　二二五

呻（吞）兩周

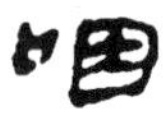

咽　合　一〇八

五曰嗌乾咽唾

咳　老乙　二三五

若嬰兒未咳

哉　養　二一四

善戋（哉）言也

老甲　〇四一

吾何［以知其然］也戋（哉）

戰　〇九四

乾（韓）粱（梁）豈能得此於燕戋（哉）

戰　〇三三

豈敢强王戋（哉）

問　〇五四

亦傷（傷）悲戋（哉）

易　〇四三

危戋（哉）

咸　談　〇六三

下咸土陰光陽

陰乙　〇六四

巫咸之凶

哀　五　一八六

能駐池其羽然［后能］至哀

春　〇八六

刑人佴（耻）刑而哀不辜

談　〇一二

哀樂弗以

唐　遣一　一一五

唐（糖）枎于頪一笥

牌三

唐（糖）枎籿笥

殘　頁一九

唐

唇

唇　療　〇四六

口唇不乾

啜

啜　方　一八一

孰（熟）而啜之

療　〇六二

每朝啜䅀（柰）二三果（顆）

咯

咯　戰　一二九

循楚而咯秦以晉國

唾

唾　方　〇五二

因唾匕

療　〇六七

唾之三

戰　一八八

老婦必唾其面

問　〇五〇

是故道者發明唾手循辟（臂）

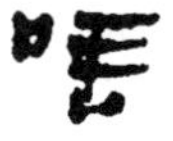

合　一〇八

五曰嗌乾咽唾

唫

唫　戰　二三三

齊乃西師以唫（禁）强秦

問

問　戰　〇六〇

以韓粱（梁）問之齊

十　一二〇

請問天下有成法可以正民者

問　〇〇一

黃帝問于天師曰

要　〇二三

不問於古法

唯　候　〇八五

其病唯折骨列（裂）膚一死

戰　二六五

不穀唯（雖）小

十　〇七八

唯余一人

經　〇〇三

唯虛无有

唬　相　〇二三

麋唬（嗁）者

嗌　陽甲　〇五一

嗌穜（腫）

陽乙　〇一八

嗌［乾欲］飲

合　一〇八

五日嗌乾咽唾

嗛　療　〇二一

以嗛前

周　〇四八

鳴嗛（謙）貞吉

嗁　氣　F〇三三

小人嗁（啼）號

嘑　方　一〇三

令人嘑（呼）曰

噭　老乙　二一八

以觀其所噭

噞

噞　周　〇二一
噞（險）且訦（枕）

叻

戰　〇九五
寡人之叻功（攻）宋也

右

陰甲　〇一〇
并天地右（左）右之大吉

吔

方　〇八〇
令牛吔（舐）之

老甲　一三三
中有請（精）吔〈呵〉

昏

養　二〇二
三日濯昏

吙

方　〇九一
吙⿰言差（嗟）年

呵

老甲　一〇〇
潚（淵）呵始（似）萬物之宗

老乙　二二一
淵呵佁（似）萬物之宗

响

合　一〇六
作相响相抱

卬

談　〇三四
卬（抑）下之

咪

問　〇三八
驩欣咪穀

唔

五　三四〇
唔（寤）昧（寐）思伏

商

陰甲　一六五
或於商

陰甲　〇一六
丙庚商以殺

方　二七四
取商〈商〉牢漬醯中

方　三八一
商（帝）右（有）五兵

九　三八二
以繩八商

戰　〇五五
秦將不出商〈商〉闔（於）

戰　〇九〇
必爲兩商（敵）

⿰口相

老甲　一一二
五味使人之口⿰口相（爽）

嘬

合　一一七
十日魚嘬

嚘　單　嚴　咢　哭　喪

嚘
- 五　二一七　不忘則嚘（聰）

單
- 戰　二九四　攻單父
- 遣三　單一繡平畫完百
- 陰乙　〇二六　單鳴半夏生
- 易　〇二一　龍單（戰）于野

嚴
- 五　一八九　不敬不嚴
- 九　三九四　故用其主嚴殺僇
- 老乙　二三〇　嚴呵其若客

咢
- 陰甲　一四五　室三無咢（鄰）兇
- 周　〇二七　往咢（吝）

哭
- 戰　〇三九　襄安君之不歸哭也
- 周　〇一一　哭（吠）豨（豕）之牙
- 繫　〇一四　同人先號逃（咷）而後哭

喪
- 陰甲　一五〇　其門不有大喪必有大音
- 老甲　一五七　喪事上右
- 氣　A〇四二　出所邦有喪
- 老乙　二四七　言以喪禮居之也
- 稱　一六五　有喪陰
- 星　〇一七　水旱死喪

走

起

趆

走

- 養　一九二　走疾欲善先者
- 陽乙　〇〇六　棄衣而走
- 胎　〇〇九　[數]觀走犬馬
- 五　三二五　走而不趨
- 戰　一三一　走孟卯
- 經　〇六五　下走子弟
- 繆　〇〇二　□走其時
- 相　〇三八　而不能走者
- 相　〇三五　善走馬也

起

- 陰甲　〇〇四　不起徙者弗居
- 陰甲　二五八　南室火起
- 春　〇五五　聞路（賂）而起之
- 戰　一七〇　胃（謂）起賈曰
- 氣　G〇七九　下有兵起
- 氣　F〇七〇　兵起
- 問　〇五一　赤子驕悍數起
- 合　一三二　起而去
- 陰乙　〇一二　刑起甲子
- 陰乙　一〇一　終身不起
- 經　〇六八　必審觀事之所始起

趆

- 經　〇一七　[上]下不趆（斥）

越

越　戰　一八一　雖近越

戰　〇七〇　楚越遠

戰　二五四　若夫越趙

氣　A〇一六　越雲

遣一　二七六　瑟一越閨錦衣一赤掾（緣）

繆　〇六〇　越王句賤（踐）即已克吳

趙

趙　戰　〇二六　齊趙之惡從已

戰　〇〇一　自趙獻書燕王曰

戰　一八七　趙大（太）后規用事

刑甲　〇五八　趙氏東地

氣　A〇〇二　趙雲

⿺走甬

⿺走甬　星　〇三二　星⿺走甬趯

⿺走用

相　〇五一　毋傰（崩）善⿺走用（⿺走甬）揄

趨

趨　戰　一八八　入而徐趨

要　〇一三　神霝（靈）之趨

星　〇六七　凡大星趨相犯也

蹇

蹇　遣三　美人四人其二人讎二蹇

遣三　蹇帚各一

周　〇二四　往蹇（蹇）來輿（譽）

趮

周　〇二四
大蹇（蹇）倗（朋）來

周　〇二四
往蹇（蹇）來石（碩）

周　〇二四
蹇（蹇）利西南

趮　老甲　一四三
清（静）爲趮（躁）君

繫　四七
趮人之辭多

老乙　一八二
趮（躁）朕（勝）寒

星　〇二八
［其］趮而能去就者

趯

趯　星　〇三二
星通趯

䞤

十　一二九
䞤者［也］

䞨

要　〇一四
不䞨（詭）其德

𧺆

周　〇八五
有復𧺆若

𧾁

相　〇五一
毋倗（崩）善𧻓（踊）𧾁

止

止　殘　頁二一
止

五　二〇六
客（各）止於其［里］

春　〇六二
吳人止之

戰　〇一二
怒於勺（趙）之止臣也

問　〇六四
至五而止

經　〇〇六
平衡而止

疌

疌　問　〇六三
三日合疌（睫）毋聽

歫

歫　刑乙　〇五五
歫（距）鷄鳴以至市行

歬

前　陰甲　二〇〇
取□於前

養　一二八
有（又）復漬煬（煬）如前

春　〇四九
且少長於君前

遣三
沙縛復前襲一素掾

談　〇四七
翕因（咽）榣（搖）前

合　一二七
前脈皆動

十　〇七八
前參後參

周　〇二三
失前禽

星　〇二四
明星前

歸

歸　陰甲　一四五
歸父之父

九　三八七
兇歸於主不君

老甲　一一七
復歸於无物

春　〇四二　怒而歸之

戰　一三三　邯戰〈鄲〉復歸

戰　一七八　北地歸於燕

戰　〇二二　齊王雖歸臣

刑甲　〇二三　四月而歸

陰乙　〇九四　一歲後歸之者

出　〇二四　在役不可歸

出　〇二三　不可去室及歸

繆　〇三四　是以而〈天〉下驩然歸之

刑乙　〇七三　將有歸者

星　〇二三　得地复歸之

出

方　四三二　以兔産出（腦）塗之

茈

周　〇二九　井茈（渫）不食

蹱

戰　一九四　攀其蹱（踵）爲之泣

談　〇二三　九蹱（動）順彼天蓋（英）

談　〇二二　蹱（踵）以玉閉

登

登　養　二一七　登左下右

問　〇五七　龔（龍）登能高

老甲　一二九　而春登臺

周　〇七五
登宗筮（噬）膚

周　〇一〇
不登（拯）其隨

步　方　一〇六
禹步三

戰　一九〇
乃自强步

養　一九五
南鄉（嚮）禹步三

歲　陰甲　二〇〇
甬歲後吉

陰甲　二五〇
一歲

方　三五九
取三歲織（職）豬膏

戰　〇六七
伐楚九歲

氣　A〇五〇
歲食

氣　A〇六二
兵十歲乃入

問　〇二五
地氣歲有寒暑

陰乙　〇〇五
行廿歲而壹周

陰乙　一〇二
不出七歲之中

十　〇七九
計歲

二　〇一八
歲□田產濕

星　〇〇七
歲十二者天榦也

此　陰甲　一一〇
星此觿

方　一三一
如此數

養　〇〇四
不欲如此

戰　〇〇八
此也

合　一〇八
此胃（謂）五欲之徵

陰乙　〇七〇
南以此

萅

陰乙　〇四六

凡此日利以張軍攻擊

易　〇〇一

此地之義也

正　陰甲　一三八

□以□正室

陰乙　〇一〇

德合於正

經　〇〇四

則无所逃迹匿正矣

星　〇〇七

列星監正

乏　九　三六〇

唯天不失乏（範）

十　一〇五

毋乏吾禁

刑甲　一三四

歲倉毋（无）乏實

方　〇七三

萅（春）木臼中

是　陰甲　〇二四

取婦者是歲有子

胎　〇〇四

是故君公大人

戰　〇八九

是王收秦已

問　〇四八

人氣何是爲精虖（乎）

合　一三一

是胃（謂）大卒

陰乙　〇一二

是謂不果

出　〇一五

凡是□□□□

經　〇一四

心欲是行

殘　頁一四

理也是

繆　〇六一
是恐而來觀我也

易　〇〇三
是故鍵（乾）者

星　〇〇八
是胃（謂）天維〈縮〉

迎　刑丙　〇二六
迎刑右德

陰乙　〇一九
勿迎勿左

陰乙　〇一四
必毋迎德以地

老乙　二二九
迎而不見其首

刑乙　〇二七
迎刑德

近　養　〇六五
爲便近內方

春　〇五五
是權近歛以幾遠福

春　〇七五
耻而近之

春　〇九四
今彭生近君

戰　一五〇
而近秦患

戰　一八一
雖近越

問　一〇〇
□□近水

老乙　二〇九
无敌近□亡吾琛（寶）矣

十　一二二
遠近之稽

二　〇〇四
不習近之矣

述　經　〇三一
［不］知王述（術）者

繫　〇一五
夫且茅之爲述也

迣　五　二三六
不直不迣

問　〇五五
長生纍迣（世）

迹　春　〇八〇
兵之所迹（跡）也

老乙　二四一
善行者无達迹

經　〇〇四
則无所逃迹匿正矣

逆　陰甲　二〇二
於七中逆至復從□歲

陰甲　一一八
一逆冢毁

陰甲　〇一一
天逆地勝而有□

陰甲　一一六
□主下逆

陰甲　〇一一
天逆地勝

九　三八七
倚事於君逆道也

春　〇五七
其心逆矣

戰　〇七三
曩逆於高閭

戰　〇九八
數月不逆

氣　F〇九四
逆水不流

陰乙　一〇三
少逆師辱將死士者

出　〇二六
六曰小逆

經　〇〇二
事有害曰逆

經　〇〇八
逆順死生

易　〇一六
知來者逆

逞　陰甲　〇〇九
伓地逞（迎）天

送　老甲　〇六四

使民重死而遠送〈徙〉

五　一八五

袁（遠）送于野

五　二二五

言其相送海也

戰　一九四

媼之送燕后也

迵　春　〇九二

文羌（姜）迵（通）於齊侯

十　〇九一

男女畢迵（同）

迷　老乙　二四二

雖知（智）乎大迷

周　〇四四

先迷後得主

易　〇二一

先迷後得主

逃　十　一二一

五邪乃逃

經　〇〇四

則无所逃迹匿正矣

造　戰　〇四三

魚（吾）必不聽衆口與造言

逢　胎　〇二三

取逢（蜂）房中子狗陰

遣三

豕逢羹一鼎

遣一　〇二三

牛逢羹一鼎

相　〇〇一

下有逢芳

通

通　戰　〇三六
使毋予蒙而通宋使

戰　〇一二
與宋通關

合　一二八
故能發閉通塞

刑乙　〇〇四
壹周而刑德四通

繫　〇〇三
通變化也者

相　〇三九
是不能通利者也

相　〇三九
通利而不良者

連

連　陰甲　〇五三
丙當連勢

戰　一八九
老婦持（恃）連（輦）而睘（還）

遣三
連絉合衣戴一

經　〇一六
連爲什伍

周　〇二四
往蹇（蹇）來連

逋

逋　方　四五五
輒逋之

逐

逐　戰　〇四〇
殺妻逐子

戰　二三九
秦逐張羛（儀）

戰　二七四
將軍必逐於粱（梁）

逮

逮　相　〇〇四
二寸逮麋

進

進 養 二一四
暴進暴退

戰 〇五三
非進取之路也

問 〇九八
五音進合（答）

老甲 〇五二
不善〈若〉坐而進此

繆 〇〇二
時福至則進取

星 〇〇六
進退左右之經度

過

過 九 三八八
過在主

老甲 〇五〇
大邦者不過欲兼畜人

戰 〇三八
今齊有過辭

經 〇〇七
任能毋過其所長

易 〇二五
言其過也

星 〇三六
月與星相過（遇）也

逾

逾 戰 二三三
反（返）王公符逾於趙

遇

遇 問 〇一三
若不執遇

周 〇〇七
大師克相遇

二 〇一五
就民易遇也

繆 〇一三
遇其夷主

星 〇二二
諸侯遇

運

運 陽乙 〇〇二
脾（髀）不可以運

遁　五　三三一

遁（循）之則得之矣

二　○○六

若遁（循）木

達　五　二○七

達於君子道

九　三五三

吾達伊尹

經　○四○

達刑則傷

經　○○八

而中達君臣之半

稱　一六五

達陽窮陰

經　○五八

達刑

遂　春　○九五

君以怒遂禍

周　○二六

其發（弗）勿遂〈逐〉

刑甲　○二二

兵備載而遂行

合　一一○

遂氣宗門

經　○○九

國不遂亡

十　一○二

吾將遂是其逆而僇（戮）

刑乙　○七四

兵遂歸

道　陰甲　一○二

三日以祭門道

陰甲　○○二

西北辟道

陰甲　一二八

此胃（謂）大襲之道

養　○三四

平陵呂樂道

老甲　○九三

道可道也

氣　B○三五

攻城道完者所

合　一〇六
以次（恣）戲道

經　〇〇一
故執道者

經　〇〇三
見知之道

易　〇〇二
地之道也

遒　戰　〇四六
遒（猶）免寡人之冠也

戰　〇四三
魚（吾）信若遒（猶）齕也

遝　刑甲　〇四〇
遝五版黃危

相　〇三一
五遝（逮）歙（烏）雅（鴉）

星　〇二一
其出上遝午有王國

刑乙　〇二六
遝（逮）將君王

星　〇六七
大白遝（逮）之

遺　戰　〇一一
有遺臣之語矣

遠　刑丙　〇五八
此期遠者

老甲　〇二〇
其出也彌遠

戰　〇七一
楚越遠

問　〇五七
水溜（流）能遠

出　〇一〇
疾遠不反

老乙　一八三
其出籋（彌）遠者

稱　一五〇
遠其德

經　〇三六
天道不遠

繫　〇二四
栀險至遠

適　方　〇三一
適下

春　〇八〇
邦治適（敵）亂

戰　二六七
輕絶強秦之適（敵）

經　〇六一
一曰適（嫡）子父

隨　春　〇六四
是隨（墮）黨而崇壽（讎）也

春　〇六五
隨（墮）黨崇壽（讎）

戰　一五八
隨（墮）安陵是（氏）而亡

周　〇六一
執其遒

遷　陰甲　〇二三
坆（士）者三遷

五　二五一
弗遷於兄弟也

遣三
遷盖一

談　〇二二
可以壹遷（仙）

陰乙　〇九五
不遷定徙者

經　〇六八
周遷而无功

二　〇一一
鼎之遷也

選　遲　遺　避　邊　邋　迿　逃

選　養　〇九〇
取弟選一斗

遲　談　〇六六
句（苟）能遲久

周　〇三七
遲歸有時

遺　老甲　一〇七
自遺咎也

十　〇八〇
吾不遺亦至矣

周　〇三五
翡（飛）鳥遺之音

避　療　〇四〇
避小時大時所在

養　一九九
筋不至而用則避

邊　戰　一一六
以其無禮於王之邊事

陰乙　〇一九
利以伐邊無後盎（殃）

刑乙　〇四五
利以侵邊取地

邋　療　〇六六
以田暘豕邋屯（純）衣

迿　戰　二一九
天下服聽因迿（驅）韓魏
以伐齊

陰甲　二〇二
於七中徙至復逃□歲

迒

老甲　一一五

若可以迒（託）天下矣

迺

二　〇三六

无迺（適）利

逵

陰甲　一一〇

丙午才（在）逵（圭）

途

繆　〇六四

見豕負途

䢔

老甲　〇八二

以其取食䢔之多也

逯

陰甲　〇二五

七年復逯

逸

方　一五二

逸華

遬

刑丙　〇一〇

令人□遬

戰　〇八八

未得遬（速）也

遛

遣三

遛犬二

遂

戰　〇五五

齊不出吕遂（隧）

𨘢

陰乙　〇八九

二𨘢（遷）徙者

邈

戰　〇六七

賤而邈於王矣

往

往　戰　〇三九

臣欲毋往

談　〇一八

往者弗見

問　〇四七

賢於往者

老乙　二〇五

老死不相往來

二　〇一一

不自往

彼

彼　陽甲　〇五四

彼（被）胃

養　二〇六

凡彼㫖〈莫〉不溉（既）

蒿有英

談　〇一九

凡彼治身

談　〇二三

九撞（動）順彼天蓋

（英）

繆　〇三七

彼其貴之也

後

後　陰甲　二〇〇　甬歲後吉

陰甲　一五〇　後徙故室大兇

養　一〇四　後飯

胎　〇一八　後□□□包（胞）貍（埋）陰垣下

春　〇八九　怠（殆）有後患

戰　〇〇九　臣使慶報之後

陰乙　〇一九　無後盎（殃）

陰乙　〇九四　一歲後歸之者

經　〇一二　後不奉（逢）央（殃）

二　〇〇二　則魚蛟先後之

律

律　遣一　二七八　竽律印熏衣一

要　〇二二　故律之以柔剛

徑

徑　陰乙　〇一一　徑徙東宮

陰乙　〇一四　刑德不入徑徙甲午

刑乙　〇一〇　徑徙甲午

徐

徐　方　〇九八　徐去徐已

戰　〇〇七　徐爲不信臣

談　〇五四　徐眴（呴）

合　一〇七　徐屯

問　〇三六　深息長徐

經　〇五四　明德徐（除）害

徐

星 〇〇二 其名爲執徐

退

退養 二一四 暴進暴退

五 三二三 進亦然退亦然

問 〇〇五 刑（形）乃極退

老乙 一七九 進道如退

十 一二一 故毚（讒）民皆退

周 〇三三 不能退

星 〇〇六 進退左右之經度

得

得 陰甲 〇〇六 衆張膶得食

陰甲 〇九二 七得主人有五得

老甲 〇一四 故强良（梁）者不得死

戰 〇一八 丹若得也

春 〇二八 晉獻公欲得隨會也

氣 B〇〇五 戰得方者勝

合 一〇五 爲得操揗之

禁 〇一〇 人得矣

陰乙 一〇六 少得師將利土者

陰乙 〇九四 大生師將得地

易 〇〇三 得之疑也

御　戰　一七五
願御史之孰（熟）慮之也

戰　〇七三
身御臣以入

合　一〇四
御交筋

老乙　二三〇
以御今之有

稱　一六一
古（怙）其勇力之御

復　陰甲　一〇三
三復毋去

陰甲　〇二五
徒者復利

陰甲　二〇二
於七中逆至復從□歲

方　二六七
以復（覆）之

養　〇四九
輒復染

老甲　〇三一
復歸其明

戰　〇一四
願王之使人反復言臣

戰　〇五三
皆以不復其掌（常）

戰　〇五五
此皆以不復其常爲進者

戰　三一八
復令（命）於邯鄲君

殘　頁二
復煮

問　〇一一
可以卻（却）老復壯

合　一三一
清凉復出

陰乙　〇〇六
癸亥而復從甲子始

經　〇〇五
絶而復屬

要　〇一〇
復（覆）公芘（餗）

循

循　足　〇二五
循筋上兼（廉）

戰　〇一七
燕勺（趙）循善矣

問　〇五〇
是故道者發明唾手循辟（臂）

微

微　老甲　一一六
名之曰微

老甲　〇八五
柔弱微細生之徒也

戰　一九六
微獨趙

問　〇一六
而微動其刑（形）

禁　〇〇二
欲微貴人

十　一〇九
刑微而德章

德

德　陰甲　一二六
順德之道

五　二二四
天乃德已

老甲　〇二七
道生之而德畜之

五　三四三
唯有天德者然笱（後）鐖
而知之

春　〇五四
夫子失德以亡

戰　一六八
韩必德魏

戰　〇四七
臣之德王

陰乙　〇一四
必毋迎德以地

陰乙　〇二三
刑德勝

二　〇〇一
龍之德何如

徹

徹　問　〇三二
以徹九徹（竅）

陰乙　〇五四
是謂徹以祠

彺

駐　彺里

徒

老甲　〇八四　堅强者死之徒也

刑甲　〇一二　日徒毋（無）光

十　一二八　不能徒怒

十　一一二　兼之徒也

相　〇五〇　長善徒（走）

⿰彳𠬶

問　〇三六　且以安⿰彳𠬶（寢）

徙

陰甲　一五一　後徙故室大兇

陰乙　〇一三　刑徙丙子

陰乙　〇一六　德徙壬午

陰乙　〇一七　經徙甲子

陰乙　一〇六　三遷徙者

刑乙　〇〇三　刑之徙也

⿰彳刺

老甲　〇三六　逢（蜂）⿰彳刺（⿱制虫）螝（虺）地（蛇）弗螫

御

戰　〇〇五　約御（却）軍之日

戰　一二六　御〈御〉事者

偞　僨　僕　廷　建　延

偞	僨	僕	廷	廷	建	建	延
春　〇三三 □□會果使偞（諜）毚（讒）之曰	方　一九六 令某僨（癲）毋一	遣一　一二二 僕粔一笥	廷方　一六八 以其汁煮膠一廷（梃）半	周　〇一〇 行其廷	建氣 月軍（暈）建大	經　〇五〇 ［天］定二以建八正	延　九　三五八 湯乃延三公
			九　三七四 空主之廷朝之其门		老乙　一七八 是以建言有之曰	經　〇七一 建於地而洫（溢）於天	戰　〇五〇 乃不延（誕）
			稱　一四四 恒不不同廷		十　一〇四 而建之天		十　一一八 有延其命

行 陰甲 一四〇
從丑逆行

老甲 〇七二
是胃（謂）行无行

合 一一四
六而水道行

出 〇二四
以行大兇

二 〇一〇
無車而獨行

易 〇〇九
行也

術 九 四〇〇
臣主同術爲一以笶（策）於民

戰 〇五二
自復之術

戰 〇五三
自復之術也

街 足 〇一四
腹街

衛 氣 A〇一一
衛云

昭 〇〇三
衛國以德者

刑乙 〇九六
右驂衛也

衛 春 〇六二
語及衛（衛）故

德 四五九
經經者至衛（素）至青（精）

戰 一四六
而衛（衛）效蠠（蟬）尤

戰 〇六八
身衛（率）粱（梁）王

易 〇〇一
天地相衛（率）

易 〇四二
印衛（率）其辭

衡 刑甲 一〇六
必以其衡（衝）除

陰乙 圖四
除衡（衝）

刑乙 〇一五
子爲衡（衝）

齒

齒　陽甲　〇五二
入齒中

胎　〇一一
美齒

陽乙　〇〇九
入齒中

遣一　二九二
木文犀角象齒一笥

遣三
木矢尾角象齒一笥

牌一
木犀角象齒一笥

稱　一五一
戴角者无上齒

周　〇〇二
檮（疇）羅（離）齒（祉）

齕

齕　戰　〇四三
魚（吾）信若遁（猶）齕也

齭

齭　談　〇五〇
五曰齭（齧）

齧

齧　方　一三四
所齧穿者□

方　〇五六
以傅犬所齧（嚙）者

齮

齮　戰　二七七
蒙勢（驁）王齮也

牙

牙　春　〇八七
訊公子牙曰

周　〇一一
哭（吠）豨（豕）之牙

足　足　〇〇七
病足小指次［指］廢

老甲　〇八六
不足者補之

戰　一八八
老臣病足

戰　〇一二
使勺（趙）足問之臣

遣一　二〇一
其一盛牛肩郭（槨）左九郭（槨）足

合　一三二
手足皆作

陰乙　〇二四
此之胃不足

經　〇一八
衣食足而刑伐（罰）必也

繫　〇四二
善不責（積）不足以成名

跛　周　〇三七
跛能利（履）

周　〇〇四
跛能利

距　戰　二二八
距莎（沙）丘

問　〇〇三
距而兩椊

合　一二二
欲上之攤（摩）且距也

跳　陽甲　〇四七
膝跳

路　春　〇五七
負路（賂）以塞后憂☐之

稱　一五三
唯（雖）居必路

繆　〇六八
子路爲浦（輔）

䟢　陽乙　〇〇一
上穿䟢

踝　足　〇〇五
出於踝前

足　〇〇一
出外踝窶（婁）中

踐　陰乙　〇三二
便地益封踐山

踰　戰　一七八
爲齊計者不踰强晉

踵　老甲　一〇二
踵（動）而俞（愈）出

合　一二〇
三日直踵

蹇　問　〇〇六
堅蹇不死

蹶　陽甲　〇四六
骭蹶（厥）

⿰足兑

老乙　二一三
以其取食⿰足兑之多

⿰足取

相　〇六二
尚欲⿰足取之者

⿱罷足

周　〇六一
欽（咸）其⿱罷足（腓）

周　〇六一
欽（咸）其⿱罷足（腓）

⿰足音

德　四五五
聖□⿰足音然者

⿰足屋

陰甲　〇一九
⿰足屋以齊□

踈

戰　二三二
踈分趙壤

戰　二三三
踈服而聽

遣一　二三六
踈比一具

品　周　〇八二
田獲三品

扁　九　三七〇
佐者无扁（偏）職

遣一　二六一
青絲履一兩扁楮（緒）掾（緣）

道　一七二
萬物周扁（遍）

要　〇二三

而詩書禮樂不□百扁

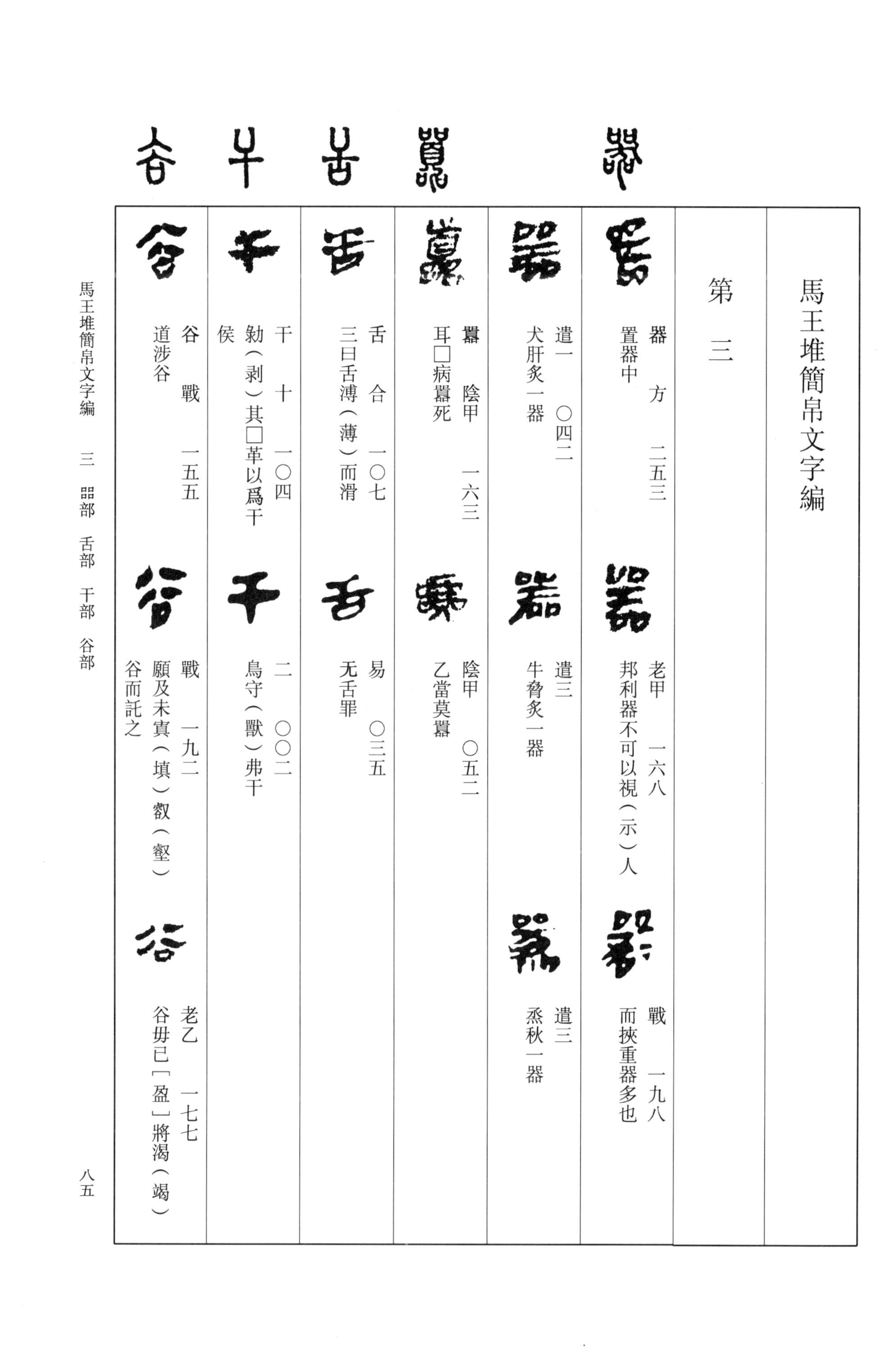

馬王堆簡帛文字編

第三

器　方　二五三
置器中

老甲　一六八
邦利器不可以視（示）人

戰　一九八
而挾重器多也

遣一　○四二
犬肝炙一器

遣三
牛脅炙一器

遣三
豨秋一器

囂　陰甲　一六三
耳□病囂死

陰甲　○五二
乙當莫囂

舌　合　一○七
三曰舌溥（薄）而滑

昜　○三五
无舌罪

干　十　一○四
勬（剥）其□革以爲干侯

二　○○二
鳥守（獸）弗干

谷　戰　一五五
道涉谷

戰　一九二
願及未寘（塡）叡（壑）谷而託之

老乙　一七七
谷毋已［盈］將渴（竭）

商

出　〇三二
商也暮市行九喜

稱　一五五
商（猖）闕（獗）而栝（活）

周　〇七七
三年有商（賞）于大國

啇

相　〇六〇
風啇（穴）然動

句

刑丙　〇一七
句陳長之

合　一二〇
四曰側句（鉤）

老乙　一七五
失德而句（後）仁

笱

五　一八八
唯有德者然笱（後）能金聲而玉振之

五　三四三
然笱（後）鐖而知之

易　〇三三
君子笱（苟）得其冬（終）

相　〇〇八
雍塞笱當

鉤

養　〇一七
氣鉤口卬（仰）之

糾

相　〇〇二
糾角又（有）兩

古

陰甲　一七五
毋下古蘠（墻）

老甲　〇七一
古之極也

十　一二五
憲古章物

十

十　陽甲　〇四二
爲十二病

養　〇三四
欲十用三最（撮）

遺一　〇八〇
右方熬（熬）十一笥

遺三
家吏十人

合　一一二
始十

陰乙　一一一
十遷徙者

丈

丈　陽乙　〇一五
丈夫則隤（癩）山（疝）

老甲　〇〇四
是以大丈夫居其厚而不居其泊（薄）

戰　一九二
丈夫亦愛憐少子乎

戰　三〇二
城萬丈

遺一　二四四
非衣一長丈二尺

遺三
涓辟席一廣四尺長丈生繒掾（緣）

老乙　一七六
是以大丈夫居［其厚］

星　〇一四
長可數丈

千

千　春　〇八六
千萬必有幸矣

戰　一五五
行三千里而攻

遺一　二六七
緣綺繝一兩素掾（緣）千金縧（絛）飭（飾）

遺三
土金千斤

牌三
聶敝千匹

稱　一六七
《稱》千六百

肸

肸　方　三〇八
肸詘肸詘

博

博　五　一九五
共（恭）而博交禮也

問　〇七四
寡（寡）人聞子大夫之博於道也

十　〇九四
上於博望之山

繆　〇三八
精博以尚而安卑

廿

廿　陰甲　一六八
廿四日

合　一一二
次廿卅卌

陰乙　〇〇五
行廿歲而壹周

老乙　二五二
二千四百廿六

卌

養　〇三六
如此〔盡〕卌二卵

遣一　二一五
右方卑匾卌

卅

卅　戰　一四一
臣以爲不下卅萬

戰　一四一
以卅萬之衆

刑丙　〇五八
卅日而至

遣一　一四七
右方米卅石鞫二石布囊十三

合　一一二
次廿卅卌

世

世　明　四〇七
豚天世而冣（聚）材士

戰　一三二
臣有以矜於世矣

二　〇一二
此言聖王之安世者也

言

言　養　二〇八
欲毋言

老甲　〇七一
用兵有言曰

戰　〇一四
願王之使人反復言臣

出　〇三〇
西東有小喜南聞言

經　〇〇二
用事必有言

易　〇〇八
恒言不已

二　〇〇九
此言下不勝任也

信

信　方　〇三〇
身信（伸）而不能詘（屈）

春　〇三四
秦大夫信之

戰　一四二
夫輕信楚趙之兵

戰　〇五一
臣以信不與仁俱徹

戰　二三六
故出摯（質）以爲信

遣一　二六九
白綃信期綉熏囊一素掾（緣）

遣三
素信期繡檢（奩）戴一赤縹掾

合　一二〇
二曰信（伸）拊（肘）

談　〇四九
二曰信（伸）紨（肘）

老乙　二二四
其死也䏰信堅强

經　〇一〇
先屈後信（伸）

易　〇三七
則文其信于而達神明之德也

計

計　戰　〇九九
寡人之上計

戰　〇二四
此其上計也

老乙　二二九
三者不可至（致）計（詰）

訊　春　〇八七

訊公子牙曰

託　戰　一九二

願及未寘（填）叡（壑）谷而託之

許　五　二五六

許（吁）皓（嗟）而予之

戰　〇九五

不許寡人已

戰　三二二

故俞許我兵者

戰　〇五九

臣將令陳臣許翦以韓粱（梁）問之齊

戰　一〇五

寡人許之已

訦　周　〇二一

贛（坎）有訦（險）

訢　繆　〇二九

訢焉而欲利之

設　五　二一二

設〈詩〉曰

問　〇四三

皆設而居

繆　〇二三

以爲夫設身無方

訟

訟　禁　〇〇六
與人訟

詔

詔　戰　〇四四
臣恃之詔

評

評　要　〇一一
易其心而後評

訾

訾　老甲　〇九五
訾（斯）不善矣

訶

訶　陰甲　一二七
必醉訶（歌）無（舞）

詘

詘　方　三〇八
肸詘肸詘

方　〇三〇
身信（伸）而不能詘（屈）

問　〇七一
𣪘（既）信（伸）有（又）詘（屈）

詢

詢　老甲　〇九〇
受邦之詢（詬）

老乙　二一六
受國之詢（詬）

詩

詩　明　四二六
故詩曰

戰　二〇六
詩曰

易　〇三三
言詩書之謂也

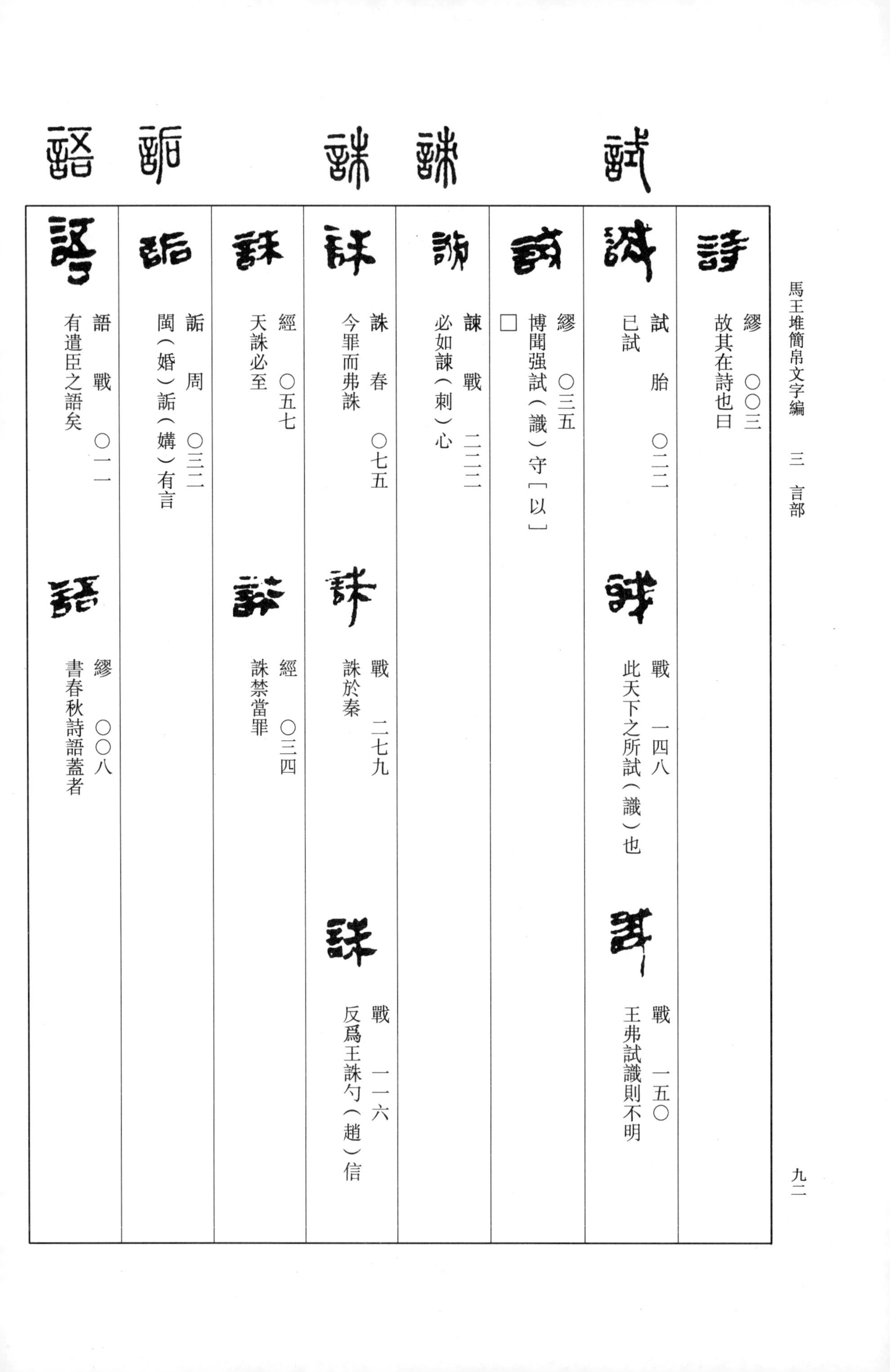

試

繆　〇〇三
故其在詩也曰

試　胎　〇二三
已試

戰　一四八
此天下之所試（識）也

戰　一五〇
王弗試識則不明

繆　〇三五
博聞强試（識）守［以］
□

誎　戰　二二三
必如誎（刺）心

誅

誅　春　〇七五
今罪而弗誅

戰　二七九
誅於秦

戰　一一六
反爲王誅勹（趙）信

經　〇五七
天誅必至

經　〇三四
誅禁當罪

詬

詬　周　〇三二
閩（婚）詬（媾）有言

語

語　戰　〇一一
有遺臣之語矣

繆　〇〇八
書春秋詩語蓋者

誨　養　〇一二
即誨（每）朝厭致（歠）

要　〇一一
無莫（祇）誨（悔）

誠　問　〇一二
誠能服此

繫　〇〇九
日新之胃（謂）誠德

詁　稱　一五二
詁詁作事

說　五　一七四
无中心之說（悦）則不安

春　〇四三
說之□

戰　二二二
秦王聞若說

戰　二二七
且說士之計

戰　一三二
須賈說穰侯曰

合　一〇五
說（悦）澤（懌）以好

周　〇一一
車說（脫）緮（輹）

繆　〇五九
其下流江水未加清而士人
大說（悦）

誧　刑乙　〇六四
去誧（甫）在月中

詐　春　〇七〇
卒必詐（詐）之

經　〇一八
詐（詐）僞不生

要　〇一五
僌（漸）人爲而去詐
（詐）

誣　九　三六八　故知臣者不敢誣能

經　〇〇二　曰自誣

十　一三六　胃（謂）之誣

談　老甲　一六五　談（淡）呵其无味也

十　〇九四　談卧三年

繆　〇三〇　聞學談説之士君子

諒　戰　一四九　而諒（竟）逐之

請　春　〇七八　宋司馬請曰

戰　〇一六　請毋任蘇秦以事

十　一二〇　請問天下有成法可以正民者

諄　陽乙　〇〇八　耳聾焯焯諄諄

論　明　四二〇　故曰論材而雠（酬）職

經　〇五三　二曰論

繆　〇三一　以伹之私心論之

調　德　四五三　身調而神過胃（謂）之玄同

諍　九　三六六　諍（争）李（理）皆塞

九　三七九　長諍（争）之李（理）

戰　〇三七　而俱諍（争）王於天下

戰　○九五
乃來諍得三

戰　○七八
臣諍之於燕

氣　B○八五
邦君諍（争）立

誆　易　○○四
誆之□行也

譖　戰　二三二
屬之祝譖（籍）

誼　氣　G○七六
誼然而讙

誰　陰甲　○○五
東南誰

老乙　二○四
誰（推）而弗猒（厭）也

易　○○七
自誰（推）不先瞿（懼）

繫　○二九
誰（推）而行之存乎迵（通）

謂　胎　○○六
是謂內象成子

戰　○三四
王使慶謂臣

陰乙　○四七
是謂毀以祠

謁　戰　○一○
故臣使辛謁大之

戰　二三七
願有謁於公

遣三
謁者四人

諸　足　〇〇八

諸［病］此物者

春　〇八一

諸侯失禮

合　一一七

七曰瞻（詹）諸

星　〇二二

諸侯遇

稱　一五〇

諸侯不報仇

要　〇一四

賜聞諸夫子曰孫（遜）正而行義

諭　戰　〇三八

王不諭（喻）齊王多不忠也

周　〇三四

或（有）諭（渝）

謀　戰　〇一七

欲謀齊

問　〇四四

謀慮弗使

老乙　二一二

單（坦）而善謀

十　一三四

陰謀不羊（祥）

易　〇二五

廢則不可入于謀

諶　十　一〇八

不諶不定

諱　春　〇九一

共中（仲）使卜奇賊閔公於武諱

談　〇一三

諱其名

問　〇四四

諱其名而匿其體（體）

經 〇五四
榑（轉）則不失諱（韙）非之□

老乙 一九三
夫天下多忌諱

周 〇二一
系（係）用諱（徽）纆（纆）

要 〇一六
諱而辟（避）咎

講 氣 A〇五〇
欲講癮之

氣 A〇五一
合且講不合講

⿰言差 方 〇九一
⿰言差（嗟）年

謓 談 〇一八
於（嗚）虖（呼）謓（慎）才（哉）

謹 戰 〇一五
取秦以謹勺（趙）

經 〇七四
虛靜謹聽

十 一〇六
謹守吾正名

刑乙 〇四九
謹司三戊

謼 養 一八九
自謼（呼）

養 一九一
東鄉（嚮）謼（呼）

五 三二四
故父謼（呼）

謬　老乙　二二九
其上不謬

譔　五　二六三
言譔（選）賢者也

五　二六二
譔（選）貴者无私焉

戰　二八七
譔（選）擇賢者

識　戰　一六四
識亡不聽

戰　〇七四
臣未之識

老乙　一七六
前識者道之華也

昭　〇一二
則弗識

譌　周　〇四八
無不利譌（撝）嗛（謙）

䜌　足　〇〇三
胎（郄）䜌（攣）

周　〇八四
有復（孚）䜌（攣）如

譖　問　〇九一
夫食氣譖（潛）人〈入〉而黟〈默〉移

譋　談　〇五九
三日譋瓠

警　戰　二五七

乃警公中（仲）傰（倗）將使西講於秦

譥　談　〇一二

陰陽九譥（竅）十二節俱產而獨先死

譽　老甲　一二四

其次親譽之

二　〇一三

無咎無譽

易　〇三五

墨（默）亦毋譽

讀　繆　〇二二

再參讀（瀆）

讎　戰　〇二三

以與勺（趙）爲大讎可也

遣三

美人四人其二人讎二蹇

讓　春　〇三七

議賢讓能

十　一二五

立不讓

易　〇二三

剛而能讓

讙　氣　G〇七六

誼然而讙

詉

九　三八一

虘詉可智

詯

陰甲　一四五
□封之正室必有詯

訹

周　〇二一
巧（簋）訹（貳）用缶

⿰言孚

周　〇五六
⿰言孚（孚）吉

⿰言羿

方　二九三
令⿰言羿叔□鏊（熬）可

⿰言余

養　〇八二
⿰言余（塗）所漬布

⿰言乖

繫　〇三六
蓋取者（諸）⿰言乖（乖）也

⿰言疾

易　〇二九
何⿰言疾其和也

⿰言夜

德　四五四
⿰言夜然者

諞

問　〇三四
亓（其）入也楑（揆）坡（彼）閨諞

諛

五　二九〇
知君子所道而諛然矣

詍

周　〇七五
其牛詍

⿰言苟

二　〇〇五
⿰言苟猷在廷

謬

五　二六六
其罡（願）謬然者也

𧬈

養　二〇五
禹乃□□入於𧬈（璇）房

⿰言曹

春　〇八五
紀⿰言曹曰

善　療　〇三四
置善鬻（粥）

療　〇一一
漬善白布二尺

養　〇一九
善褁以韋

養　〇二〇
力善行

老甲　〇五一
不善人之所瑧（保）也

德　四五二
四行成善心起

戰　〇四七
魚（吾）欲用所善

戰　一一八
臣甚善之

戰　〇一一
甚善已

戰　〇一一
視臣益善

談　〇二九
故善用八益

問　〇九三
威王曰「善」

老乙　一七九
善始且善成

易　〇二九
善而治

音　陰甲　〇一九
無音出者

五　三二三
鼻口手足音聲⿱貌心（貌）色
皆雖（唯）

刑丙　圖二
大音

合　一一一
聽五音

談　〇二二
再撞（動）聲音章

老乙　二一九
音聲之相和也

周　〇三五
翡（飛）鳥遺之音

竟　戰　二六〇
警四竟（境）之內

十　〇八一
人則視（示）竟（鏡）

章

章　老甲　一三七
不自見故章

戰　〇五四
楚將不出睢（沮）章（漳）

十　一〇九
刑微而德章（彰）

周　〇五六
章（商）奪（兑）未寧

易　〇〇一
六畫而成章

妾

妾　陰甲　一三六
壬癸以人臣妾後君

周　〇〇三
畜僕妾吉

童

童　陰甲　一九六
女三童於歲前之一方

春　〇七九
不童（重）傷

遣三
右方女子明童

十　〇八五
童（重）陰長夜氣閉地繩（孕）者

十　〇九五
果童對曰

周　〇一一
童牛之鞫（牿）

易　〇三〇
童獸也

業

業　戰　一三〇
王天下之業

戰　一三一
王舉霸王之業

繫　〇〇八
盛德大業至矣幾（哉）

繫　〇一〇
耶（聖）人之所崇德而廣業也

對　九　三六一

伊尹對曰

九　三六二

伊尹對曰

春　〇八七

□子對曰

戰　〇一二

臣對以弗知

戰　二八四

在楚之救粱（梁）對曰不然

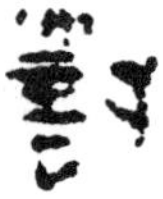

戰　二八九

對曰

戰　〇五一

對曰

十　一〇七

力黑對曰

十　〇九〇

對曰

僕　遣三

僕足一笥

牌三

僕足笥

刑乙　〇七二

以此雨僕當下

丞　遣三

家丞奮移主贙郎中

星　〇一七

其丞蓐收

星　〇〇一

其丞句巟（芒）

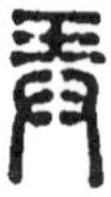

弄　老乙　二二七

弄（寵）辱若驚

繆　〇〇三

女弄不敝衣常（裳）

戒　戰　〇三二

使齊大戒而不信燕

出　〇二三

不可有爲行戒勿用

十　一〇一

天佑而弗戒

殘　頁一

戒

二　〇一八

戒葆常也

兵

兵　陰甲　一六二
亡甲兵

刑丙　〇四四
在邑兵起

老甲　〇二六
入軍不被甲兵

老甲　〇二六
兵无所容［其刃］

春　〇八二
今宋用兵而不□

戰　一三七
趙怒而兵（與）王爭秦

戰　〇五七
亦以八月歸兵

戰　〇三七
秦受兵矣

戰　一四三
秦兵必罷（疲）

戰　二六九
兵（與）韓是（氏）戰於岸門

戰　〇九六
今燕勺（趙）之兵皆至矣

氣　B〇三〇
不出四日兵車至

繆　〇六七
遂舉兵伐陳

殘　頁一三
其邦受兵

出　〇三〇
西見兵北吉

星　〇〇八
兵甲啚啚

奉

奉　春　〇八七
臣以死奉煩也

戰　〇〇七
奉陽君

戰　〇八九
奉陽君

老乙　二一五
云（損）不足而奉又（有）余（餘）

經　〇一二
後不奉（逢）央（殃）

二　〇〇一
上則風雨奉之

具　戰　二五九
得韓一名縣具甲

遣一　一九七
右方膝畫小具杯廿枚

遣一　二三六
疎比一具

遣三
膝畫小具杯廿枚

問　〇四三
何故而陰與人具（俱）生
而先身去

經　〇〇五
斗石已具

繫　〇一一
耶（聖）人具以見天之業

奐　繫　〇三五
蓋取者（諸）奐也

攀　戰　一九四
攀其嫜（蹱）

共　胎　〇二八
而夫妻共以爲酒

五　一九五
［尊］而不驕（驕）共
（恭）也

戰　一二二
與齊共講

十　一〇六
視之（蚩）尤共工

十　一一二
□□共（恭）驗（儉）

繆　〇五五
故共（供）皮敝（幣）以
進者

龔　遣一　一八五
膝畫龔中幸酒杯十五

遣一　一八六
膝畫龔中幸酒杯十五

遺三　臻畫龔中幸酒杯廿

異　陰甲　〇八七
□緊牛婁張冀異

老甲　一三二
吾欲獨異於人

十　〇九二
道異者其事異

經　〇四二
逆順同道而異理

老乙　二一八
異名同胃（謂）

戴　陰甲　一九九
有大戴童堪（基）

遺三
連絉合衣戴一

遺三
椁剥檢戴一

遺一　二五六
素信期繡檢（奩）戴一

遺一　二五八
右方巾沈戴

稱　一五一
戴角者无上齒

道　一七〇
戴根之徒

與　陰甲　一九五
其方之星與辰

方　〇二三
薪（辛）夷甘草各與
［鼢］鼠等

養　〇六〇
女子與男子戲

老甲　〇九二
夫天道无親恒與善人

戰　〇〇二
故冒趙而欲説丹與得

戰　〇四四
與言去燕之齊

戰　〇〇九
徐爲之與臣言甚惡

遣一　〇六三
犬肩一器與載（胾）同笥

談　〇一四
是故與身俱生而獨先死

合　一〇四
乃能久視而與天地牟（侔）存

禁　〇〇一
又（有）犬善皋（嗥）於亶（壇）與門

陰乙　圖四
與鬼

十　一三四
與民共事

十　一三四
與神同□

易　〇一五
是故位（立）天之道曰陰與陽

星　〇二四
與之前

興　却　〇〇二
則以始卧與始興

氣　B〇三二
軍興大敗

問　〇一二
興坡（彼）鳴雄

稱　一五四
有宗將興

星　〇二三
先興兵者殘

䙴　經　〇三六
周䙴（遷）動作

二　〇〇一
龍刑（形）䙴（遷）

要　養　〇四五
取乾桓（薑）桂要苕蛇牀

老甲　一四七
是胃（謂）眇（妙）要

戰　一三一
臣之出死以要事也

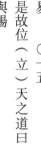

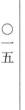

䙴    

十 一二三
千言有要

周 〇六二
入於要（幽）浴

陰甲 〇〇七
凡酉不可以徙䙴（遷）

農 經 〇〇七
男農女工

⿱𦥯男 養 一四九
與⿱𦥯男冬各□□

爨 養 〇〇四
以藋堅［稠］節者爨

問 〇九七
以日爨享（烹）

革 戰 二二六
故出兵以割革趙魏

遣三
黑革帶一

談 〇二二
三嶂（動）皮革光

合 一一三
三而皮革光

問 〇四〇
被（皮）革有光

相 〇三二
厚革遂（墜）毛者

星 〇二〇
革王

勒　春　〇五九

入而勒正

十　〇八二

因而勒之

鞄　十　〇九四

身提鼓鞄（枹）

鞅　戰　一八四

公孫鞅

鞍　相　〇二二

［重］鞍突盈

相　〇七六

重鞍突盈者

鞔　遣一　二七九

大扇一錦周掾（緣）鞔秉

鞞　遣一　二三四

象刀一有鞞

遣三

象刀一有鞞

鞠　遣三

鞠二石布囊一

鞣　問　〇七七

后㮨（稷）半鞣

鞫

問　〇八八
必如抌鞫（鞠）

十　一〇五
充其胃以爲鞫（鞠）

周　〇一一
童牛之鞫（牿）

遣一　一四六
鞫（麴）一石布囊一

鬻　養　〇六六
以水二升洎故鐵鬻

羹　方　一九二
有（又）瓮（齏）陽□而羹之

胎　〇〇八
其羹牛羊

遣三
鰿禺肉巾羹一鼎

遣一　〇〇八
雉酪羹一鼎

鬻　養　二一六
君何不鬻（羹）茅艾

煮　方　〇三四
以水財煮李實

戰　二三八
煮棘（棗）將榆

方　四五一
鬻（煮）叔（菽）取汁洒
□

餌　戰　一七六　足以俑（刷）先王之餌（耻）	戰　二九七　以粱（粱）餌秦	
鬻　戰　一九〇　侍（恃）鬻鬻（粥）耳		
鬻　方　〇九二　以青粱米爲鬻（粥）	老甲　一三一　鬻（俗）人蔡（察）蔡（察）	戰　〇三五　奉陽君鬻臣
戰　一九〇　侍（恃）鬻鬻（粥）耳	老乙　二三五　鬻（俗）人昭昭	
爲　陰甲　〇二一　爲事夫者亡	方　〇四七　熨乾更爲	療　〇一七　爲小囊
療　〇六七　即不幸爲蝛虫蛇蠭（蜂）射者	養　〇一三　爲不起者	養　一二二　以三指最（撮）一爲後飯百日
胎　〇二〇　爲享（烹）白牡狗首	却　〇〇一　爲首重足輕體（體）軫（胗）	刑丙　〇五三　而後爲衡
春　〇八二　深入多殺者爲上	戰　二三七　成則爲福	戰　一三五　宋中山可毋爲也

合　一〇五
爲得操揗之

陰乙　〇九六
或謂爲憂

要　〇一七
則其爲之巫

星　〇二三
其六十日爲陰

埶　春　〇四九
其埶（勢）有（又）庳（卑）

戰　一七六
埶（勢）無齊患

合　一〇六
一曰氣上面埶（熱）

經　〇一二
毋故埶

繆　〇一三
若醴（禮）埶然

孰　陰甲　一一三
有行火歲不孰

方　一三一
以新布孰暨（摡）之

方　〇五七
孰澡（操）湮汲

胎　〇一五
必孰（熟）洒輸（澣）
［胞］

療　〇四一
孰（熟）洒輸（澣）其包
（胞）

戰　一七五
願御史之孰（熟）慮之也

戰　一一四
天下孰能禁之

老甲　〇八〇
夫孰敢矣

遣三
鑽縣孰一器

問　〇九八
孰短孰長

經　〇〇五
孰知其神

十　〇八七
五穀溜孰（熟）

鬭

繆　〇三五
非舜其孰能當之

經　〇〇五
孰知其極

相　〇三四
游肉孰之能錫上

刑甲　〇〇九
日鬭軍戰客不勝

又　氣　E〇一七
繇其邦又（有）兵亡

禁　〇〇一
又（有）犬善皋（嗥）於亶（壇）與門

易　〇二三
易曰又（有）名焉曰鍵（乾）

父　陰甲　一四五
歸父之父正居而居之

春　〇八七
慶父財（才）

經　〇二三
能爲家則能爲父

夬　老甲　〇四三
其邦夬（缺）夬（缺）

戰　一二五
王事遬（速）夬（決）矣

戰　一八六
武安君之棄禍存身之夬（訣）也

談　〇一九
精夬（缺）必布（補）

周　〇〇四
夬禮（履）

尹　陰甲　二一四
申酉贊尹

五　三一四
□之舉伊尹也

繆　〇六五
使沈尹樹往觀之

及　陰甲　一九五
必及酉月

養　〇六二
殺智（蜘）蛛罔（網）及苦瓠

春　〇七四
刑之所不及

氣　F〇九五
以來及

談　〇四七
汗不及走

合　一二三
深不及也

出　〇二四
不可去室及歸

反　陰甲　〇〇八
南徙反

養　一二七
反復挑之

戰　〇一三
反不如已

遣三
沙縛複反襲一

談　〇五九
八日反去

周　〇八四
夫妻反目

易　〇二二
柔而反於方

友　戰　一七六
交以趙爲死友

稱　一四五
其實友也

周　〇一三
一人行則得其友

右　陰甲　〇五二
戊當左右司馬

戰　一五六
右蔡

遣一　一四一
右方栂（梅）元栂（梅）
筍瓦資一

遣一　二九八
右方土珠金錢

遣三
右方鬵左方

禁　〇〇三
[土余]（塗）門左右方五尺

合　一一八
四曰右之

出　〇二五
右辰小吉

老乙　二四六
用兵則貴右

經　〇六二
五曰左右比周以雍（壅）塞

星　〇〇六
進退左右之經度

秉　遣一　二七九
大扇一錦周掾（緣）鞔秉

叔　方　一六一
黑叔（菽）三升

明　四三一
卷（圈）馬食叔（菽）粟

遣一　二九六
菜（彩）金如大叔（菽）者

遣一　〇一四
小村（菽）鹿劦（脅）白羹一鼎

遣一　一〇一
枝（豉）一坶

遣三
枝（豉）一坶

遣三
小叔（菽）鹿脅白羹一鼎

牌三
孰叔（豉）笥

取　陰甲　〇二五
取婦者

方　〇二四
取三指最（撮）一

瘵　〇〇五
取桃毛二升

養　一九五
末即取突墨

老甲　〇四九
故或下以取

春　〇〇八
能取而弗威（滅）

戰　〇二七
勺（趙）止臣而它人取齊

戰　〇一五
取秦以謹勺（趙）

遣一　〇八七
取窬一器

遣三
取窬一器

禁　〇〇九
取雄隹左蚤（爪）四

陰乙　一〇四
取婦者

易　〇〇一
氣味相取

叚

叚　方　一五八
燔叚（煆）□□□□火而焠酒中

春　〇九一
何叚（瑕）之不圖

戰　二九八
齊楚見亡不叚（遐）

戰　〇四九
叚（假）臣孝如增（曾）參

問　〇七五
不叚（暇）其聽

二　〇〇一
叚（假）賓於帝

度

度　遣一　二五二
郭（槨）中絪度

遣三
涓度席一績掾

稱　一六六
此地之度而雌之節也

易　〇四一
出入又（有）度

星　〇三四
卑高以平明度

星　〇三六
卑高以昏度

曼

曼　氣　E〇〇二
曼與立王同占

談　〇二七
皮奏（腠）曼密

問　〇〇八
民何得而奏（腠）理靡曼

繫　〇一七

上曼（慢）下暴

相　〇一九

擅曼平

彗　氣　F〇三五

彗（彗）星

氣　F〇六三

是是苦彗

刑乙　〇八二

司彗星不見也

方　〇五三

如篲（彗）星

戰　一〇五

篲（彗）有私義（議）

卑　戰　一六九

燕齊甚卑

刑甲　〇四六

氣黑而卑

遣一　〇四六

卑匲四

遣一　二一五

右方卑匲卌

遣三

大敚一卑二

星　〇三四

卑高以平明度

刑乙　〇七九

軍氣黑而卑

星　〇三五

卑高以昏度

史

史　戰　一七五　願御史之孰（熟）慮之也

要　〇一七　則其爲之史

事

事　陰甲　〇二一　爲事夫者亡

老甲　〇五三　事无事

春　〇九〇　若不窓（怨）窓（怨）則德無事矣

戰　〇一七　皆不任子以事

談　〇一八　神明之事

陰乙　〇八九　利在三歲中事者

經　〇〇二　動有事

殘　頁九　事

支

支　方　〇四九　四支（肢）毋濡

戰　一五一　外支秦魏之兵

殘　頁五　褁二支

問　〇七一　無以動亓（其）四支（肢）而移去其疾

遣三　鮮支襌衣一□掾

遣三　鮮支長襦一素掾

肅

肅　經　〇二九　臣肅敬不敢敝（蔽）其主

肆

肆　戰　二六五　願大國肄（肆）意於秦

書

書　戰　〇〇九
使韓山獻書燕王曰

戰　〇五五
自梁（梁）獻書於燕王曰

氣　G〇八〇
此書不才（載）其圖下者

遣三
書到先質具奏主贇君

禁　〇〇六
書其名直（置）履中

晝

晝　陰甲　一二七
晝宵而夜飤黍月（肉）

養　一八七
晝乾之

問　〇三五
晝息之志

出　〇二四
甲巳晝

刑乙　〇六八
晝見其無軍（暈）

畫

畫　養　一九一
□來敢到畫所者

遣一　一七四
髹畫枋（鈁）一有蓋盛米酒

遣三
執盾六十人皆冠畫

易　〇〇一
六畫而成章

相　〇二八
徹肉有參畫會於前者

堅

堅　養　〇六六
以藿堅稠節者爨之

老甲　〇八四
故曰堅强者死之徒也

戰　二八七
令之堅守

合　一一四
七而至堅以强

問　〇一八
玉閉堅精

周　〇四四
堅冰至

相　○五六
欲睫之舉堅久

緊　陰甲　○八一
角房斗緊牛

陰甲　○八七
□緊牛婁張箕

豎　戰　一一四
勤豎之死也

遣三
馬豎五十人衣布

臣　陰甲　一三六
壬癸以人臣妾後君

九　三七○
故自藺之臣莫［敢］僞會
以當其君

老甲　一二六
案有貞臣

春　○一七
佴（耻）爲人臣

戰　一三二
臣雖死不醜

經　○○八
而中達君臣之半

臧　陰甲　二○四
以臧後子貧

方　一六五
裹以韋臧（藏）

療　○一○
大［如］□□□臧（藏）
筒中

胎　○○四
是胃（謂）始臧（藏）

問　○○三
虛而五臧（藏）

問　○三四
如臧（藏）於淵

五　二一七
嘍（聽）者聖之臧（藏）
於耳者也

十　一二七
臧（藏）兵之國

周　○三五
從或臧（戕）之凶

殳　胎　〇二四

殳（投）酒中

役　五　二六九

故斯（厮）役人之道

五　三一八

而六者爲心役

出　〇〇七

在室不可行役

五　二〇九

心之役也

段　方　二〇〇

即以鐵椎攺段之二七

易　〇二三

段（殷）之无道

𣪘　談　〇六〇

十一曰赤𣪘九

毆　胎　〇〇二

故人之產毆（也）

五　二〇五

剛義之方毆（也）

經　〇〇三

无執毆（也）

經　〇〇一

生法而弗敢犯毆（也）

殽　養　〇五三

以牛若鹿𦙶殽

養　〇六二

殽智（蜘）蛛罔（網）及

苦瓠

殺

毄 陰甲 二五六
逹之毄以祭

足 〇一三
毄（繫）舌

陽乙 〇〇三
毄（繫）於外腂（髁）之
前廉

戰 一一六
毄（擊）勺（趙）信

陰乙 〇七六
一毄（擊）

繆 〇六〇
斯壘爲三遂而出毄（擊）
荆人

毆 戰 一六一
有（又）長毆（驅）梁
（梁）北

繆 〇五六
王用參毆（驅）

繆 〇三一
其所殺幸於天下者

殺 陰甲 〇九〇
斬伐殺生以祭天鬼大吉

老甲 〇八〇
則而爲者吾將得而殺之

春 〇八二
深入多殺者爲上

戰 〇三四
齊殺張庫

星 〇一三
是司殺不周者駕之央

鳧 遣一 〇七三
𤎼（熬）𪀦（鳧）一笥

遣一 〇〇七
𪀦（鳧）酪羹一鼎

牌一
𤎼𪀦（鳧）笥

問 〇八五
舉𪀦（鳧）雁

遣三
土𪀦（鳧）十

牌三
𤎼𪀦（鳧）笥

寸　養　〇六五
長寸者二參

老甲　〇七二
吾不進寸而芮（退）尺

殘　頁五
九寸

遣三
㯃畫平般俓尺六寸三枚

遣一　二〇七
㯃畫平般（盤）俓（徑）
二尺五寸一枚

經　〇〇五
尺寸已陳

寺　老甲　〇二九
爲而弗寺（恃）也

明　四四九
所寺（待）者時也

談　〇一三
不寺（待）其莊（壯）

十　〇八四
寺（待）地氣之發也

專　陰甲　二〇三
曰其專必

陰甲　一三一
垛椶專之芙白茅莋

專　十　一二六
專利及削浴（谷）

相　〇一六
薄專於崖

將　陰甲　〇二一
亥則將死

春　〇六七
長將畏其威

氣　殘
二旬將

氣　F〇九〇
立將大破軍

合　一二七
男之精將

陰乙　〇二〇
所迎者大將死

陰乙 〇九四
大生師將得地

星 〇二七
破軍殺將

尋 老甲 一一七
㝷（尋）㝷（尋）呵不可名也

老乙 二二九
尋尋呵不可命（名）

皮 養 一二一
皮去腸

戰 三一九
䩛（廦）皮曰

合 一一三
三而皮革光

周 〇八八
或鼓或皮（罷）

周 〇三六
公射取皮（彼）在穴

繆 〇五五
故共（供）皮敝（幣）以進者卌又（有）餘國

收 九 三六三
生長收臧（藏）

戰 三〇一
必收地千里

戰 一四四
亟以小（少）割收魏

二 〇〇九
五種不收

星 〇一七
其丞蓐收

更 陰甲 一三六
更室而高大之

養 〇三五
有（又）更飲一

戰 三〇七
則死王更有大慮

戰 一五三
必將更事

氣 B〇四一
十三軍（暈）［天下］更王

陰乙 〇〇五
日更數七

經　〇五八
亡地更君

十　一〇六
擅制更爽

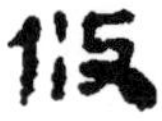
攸　繆　〇四一
無攸利

攻　陰甲　一七一
不起土攻

陰甲　〇二五
攻者不遷

春　〇七一
公使人戉（攻）隱公

戰　一三二
攻大粱（梁）

氣　B〇六〇
攻城入

陰乙　〇四五
攻城起兵伐□

陰乙　〇〇九
以此舉攻

十　一二八
是故以一國戉（攻）天下

繆　〇五九
吴王夫跂（差）攻當夏

攺　方　一九七
攺椎之

方　二〇〇
即以鐵椎攺段之

改　戰　〇三九
齊改葬其後而召臣

政　刑甲　〇三九
其處政見百里

道　一七三
操正以政（正）畸（奇）

牧　足　〇一五
牧牧者（嗜）卧以欯

老甲　一三六
是以聲（聖）人執一以爲天下牧

繆　〇三〇
所以皆牧焉勞其四枳（肢）之力

敄　養　二〇三
七曰兔敄（鶩）

故　陰甲　一四九
後徙故室大兇

方　〇一二
取故蒲席厭

老甲　〇〇七
故必貴而以賤爲本

遣三
素裏其一故

問　〇一九
故能長生

談　〇一三
是故亟傷

合　一二八
故能發閉通塞

陰乙　〇一〇
故午而合子而離

經　〇〇二
故同出冥冥

易　〇〇三
故易曰

效　胎　〇〇四
果隋宵效

戰　〇六八
使粱（梁）乾（韓）皆效地

星　〇二九
用兵者象效大白

繫　〇一一
崇效天

敉 戰 一八四
秦兵適敉（敝）

啟 方 ○三五
强啟其口

老甲 一四五
而不可啟也

春 ○八八
而立公子啟方

戰 一四六
有（又）爲陶啟兩幾

老乙 二二五
天門啟闔

十 一○○
啟然不台（怠）

救 五 二○六
不勮不救

戰 二三八
不救寡人

戰 一二四
秦必不敢言救宋

氣 A○六五
攻城城有救至

敓 遣三
敓者二人

赦 五 二九八
有小罪而弗赦

五 二○三
有小罪而赦之匿也

戰 ○四○
而王以赦臣

敗 刑甲 ○二八
此胃（謂）將敗而□□□者也

氣 B○三二
軍興大敗

氣 F○七二
恐敗

問　〇五五　孰爲之敗

陰乙　〇二四　半敗

陰乙　一〇〇　大將敗之者

相　〇〇九　旁刺（刺）爲敗

寇

寇　九　四〇二　外内无寇者

周　〇一七　非寇閩（婚）詬（媾）

敦

敦　方　〇四三　以敦（淳）酒半斗者（煮）潰（沸）

周　〇一〇　敦根（艮）吉

星　〇〇四　其名爲困敦

徹

徹　戰　〇五一　臣以信不與仁俱徹

出　〇二二　小徹利行

二　〇二六　地徹驕而實嗛（謙）

數

數　方　〇五五　數復之

足　〇〇四　數瘨（癲）疾

五　三一八　之數體（體）者皆有説（悦）也

戰　〇九八　數月不逆

合　一一九　八曰數之

談　〇三四　爲而物（勿）亟勿數

陰乙　〇〇五　迎日更數

易　〇一四　參天雨地而義數也

刑乙　〇五三　决不用數

敵

敵　十　一〇八

敵者生爭

稱　一五四

敵則循繩而爭

刑乙　〇四〇

賞（償）以敵（嫡）子

斂

斂　春　〇五五

是權近斂以幾遠福

經　〇一五

三年无賦斂

變

變　養　二〇五

其狀變

五　二三三

變也者勉（勉）也

戰　二一七

秦有變

戰　〇六一

欲齊之先變以謀蓍（晉）國也

遣三　二八三

䰍畫木變机一

遣一　二一六

䰍畫木變机（幾）一

攷

陰甲　〇二三

攷（士）者三遷徙者

𢼸

陰甲　一四九

𢼸茅屋而□之大兇

敗

老甲　〇一三

勿（物）或敗（損）之

[而益]

老甲　〇八六

有餘者敗（損）之

教

教　療　〇六九

壐（爾）效（教）爲宗孫

老甲　〇一四

夕（亦）議而教人

戰　〇七三

是則王之教也

稱　一五五
胡不來相教順弟兄茲

繆　〇五五
我教子祝之曰

學　談　〇四〇
人產而所不學者二

老乙　一八四
爲學者日益

卜　要　〇〇八
若夫祝巫卜筮龜

相　〇二三
角成卜者

相　〇五八
欲角之枝如書卜

占　刑丙　〇五七
占日也

氣　B〇九七
一占曰見血少三軍（暈）

星　〇〇九
以占其夭壽

兆　繆　〇一五
其始夢（萌）兆而亟見之者也

易　〇二四
浮首兆（頫）下

卦　易　〇〇四
無孟（妄）之卦

易〇〇七
觀之卦

貞　春　〇五七
仁者弗貞

稱　一五四
貞良而亡

二　〇一一
大人之貞也

用　養　一二三
次（恣）所用

養　〇三四
欲廿用七最（撮）

刑丙　〇五三
此用斗之大方也

春　〇八〇
兵□三用

陰乙　〇一九
用戰者衆多死

出　〇二三
行戒勿用

十　一二二
五帝用之

甫

甫　養　一六四
甫□□投之

庸

庸　戰　二八〇
毋庸出兵

戰　〇八五
毋庸發怒於宋魯也

稱　一四六
其實庸也

周　〇〇七
[乘其]庸(墉)

星　〇四五
其丞祝庸

爽

爽　戰　一一八
今爽也

經　〇一四
擅制更爽

經　〇四三
輕重不爽

十　一一一
動作爽名

爾

爾　五　二一二
毋膩(貳)爾心

馬王堆簡帛文字編

第四

夐　繆　○三五
蔥（聰）明夐知守以愚

周　○四○
公用射夐（隼）于高庸（墉）之上

目　陽甲　○五三
目黃

胎　○○七
［以］清血而明目

春　○二一
［其］辛公襄目人曰

問　○一九
耳目蔥（聰）明

合　一一三
耳目蔥（聰）明

盱　二　○二七
盱予（豫）

盲　老乙　二二六
五色使人目盲

盼　星　○五五
地盼動

相

相　陰甲　〇三一
相惡

方　〇四四
冶黃黔（芩）甘草相半

養　〇六四
與志（職）膏相挐（滓）
和

春　〇四一
產相

合　一〇六
作相呴相抱

禁　〇〇二
夫妻相惡

二　〇一三
民忘相暘以壽

眇

眇　老甲　一四七
是胃（謂）眇（妙）要

老甲　〇九四
以觀其眇（妙）

老乙　二一八
衆眇（妙）之門

周　〇〇四
[目小]（眇）能視

窅

窅　遣三
象劍毒窅具一

眽

眽　陽甲　〇四六
是陽明眽（脈）主治

陽甲　〇五一
是耳眽（脈）主治

眯

眯　老甲　一四七
唯（雖）知（智）乎大眯
（迷）

眺 老乙 一九五
光而不眺（耀）

二 ○○一
高尚齐虖（乎）星辰日月
而不眺

眏 養 二一二
少河□合麋（眉）眏

睘 戰 一八九
老婦持（恃）連（輦）而
睘（還）

經 ○三一
玩好睘好而不惑心

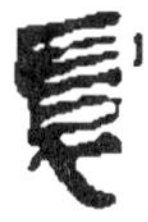

周 ○○四
巧（考）翔（祥）其睘
（旋）

督 老乙 二三一
守靜督也

睢 戰 ○五四
楚將不出睢（沮）章
（漳）

談 ○二九
産痤睢（疽）

瞻 五 一八五
瞻望弗及

合 一一七
七曰瞻（詹）諸

相 ○七○
縱而腸（陽）緩瞻余
（餘）者

⿰目元

相 ○○八
⿰目元感感

⿱五目

經 ○二三
其主不⿱五目（悟）則社禝殘

⿰目邪

方　〇五一

目繲⿰目邪然

睛

五　一七七

思睛（精）不察

睫

相　〇五八

欲睫舉堅久

相　〇三八

時見睫本者也

相　〇三八

時見睫本

相　〇四五

欲睫本之急

瞙

陽甲　〇六三

坐而起則目瞙（眊）如毋見

⿱𦥯目

方　四五九

卧⿱𦥯目（覺）

瞿

老乙　二一二

若何以殺瞿（懼）之也

省

省　老甲　一二五

而百省（姓）胃（謂）我自然

老乙　一八四

以百省（姓）之心爲心

周　〇〇五

無省（眚）

昭 〇一一
若爲人君毆省其人

盾 遣三
剥盾緹裹繢掾（緣）

自 春 〇七四
朝夕自孱

戰 〇〇一
自趙獻書燕王曰

戰 〇〇九
自辭於臣也

禁 〇〇七
自飲之

出 〇三三
丙丁食時暮食自如

經 〇〇一
□能自引以繩

二 〇一一
不自往

百 陰甲 一五六
□死亡地百里

養 一二二
百日□裹

戰 一四一
悉其百縣勝甲以上

遣三
土牛百

遣一 三〇〇
土羊百

合 一一二
九十百

要 〇一六
吾百占而七十當

星 〇一八
二百廿四日

皆　陰甲　一三六
菅因皆□而食

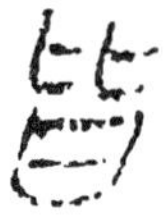
陰甲　二五九
皆不可以大祭

遣三
膝畫壺六皆有蓋

遣一　一八〇
膝畫七升卮二皆有蓋

合　一〇五
使體（體）皆樂養（癢）

陰乙　〇二五
皆徙丙□

出　〇三一
西東北南皆吉

陰乙　〇四〇
皆不可祠

易　〇四二
外内皆瞿（懼）

者　春　〇五七
知者弗親

氣　A〇二五
黃鵠出有王者

遣三
敚者二人

遣一　二九六
菜（彩）金如大叔（菽）
者千斤一笥

合　一〇五
交筋者

陰乙　〇九三
取婦者以是歲有子

陰乙　〇九五
不遷定徙者後利

星　〇〇七
歲十二者天榦也

經　〇二七
上下不趆者

易　〇〇二
會心者而台（以）作易

智　陰甲　一四八
智室大兇

養　〇六二
殽智（蜘）蛛罔（網）及
苦瓠

九　三八一
虜詉可智

戰　二九二
則奚貴於智矣

戰　一九〇
智於身

戰　一二九
必先智（知）之

刑甲　〇五〇
不智（知）春秋冬夏

談　〇三四
曰智（知）時

問　〇六六
明耳目之智

星　〇三〇
已張軍所以智客

魯

春　〇六六
魯亘（桓）公少

戰　〇七一
宋魯弱

刑甲　〇五六
營室魯

刑乙　〇九五
魯東壁

鼻

足　〇一〇
以上之鼻

陽乙　〇〇六
鼻肍（鼽）

五　二〇九
耳目鼻口手足六者

合　一〇七
二曰乳堅鼻汗

談　〇五四
乳堅鼻汗

周　〇七九
筮（噬）膚滅鼻

習

周　〇二一
習贛（坎）

易　〇〇三
因不習而備

羽

方　〇五四
有血如蠅羽者

戰　〇二七
願王之定慮而羽鑽臣也

出　〇三一
羽也日中行五喜

相　〇一七
嘐（雩）乎若羽

羿

羿　療　〇五九
羿使子毋

翁

翁　戰　二三六
楚回（圍）翁（雍）是（氏）

翏

翏　十　一四二
新故不翏

繆　〇一二
翏（繆）和問先生曰

翕

翕　問　〇九八
翕其神稽（霧）

問　〇二九
翕氣之道

翔

翔　周　〇〇四
巧（考）翔（祥）其睘（旋）

翟

翟　德　四五五
其事化翟（燿）

戰　一四七
秦與式〈戎〉翟同俗

遣三
翟豚一笥

⿱羽青　⿱羽元

稱　一四四
翟其上者危

經　〇四五
不及而翟

翡　五　二二四
嬰嬰于翡（飛）

周　〇三五
翡（飛）鳥以凶

周　〇三五
翡（飛）鳥遺之音

翦　戰　〇五九
臣將令陳臣許翦以韓粱（梁）問之齊

翳　十　一四一
靜翳不動

稱　一四六
其死辱翳（也）

胎　〇二六
女子席⿱羽元

十　一〇四
名曰之（蚩）尤之⿱羽青（旌）

雅　相　〇三一
五遝（逮）歍（烏）雅（鴉）

雄　方　〇九四
亨（烹）三宿雄鷄二

老甲　一四七
知其雄

禁　〇〇九
取雄隹左蚤（爪）四

問　○一二
興坡（彼）鳴雄

十　一三四
刑於雄節

雉　方　三七二
枯畺（薑）薪（新）雉

氣　G○五九
有赤云如雉

遣一　○七五
𤏶（熬）雉一笥

遣三
𤏶（熬）雉一笥

牌三
𤏶雉笥

雌　胎　○二七
［取］烏雌鷄煮

刑丙　○二○
雌也

禁　○○七
取兩雌隹尾

十　一一二
以辯（辨）雌雄之節

鳿　氣　G○二三
赤云及白云如鳿（鴻）鵠

周　○八六
鳿（鴻）漸于木

閵　經　○二五
將與禍閵（鄰）

雟　遣一　○四七
鱝離雟一聐

遣三
鯉離雟一聐

雞　離　雍

周　○二一
有復（孚）巂（維）心

雞　方　殘片一
治以□雞枎

胎　○二七
［取］烏雌雞煮

老甲　一四八
恒德不雞〈離〉

刑甲　○二七
云如雞雁相隨

刑甲　一一二
岠静人以至雞鳴

遣一　○○九
雞酵羹一鼎

遣三
雞酵羹一鼎

牌一
熬雞笥

牌三
炙雞笥

問　○八三
夫雞者陽獸也

老乙　二○五
雞犬之［聲相］聞

離　老甲　一四三
不離其甾（輜）重

戰　○三一
壹合壹離

戰　一○四
與國毋相離也

陰乙　○○七
四歲而離（離）

易　○一七
句（姤）之離角

相　○○二
離之臺似簧

遣三
瓦雍甗一具

遣三
瓦雍鍺各一

經　○二四
命曰雍（壅）塞

雁

五　二四〇
左雁而右飯之

雒

十　一〇五
使天下雒（噍）之

雌

陰乙　〇四一
雌巳

離

五　三三四
親之而弗離（離）

殘　頁一
而離

殘　頁一〇
離

遣一　〇四七
䲛離鵗一貼

遣三
鯉離鵗一貼

雙

刑甲　〇三〇
遇气溥（薄）而之雙

奪

奪　刑甲　〇一八
樓戟奪

老乙　二五一
將欲奪之

經　〇二一
毋奪民時

十　〇八六
陽察者奪光

周　〇五六
休奪（兑）吉

繆　〇一九
以奪君明

奮

奮　明　四三〇
老弱奮於守

遣三
家丞奮移主贇郎中

經　〇七五
乃知奮起

繆　〇三一
是以皆□□必勉輕奮

刑乙　〇七二
疾西風樓輓奮（奪）

刑乙　〇八〇
見奮（奪）期（旗）

星　〇二五
奮其厠（則）

雚

雚　養　〇六六
以雚堅稠節者爨之

十　一三三
弗用者雚

舊

舊　陰甲　二一六
安售（舊）無疾

周　〇二九
舊井無禽

周　〇〇五
食舊德

乖

乖　方　一九九
父乖母强

周　〇七五
乖（睽）苽（孤）

羊

羊　方　〇一〇
頪（燔）羊矢

春　〇二〇
羊（佯）以［君］令（命）召惠［伯］

戰　二二九
坐羊腸之道

遣一　〇〇二
羊酪羹一鼎

遣三
羊膾一器

牌三
鮨羊笥

遣一　三〇〇

土羊百

十　一二九

羊（祥）於鬼神

周　〇三三

羝羊觸藩

羌　春　〇九二

文羌（姜）迥（通）於齊侯

美　陰甲　〇六四

軺美以祭

養　一二六

以美醯二斗和之

春　〇五八

亡者欲傅美

戰　〇〇八

必且美矣

遣三

美人四人其二人雝二蹇

合　一二五

至美也

十　一三三

合之而涅於美

二　〇二一

含亦美

羖　方　三三七

瀆羖羊矢

羝　周　〇三三

羝羊觸藩

羣　養　二〇五

羣河見之

戰　〇三四

除羣臣之醜（耻）

問　〇六四

五曰羣精皆上

周　○九○

渙其羣

羭　方　二四一

亨（烹）肥羭

羸　談　○一九

羸（羸）必舍

繆　○三○

吾與壐（爾）羸之

羚

養　一七五

去其羚□

瞿　易　○○七

自誰（推）不先瞿（懼）

相　○○六

瞿亦不亡

矍　刑甲　○三九

其鄉（嚮）乃矍

雙　遣一　二三八

象疎比一雙

遣三

疏比一雙

朋　周　○四四

西南得朋

隼　老甲　〇六三
天下樂隼（推）而弗猒（厭）也

鳥　療　〇〇八
取春鳥卵

老甲　〇三六
攫（攫）鳥猛獸弗搏

戰　二七五
燕使蔡鳥股符胠璧

遣一　三〇五
土鳥十七

氣　G〇二三
黑雲如鳥

相　〇〇四
鳥與魚

相　〇一五
鳥以蜚（飛）

刑乙　〇六〇
以見玄鳥於斗旁

周　〇七三
鳥棼（焚）其巢

鳳　方　〇八四
母爲鳳鳥蓐

鳴　老甲　一三三
濘（幽）呵鳴（冥）呵

問　〇九〇
辟（譬）如鳴〈鳥〉獸

陰乙　〇二六
單鳴半夏生

昜　〇二二
鳴嗛（謙）也者

繆　〇二七
鳴鶴在陰

刑乙　〇五五
歫（距）鷄鳴以至市行

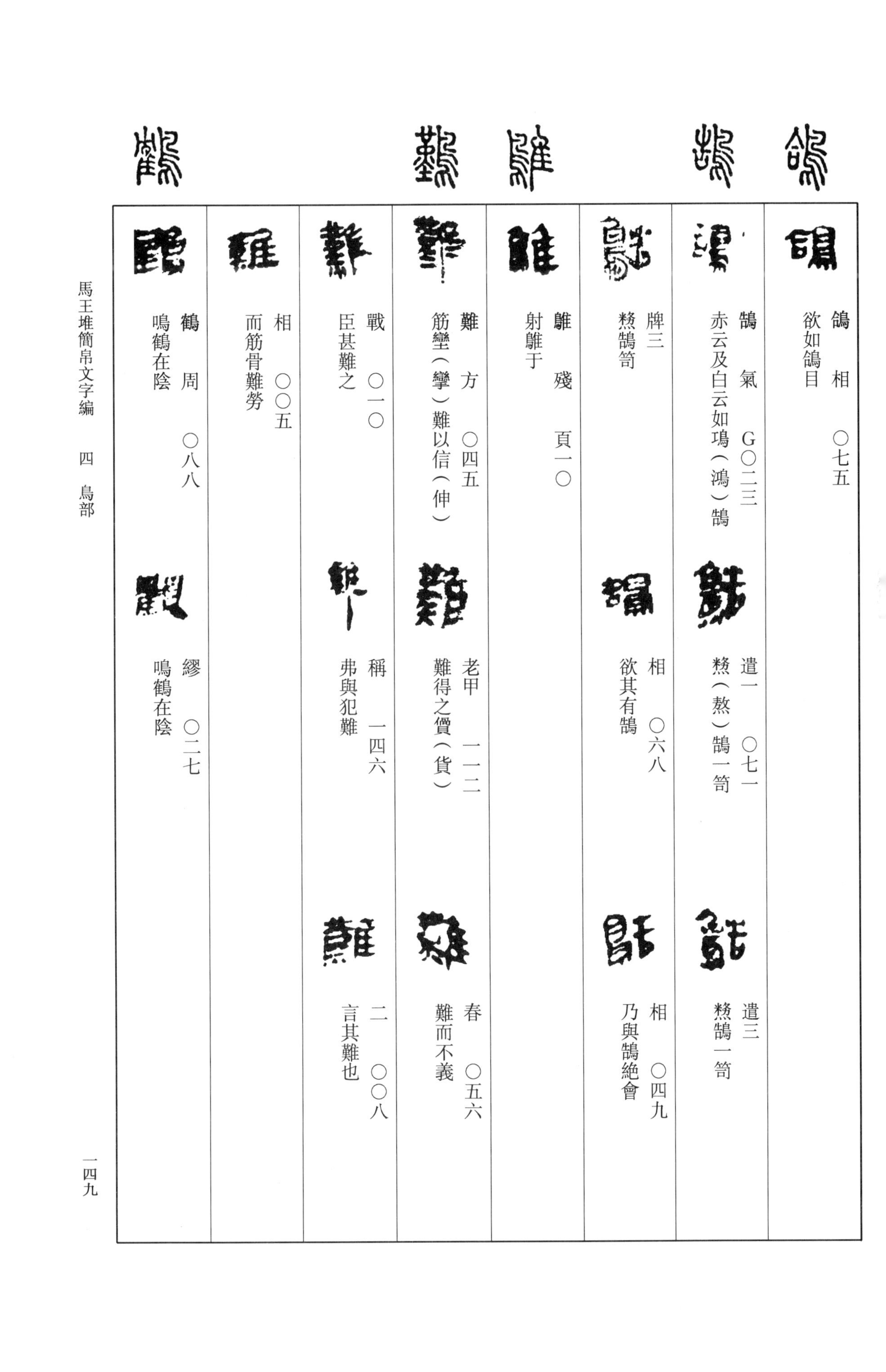

鴿 相 〇七五
欲如鴿目

鵠 氣 G〇二三
赤云及白云如鳴（鴻）鵠

遣一 〇七一
熬（敖）鵠一笥

遣三
熬鵠一笥

牌三
熬鵠笥

相 〇六八
欲其有鵠

相 〇四九
乃與鵠絕會

雗 殘 頁一〇
射雗于

難 方 〇四五
筋孿（攣）難以信（伸）

老甲 一一二
難得之價（貨）

春 〇五六
難而不義

戰 〇一〇
臣甚難之

稱 一四六
弗與犯難

二 〇〇八
言其難也

相 〇〇五
而筋骨難勞

鶴 周 〇八八
鳴鶴在陰

繆 〇二七
鳴鶴在陰

鷇

鷇　養　〇五七
取鳥産不鷇者

鶉

遣一　〇七七
熬（熬）陰鶉（鶉）一笥

遣三
熬（熬）陰鶉（鶉）一笥

蜚

二　〇〇二
蜚（飛）鳥蚰蟲

鶾

周　〇八九
鶾（翰）音登於天

鷪

氣　A〇六八
白云如鷪

氣　A〇二四
黃鷪出有王者

鶮

遣一　三〇七
土白鶮（鶴）廿

遣一　〇七二
熬（熬）鶮（鶴）一笥

遣三
鶮巾羹一鼎

遣三
土圈鶮十

牌三
熬鶮笥

於

於　陰甲　二〇二
亦爲會於旬中

老甲　〇一九
罪莫大於可欲

春　〇七五
弗見於色

烏

戰　〇一〇
不快於心而死

禁　〇〇一
又（有）犬善皋（嗥）於
亶（壇）與門

問　〇〇二
稽於神明

陰乙　〇一〇
德合於正

經　〇〇三
故執道者之觀於天下殹
（也）

二　〇〇一
易屢稱於龍

烏　養　一二一
烏豙（喙）十□□□削皮
細析

養　一二四
菌桂烏豙（喙）

胎　〇二七
［取］烏雌鷄煮

相　〇二二
烏（嗚）嘑（呼）

焉

焉　老甲　〇二四
［聖人］之在天下愴愴焉

春　〇七二
長［萬］□止焉

經　〇二九
有天焉

出　〇二一
皆不可往焉

易　〇〇一
曲句焉柔

繆　〇〇三
既焉

鵲

鵲　方　一九一
先取鵲棠下蒿

畢

畢　陰甲　一〇一
在房畢吉

陰甲　〇九四
畢有得

戰　二九〇
一舉而地畢

戰　一三六　地未畢入而兵復出矣

陰乙　〇二八　四旬而夏畢

星　〇四九　營室角畢箕

棄　養　〇四八　閭（濾）棄其滓

戰　〇四二　將與齊兼棄臣

戰　〇三九　使齊棄臣

戰　一八六　而武安君之棄禍存身之夬（訣）也

戰　二二〇　燕趙之棄齊

周　〇六九　死如棄如

再　陰甲　一二九　有再有子有貲

陰甲　一一八　夫再逆亡

方　〇五七　小（少）多如再食浮（漿）

戰　〇九五　宋再寡人之叨

合　一二九　再已而臭如燔骨

問　〇二〇　再至勿星

陰乙　〇九二　再遷徙者利取婦者

爯　五　三〇三　言无所爯（稱）焉也

幼　養　二一四　幼疾

胎　〇〇一　禹問幼頻曰

老乙　二三六　幼（窈）呵冥呵

幽　周　〇〇四
幽人貞吉

要　〇一七
幽贊而達乎數

幾　刑丙　〇三二
幾不□二年將死

春　〇七四
日以有幾也

戰　二〇三
存亡之幾（機）也

遣三
角弩一具象幾一

周　〇二七
君子幾不如舍

繆　〇〇二
幾也

星　〇四一
其青乃大幾（饑）之年

惠　春　〇二〇
叔中（仲）惠伯□□□佐
之

戰　一三三
惠王伐趙

經　〇五二
[威]生惠（慧）

繆　〇五九
又（有）覆惠心

玄　老甲　〇九四
玄之有（又）玄

合　一〇四
入玄門

問　〇〇五
玄尊乃至

陰乙　〇三九
凡玄戈昭榣（搖）

老乙　一九二
是胃（謂）玄同

經　〇三三
王天下者有玄德

予　養　〇五四
削予木

五　二五二
予女（汝）天下

戰　〇〇九
爲予趙甲因在梁（梁）者

問　〇四九
兼予成駐（佐）

十　一一八
天固有奪有予

殘　頁一〇
予

舒　繆　〇三七
夫耶（聖）君卑醴（體）
屈貇以舒孫（遜）

放　談　〇二一
食以粉（芬）放（芳）

經　〇〇七
賢不宵（肖）不相放
（妨）

受　五　二三七
受之孟賁

戰　一六四
今韓受兵三年

戰　〇三〇
臣受教任齊交五年

戰　二七八
秦王令受之

戰　一〇五
敬受令（命）

陰乙　〇二一
戰取勝受邑

經　〇〇九
反受其央（殃）

稱　一六六
予陽受陰

星　〇四六
所居之國受兵

星　〇一〇
受歲之國不可起兵

争　老甲　一三七

夫唯不争故莫能與之争

戰　一四五

必争事秦

十　○九三

今天下大争

星　○三三

［黄］而角則地之争

爰　陰甲　○六五

果爰生有死之

談　○四二

六曰爰（猨）居

合　一一六

六曰爰（猨）據

敢　老甲　○七二

吾不敢爲主而爲客

春　○一九

難胃（謂）不敢

戰　○一○

臣爲此無敢去之

經　○○一

生法而弗敢犯毆（也）

繆　○三三

憧焉無敢設也

叡　戰　一九二

願及未寘（填）叡（壑）谷而託之

壑　五　一九七

壑（赫）壑（赫）聖

五　一九七

壑（赫）壑（赫）在上

殆　老乙　二四八

知止所以不殆

繆　○三一

殆此之爲也

殊

殊　戰　一九〇

殊不欲食

要　〇一八

吾與史巫同涂而殊歸者也

猝

猝　方　二九五

如人猝之□

殘

殘　戰　二一三

其後殘吳

經　〇二三

其主不吾（悟）則社稷殘

星　〇二三

先興兵者殘

殖

殖　十　一一五

子孫不殖

殤

陰甲　〇八四

殤吉

死

死　陰甲　〇二一

亥則將死

老甲　〇二七

以其无死地焉

春　〇八七

臣以死奉煩也

戰　〇一〇

不快於心而死

戰　〇三八

庫之死也

談　〇一二

俱産而獨先死

陰乙　〇六六

死舉金石兵刃

陰乙　〇九八

枳子死

氣　G〇五〇

其君不死

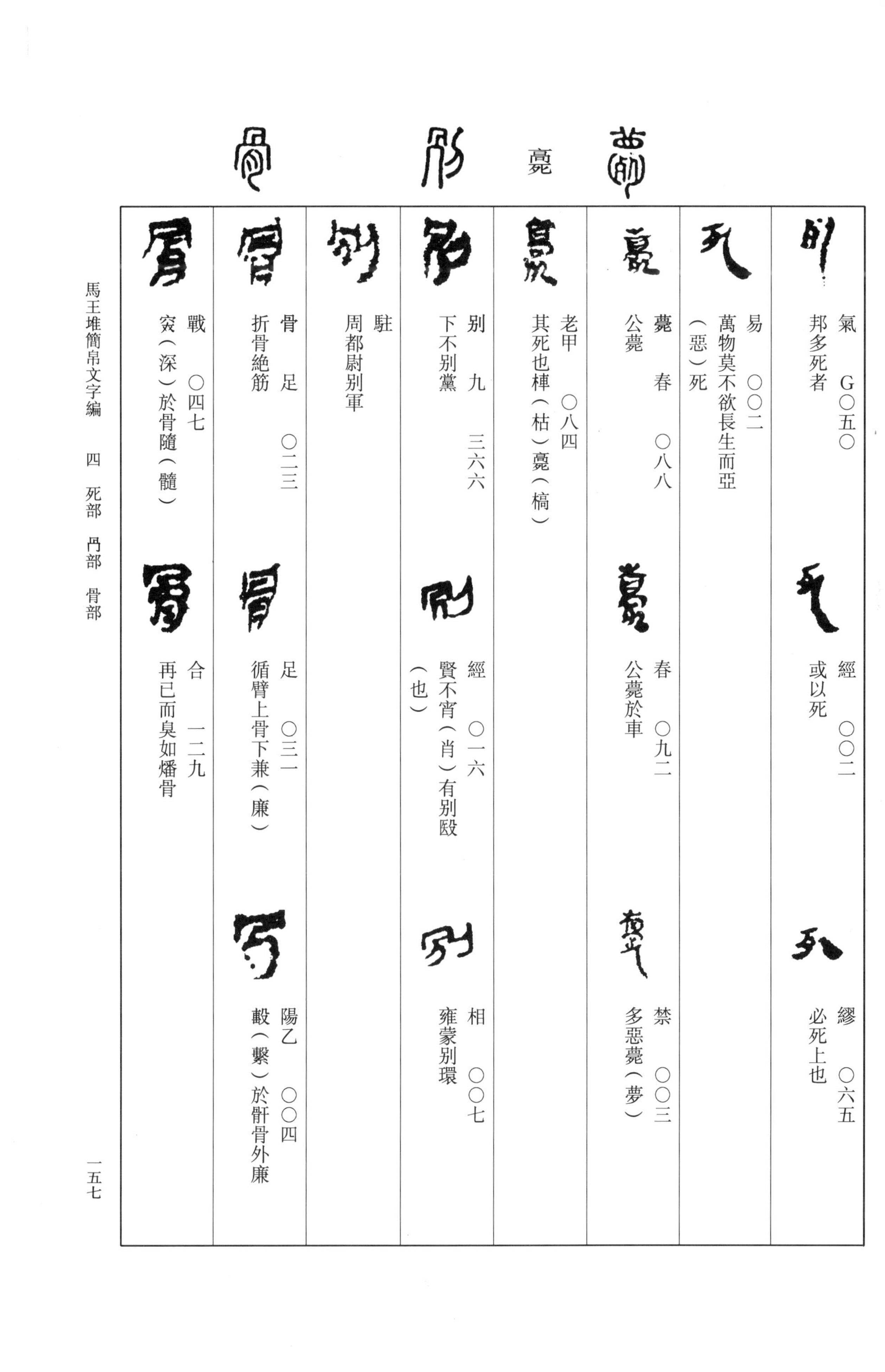

薧

氣　G〇五〇　邦多死者

經　〇〇二　或以死

繆　〇六五　必死上也

昜　〇〇二　萬物莫不欲長生而亞（惡）死

薨　春　〇八八　公薨

春　〇九二　公薨於車

禁　〇〇三　多惡薨（夢）

老甲　〇八四　其死也棹（枯）薧（槁）

別　九　三六六　下不別黨

經　〇一六　賢不宵（肖）有別毆（也）

相　〇〇七　雍蒙別環

駐　周都尉別軍

骨　足　〇二三　折骨絕筋

足　〇三一　循臂上骨下兼（廉）

陽乙　〇〇四　毄（繫）於骭骨外廉

戰　〇四七　罙（深）於骨隨（髓）

合　一二九　再已而臭如燔骨

 ⿰骨台　⿰骨恒　⿰骨畢　髕　

十　一〇五
腐其骨肉

骬　陽甲　〇四三
循骬而上

陽乙　〇〇四
毄（繫）於骬骨外廉

陽乙　〇〇四
揗〈循〉骬骨而上

相　〇〇二
長⿰骨台短頰

老乙　二一四
其死也⿰骨恒信堅强

相　〇七三
欲其后傳中對膹⿰骨畢

方　二四五
其中有如兔髕

肉　養　一二二
以大［牡兔］肉入藥間

明　四三二
朱（侏）襦（儒）食良（粱）肉

戰　〇二七
臣止於勺（趙）而侍（待）其魚肉

遣一　〇一二
鹿肉鮑魚筍白羹一鼎

肌　養　〇七八
即捝去其□□□□其肌

肌　問　〇〇五
薄（薄）而肌膚

肋　遺一　一一〇
肋酒二資

肒　陽乙　〇〇六
鼻肒（鼽）

肯　戰　一八七
大（太）后不肯

肯　稱　一五五
同則不肯

肝　足　〇一三
出肝

肝　遺一　〇四二
犬肝炙一器

肝　周　〇九〇
渙其肝大號

肘　陽乙　〇〇九
入肘中

肫　易　〇一七
肫（屯）之泣血

肺　遺一　〇五二
牛濯脾含心肺各一器

肩　足　〇〇五
枝之肩薄（髆）

遣一　〇六一
牛肩一器

遣三
牛肩一器

相　〇五〇
欲得［兔］之頤［頭］與
其肩

股　足　〇一〇
出股

足　〇〇七
股外兼（廉）痛

陽乙　〇一〇
出魚股陰下廉

戰　二七五
股符胠璧

談　〇四九
五曰交股

合　一〇七
四曰下汐股濕

肴　易　〇二四
六肴（爻）之大也

肥　方　二四一
亨（烹）肥羭

胠　足　〇一三
入胠

戰　二七五
股符胠璧

陽乙　〇〇二
胠（郄）痛

足　〇一三
入胠（郄）

問　〇二〇
脊胠不陽（傷）

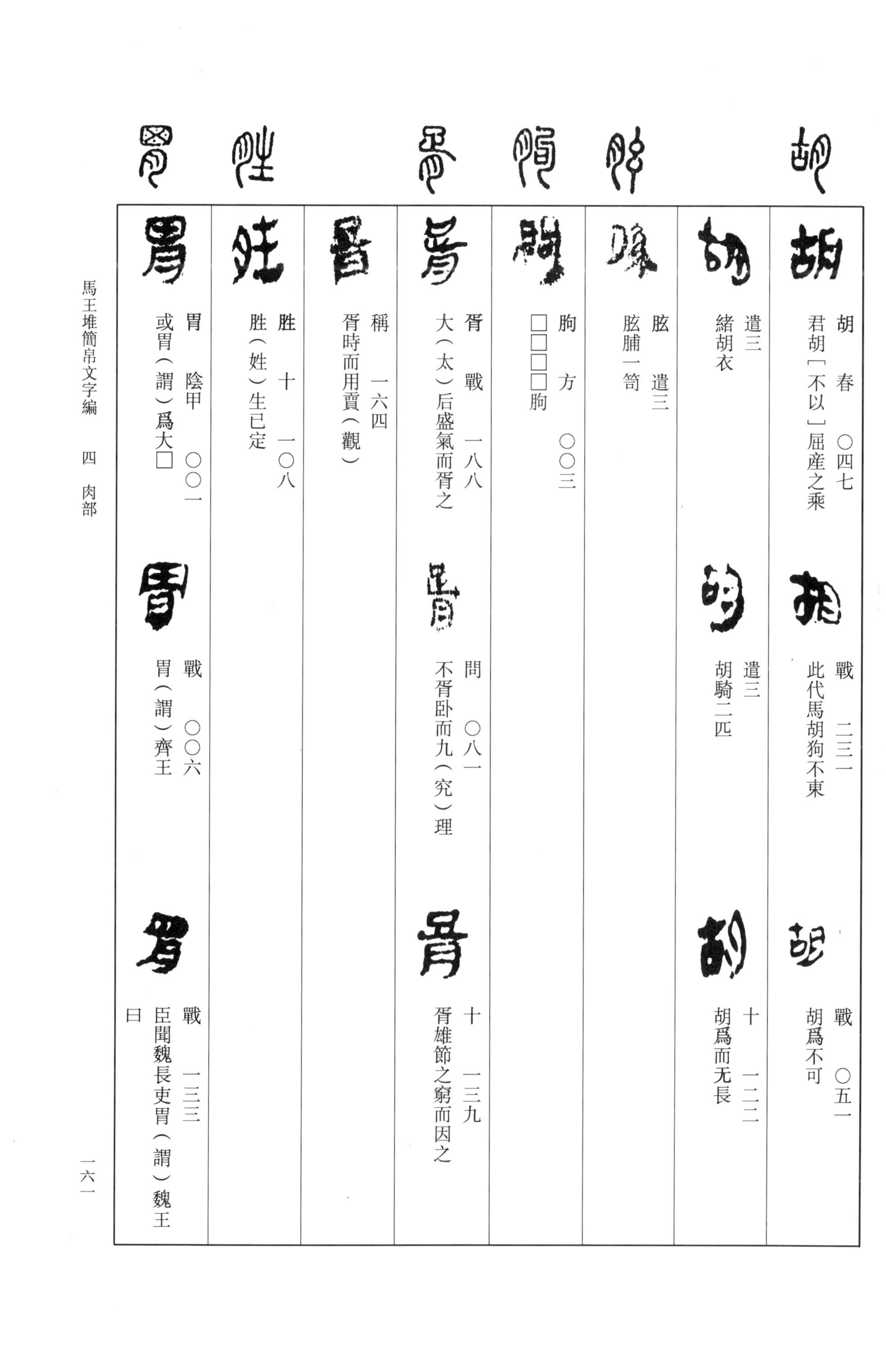

胡　春　〇四七　君胡［不以］屈產之乘

戰　二三一　此代馬胡狗不東

戰　〇五一　胡爲不可

遣三　緒胡衣

遣三　胡騎二匹

十　一二二　胡爲而无長

胘　遣三　胘脯一笥

胸　方　〇〇三　□□□□胸

胥　戰　一八八　大（太）后盛氣而胥之

問　〇八一　不胥卧而九（究）理

十　一三九　胥雄節之窮而因之

稱　一六四　胥時而用賣（觀）

胜　十　一〇八　胜（姓）生已定

胃　陰甲　〇〇一　或胃（謂）爲大□

戰　〇〇六　胃（謂）齊王

戰　一三三　臣聞魏長吏胃（謂）魏王曰

合　一一五
此胃（謂）十動

合　一〇八
此胃（謂）五欲之徵

經　〇一九
胃（謂）之文

二　〇〇五
可胃（謂）寑矣

星　〇〇八
是胃（謂）天維〈縮〉

星　〇〇二
與胃（腨）晨出東方

脅　足　〇〇七
脅痛

方　〇五一
脅痛

陽乙　〇一八
脅甬（痛）

遣三
牛脅炙一器

合　一一三
四而脊脅强

肵　足　〇一〇
循肵中

脂　養　〇七九
而以邑棗之脂弁之

胎　〇〇四
三月始脂

遣一　〇八九
牛肩脂匲濡一器

遣三
彊脂一資

合　一三〇
八已而脂

十　〇九三
爭者外脂膚也

肩　遣三
牛肩脍匲濡各一器

遣一　〇八九
牛肩脂匲濡各一器

談　〇六〇
肩盡白

脬　方　二六二

取其脬

方　一六一

痛於脬及衷

脛　遣一　〇八五

脛勺一器

遣三

脛勺一器

脱　陽甲　〇四九

肩以（似）脱

養　一四八

取刑馬脱脯之

脯　遣三

鹿脯一笥

遣一　〇三四

牛脯一笥

牌一

牛脯笥

牌三

弦朊脯笥

脩　方　二四一

有（又）以脩（滫）之

明　四二五

脩車馬馳騝（驟）也

戰　〇一八

蘇脩在齊

談　〇四五

此謂十脩

合　一一八

十脩

合　一一〇

雜十脩

老乙　一九〇

脩之鄉

要　〇一一

君子脩於此者

昭　〇〇一

脩其兵甲而衛之

朘　老乙　一九一
未知牝牡之會而朘怒

腎　養　〇八九
陰乾牡鼠腎

散　老甲　一四九
楃（樸）散［則爲器］

五　三四五
如文王之它（施）者
（腐）弘夭散宜生也

五　三四六
不得如散宜生弘夭者也

戰　一二一
三晉之約散而静（爭）秦

經　〇一二
散其子女

繆　〇〇二
散也

脾　陽乙　〇〇二
脾（髀）不可以運

遣一　〇五二
牛濯脾含心肺各一器

遣三
牛濯脾含心肺各一器

合　一一三
五而尻脾（髀）方

脽　足　〇〇三
脽痛

腄　養　一九九
據（膚）不至［而用］則
腄（垂）

隋 胎 〇〇四
果隋宵效

春 〇二九
盉（魏）州［餘］果與隋
會出

戰 〇四七
穿（深）於骨隋（髓）

戰 一三五
而國隋（隨）以亡

經 〇一二
隋（墮）其城郭

十 一一八
反隋（隨）以央（殃）

稱 一五三
隋（墮）高增下

周 〇六六
隋（隨）有獲

二 〇〇二
水流之物莫不隋（隨）從

刑乙 〇七九
雲如鷄雁相隋（隨）

腤 方 〇五三
下如腤（衃）血

腏 方 二四〇
取内户旁祠空中黍腏

腐 十 一〇五
腐其骨肉

道 一六八
在陰不腐

候 〇八六
三陰胕（腐）臧（臟）煉
（爛）腸而主殺

陽乙 〇一四
乘足胕（跗）上廉

腴　戰　一九八
封之膏腴之地

腸　陽甲　〇四五
心腸〈惕〉

周　〇三一
不亡（喪）鈚（匕）腸（鬺）

相　〇七〇
縱而腸（陽）緩瞻余（餘）者

腹　陽乙　〇一〇
使腹張（脹）

春　〇八三
不全宋人之腹頸（頸）

問　〇五〇
靡（摩）腹從陰從陽

合　一二一
欲腹之傅也

老乙　二二〇
實其腹

繆　〇六七
入於左腹

腨　陽乙　〇一〇
腨上廉

腫　陽乙　〇〇五
病腫

易　〇〇五
小腫（動）而大從

膏　遣三
員付簍二盛蘭（蘭）膏

方　〇四四
即以彘膏財足以煎之

養　〇六四
與志（膱）膏相挐（滓）和

陽乙　〇〇三
甚則無膏

戰　一九八
封之膏腴之地

合　一三〇
四已而膏

周　〇二八
屯其膏

膌　相　〇五一
欲得魚之者（鬐）與膌（脊）

膚　問　〇〇五
薄（薄）而肌膚

合　一二八
皮膚氣血皆作

談　〇五六
膚不至也

稱　一五八
膚既爲膚

遣一　〇三〇
魚肤（膚）一笥

膞　足　〇一三
上貫膞（腨）

足　〇〇一
上貫膞（腨）

足　〇〇三
膞（腨）痛

膠　方　一六八
以其汁煮膠一廷（梃）半

合　一三〇
九已而膠

膫　方　三二六
治肵膫

膩　五　二一二
毋膩（貳）爾心

膽　方　二二六
其藥曰陰乾黃牛膽

臂　足　〇二六
皆久（灸）臂泰（太）陰温（脈）

養　〇四九
臂大養（癢）堅熱

老乙　一七五
攘臂而乃（扔）之

䐹　遣三
髤畫汨䐹檢（奩）一合

臑　足　〇二九
出臑下兼（廉）

陽乙　〇〇九
乘臑

膺　相　〇五一
欲得鳥目與頸膺

臘　老乙　二二六
馳騁田臘（獵）

財

養　一七六
浚去其財（滓）

肥

九　三五九
以肥（配）天地禮數四則

老乙　二〇八
是胃（謂）肥（配）天

十　〇七八
乃肥（配）天

繫　〇一〇
變迵（通）肥（配）四［時］

朊

遣一　〇八六
朊脯一笥

肙

方　〇四六
以扁（遍）熨直肙（肙）攣筋所

胆

方　四四五
若□□徹胆魃

胶

周　〇一〇
根（艮）其胶（輔）

周　〇六一
欽（咸）其胶（輔）陜（頰）舌

肣

十　一〇四
因而肣（擒）之

遣三
青綺肣（衿）素裹一

相　〇三一
野毋肣（禽）

肓

遣三
卒木肓操長鍪瘫盾者百人

胝

繆　〇一〇
至於手足駢（胼）胝

胸

陽乙　〇一七
胸甬（痛）

䏦

相　〇三二
䏦䏦上下疾者

時

方　二六四
血時（痔）

䏸

遣三
牛肩䏸匽濡各一器

隂

遣三
𪏿隂鶉一笥

脞

足　〇一二
脞瘦

腂

陽乙　〇〇一
潼外腂（踝）婁中

陽乙　〇〇三
毄（繫）於外腂（踝）之
前廉

腋

足　〇〇六

其直者貫腋

脝

陽甲　〇五一

耳聾煇煇脝脝

朞

遣三

犬朞匇炙一器

腸

足　〇一五

數腸

膯

陰甲　〇二〇

所以膯

腂

足　〇〇八

腂（枕）痛

膶

陰甲　〇〇六

衆張膶（胃）得食

陽乙　〇一〇

是膶（胃）脈也

腗

足　〇〇一

枝之下腗

腮

養　○五一

取牛腮燔冶之

膂

養　一二六

即取刑馬膂肉十□

膉

足　○一○

出膉（嗌）

膝

方　四二一

而膝以熨疕

⿱般月

五　一八八

不⿱般月不說（悅）

⿰月爲

老甲　○五九

而不貴難得之⿰月爲（⿰貝爲）

⿰月最

方　二一八

⿰月最於壺空（孔）中

⿰月留

問　○六三

翕氣以充⿰月留（腦）

縢

遣一　〇三一
牛縢一笥

遣三
鹿縢一笥

牌三
鹿縢笥

牌一
鹿縢笥

體

方　四四三
□若四體（體）

却　〇〇一
爲首重足輕體（體）軫（胗）

五　三一八
之數體（體）者皆有説（悦）也

戰　一八九
輿（與）恐玉體（體）之
有所詻（郄）也

問　〇〇六
飲食賓體（體）

談　〇三八
身體（體）輕利

合　一〇五
使體（體）皆樂養（癢）

十　一三八
常後而不失體（體）

易　〇三四
陰陽合德而剛柔有體
（體）

繆　〇一三
若體（禮）埶然

臏

陽甲　〇四三
穿臏

筋　足　〇二五
循筋上兼（廉）

老甲　〇三六
骨弱筋柔而握固

合　一〇四
御交筋

刑乙 〇四二
是胃（謂）發筋

刀 陰甲 一四五
凡室刀高之兇

遣一 二三四
象刀一有鞞

刌 方 四一五
小刌一升

養 〇六五
用瘨（顛）棘根刌之

列 九 三七一
并列百官之職者也

利 陰甲 〇二四
攻者再遷徙者利

老甲 一一一
故有之以爲利

戰 〇一〇
不利於國

遣一 三〇八
土利鷸（鶴）廿

出 〇二二
十八廿四小徹利行

陰乙 〇六五
不利五穀

陰乙 一〇八
大得師將利士者

殘 頁十三
利北宮

經 〇一一
利其齎（資）財

星 〇二三
陽伐利

初　春　〇二四
初□□□□□以召人

戰　一三三
初時者

刑乙　〇〇五
刑德初行

繆　〇二二
初筮吉

刻　相　〇〇七
［上］有刻盧

封　繆　〇四一
士封羊

相　〇三六
曲賢封

制　九　三六六
制命在主

春　〇四三
夫女制不逆夫

戰　〇〇四
□□制事

戰　〇八七
王爲制矣

老乙　二四三
夫大制无割

十　〇八一
力黑已布制建極

經　〇一四
擅制更爽

刑　療　〇七六
刑鼈（鼈）

刑丙　〇二六
迎刑右德

春　〇七四
刑之所不及

戰　一五七

秦固有壞（懷）茀（茅）

刑丘

談　〇四五

十曰息刑（形）

合　一一〇

接刑（形）已没

陰乙　〇二二

左德倍刑勝取地

經　〇〇一

虚无刑（形）

二　〇〇一

龍刑（形）罨（遷）

易　〇〇一

陰陽流刑（形）

剌　老乙　一九五

兼（廉）而不剌

削　遣三

象削一

經　〇二五

在强國削

十　一二六

專利及削浴（谷）

則　養　一九七

有氣則産

春　〇五四

蔡（祭）則我也

殘　頁八

則

談　〇二五

則行年卌而陰氣自半也

二　〇〇一

上則風雨奉之

二　〇〇二

則雷神養之

星　〇三三

［黄］而角則地之爭

剡　方　三五六
以肥滿剡豶膏□夷

剛　養　〇〇五
□爲剛炊秫米二斗而足之

五　二〇五
剛義之方殹（也）

問　〇九九
氣刑（形）乃剛

經　〇〇七
生殺輮（柔）剛

十　一二五
剛不足以

易　〇〇一
六柔無剛

剖　周　〇四一
豐其剖（蔀）

繆　〇一三
豐其剖

剹　方　二四六
先剹（勠）之

方　一一二
即以刀剹（勠）其頭

周　〇一二
小人剹蘆（廬）

周　〇一二
剹臧（牀）以辯（辨）

遣三
剹盾緹裹繢掾

遣三
紫三采（彩）椁剹沈一

副 遺一 二二五
員（圓）付蔞（簍）二盛
印副

剴 明 四四〇
剴（豈）直不得有其大吕
鄭㚹耳才（哉）

明 四四四
此剴（豈）夫見制者才
（哉）

戰 一九五
剴（豈）非計長久

繆 〇〇三
剴（豈）可得也才（哉）

割 五 三〇八
尤割（害）人之心

戰 一八〇
楚割淮北

戰 一三三
趙氏不割而邯戰〈鄲〉復
歸

遺三
象割刀一

剽 二 〇一三
剽（飄）風苦雨不至

刑乙 〇八九
木剽不見

刑甲 〇四五
木剽不見

老乙 二三八
剽（飄）風不冬（終）朝

刑乙 〇五四
室剽（飄）礫石

罰 經 〇二一
賞罰信

刑乙 〇九七
罰趙氏東地

⿰蓴刂

⿰蓴刂 方 〇四一

小⿰蓴刂一犬

劓

劓 問 〇八八

⿰米危湯劓惑

辨

辨 五 二九八

不辨於道也

相 〇一九

守此道者辨陰陽

刋

稱 一五八

百姓斬木刋（刈）新（薪）

⿰夾刂

方 二五二

其莖有⿰夾刂

氣 G〇三五

⿰夾刂（刺）白垣

相 〇〇九

直⿰夾刂（刺）爲良

⿰求刂

十 一三八

中請（情）不⿰求刂

⿰酋刂

方 三六八

細⿰酋刂（⿰蓴刂）

⿰宰刂

陰甲 二一五

庚辛⿰宰刂壬癸辰

⿰壽刀

遣一　二三九
大燭⿰壽刀二

遣三
大燭⿰壽刀二

⿰雋刂

十　一〇四
⿰雋刂（翦）其髮

刃

刃　方　〇一〇
以刃傷

談　〇一三
不刃（忍）兩熱

陰乙　〇六六
舉金石兵刃

經　〇四四
武刃而以文隨其後

劒

劍　遣三
劍杖一

老乙　一八九
帶利劍

丯

丰　方　二三六
旦取丰（蜂）卵一

耒

耒　繫　〇三三
楺木爲耒槈（耨）

耕

耕　陰乙　圖四
耕能

周　〇〇八
不耕穫

角　陰甲　一〇一
三月甲辰寅角埂觟房畢有得

陰甲　二五五
門角大折

遣一　二九二
木文犀角象齒一笥

遣三
角弩一具

出　〇〇五
角房箕井

出　〇二九
角也食時行七喜

易　〇一七
句（姤）之離角

星　〇三三
［黃］而角則地之争

解　老甲　〇三二
民甚好解

老甲　一〇〇
解其紛

戰　一九一
大（太）后之色少解

戰　二七六
胡不解君之璽以佩蒙勢
（鷙）

戰　〇六六
未可解也

問　〇五七
故能刑（形）解

十　一二二
一之解察於天地

周　〇三九
解利西南

衡　陰甲　二一八
尾箕後衛（衡）

刑丙　〇五三
而後爲衡

五　二九八
間爲言猶衡也

氣　E〇三七
衡雲穿之

觟

遣一　一六〇
右方土衡賁三笴

經　〇〇四
稱以權衡

星　〇二二
諸侯衡

觸　陽乙　〇一五
觸少腹

出　〇二六
二日觸地

周　〇三三
羝羊觸藩

戰　一八八
左師觸龍言願見

陰甲　一〇一
角埂觟房畢有得

陰甲
觟

馬王堆簡帛文字編

第五

竹

竹　遺一　二八三
右方四牒竹器

氣　F○五六
竹彗

相　○○八
其理若斬竹

竿

竿　養　○七七
而係縣竿

竽

竽　戰　二三二
箸之皈（盤）竽（盂）

遺一　二七八
竽律印熏衣一

遺三
楚竽瑟各一炊鼓者□□

笑

笑　戰　二七一
知（智）爲楚笑者

老乙　一七八
大笑之

稱　一五二
至樂不笑

符

符　九　三五六
智（知）存亡若會符者

戰　二一四
使明（盟）周室而棼（焚）秦符

經　○七三
若（諾）者言之符也

笥

笥　戰　○一八
笥〈苟〉毋任子

戰　一七三
是以秦晉皆倲若計以相笥（伺）也

遺三
羊昔（腊）一笥

遣三
右方廿一牒兩笥

遣一 〇四五
炙鷄一笥

牌三
熬雉笥

笞 相 〇三一
急者笞□□益俞衰

笛 周 〇一八
其容（欲）笛（逐）笛
（逐）

笱 遣一 一四〇
笱十貼

遣一 〇一二
鹿肉鮑魚笱白羹一鼎

遣三
笱苴一資

遣三
鹿肉鮑魚生笋白羹一鼎

等 養 一〇四
□等

五 二六三
［其］等尊賢義也

氣 G〇八一
各已從其等矣

十 〇九八
貧富又（有）等

笄 方 四四二
笄門户上各一

策　九　三五八
伊尹布圖陳笀（策）

老乙　二四一
善數者不用檮（籌）笀（策）

筒　療　〇一〇
大［如］□□□臧（藏）
筒中

筑　陰甲　一三九
中宮而筑庳

方　〇九〇
以堇一陽筑封之

筮　老乙　二四〇
大曰筮（逝）

要　〇〇八
若夫祝巫卜筮龜

易　〇〇八
筮（噬）閘（嗑）纍紀

筦　遣三
筦席二

遣一　二八九
筦席二

箭　方　一九八
以箭趣之二七

相　〇六九
欲箭長葉短

箅　遣三
象箅三十枚

周　〇八二
箅（巽）在牀下

箬　養　〇五四
去其上箬亞（惡）者

箇　周　〇二〇
榦父之箇（蠱）

周　〇二〇
榦父之箇（蠱）

管　繆　〇六〇
則從八管之冰始也

節　養　〇〇三
［刌］瘨（顛）棘長寸□
節者三斗

養　〇六六
以藋堅稠節者爨之

却　〇〇一
日駕（加）一節

遣一　二二七
小付蔞（簍）三盛節
（櫛）脂劵（粉）

遣三
小付簍三盛脂其一盛節

談　〇一二
陰陽九譤（竅）十二節

稱　一六七
雌之節也

箸　戰　二三二
箸之飯（盤）竽（盂）

十　〇九五
帝箸之明（盟）明（盟）
曰

箴　二　〇一三
此言箴小人之口也

相　〇七二
卦長如箴

相　〇二一
逢者亡箴

⿱竹是　遣一　二九七
土錢千萬⿱竹是一千

箭　氣　F〇三一
天箭

簍　方　二〇三
令簍簍黄

戰　三二三
故簍（數）和爲可矣

遣一　二二八
右方付蔞（簍）七

遣三
粉付簍二

簡　五　一八九
不簡不行

簧　相　〇〇二
而比離之台（似）簧

籍　周　〇六八
籍（藉）用白茅

稱　一五六
毋籍（藉）賊兵

籥　老乙　一八三
其出籥（彌）遠者

籠　戰　〇五四
負籠操臿

周　〇一二
食（以）宮人籠（寵）

籥

籥　老甲　一四五
善閉者无闐（關）籥（闔）

老乙　二二二
其猷（猶）橐籥輿（與）

管

繆　〇二二
管之閒

筴

方　一五三
治筴蓂少半升

養　〇八八
［取］菽筴二

問　〇一二
玉筴（策）復生

經　〇六九
論天下而无遺筴（策）

箹

老甲　一四五
善數者不以檮（籌）箹（策）

箠

春　〇六六
公子箠胃（謂）隱公曰

德　四五四
發箠（揮）而盈天下者

箭

十　一〇六
使甘其箭

箸

刑甲　〇三五
箸焉作上作下

⿱竹異

刑甲　〇五七
⿱竹異（翼）韓氏晉國

⿱竹堯

明　四一九
身繫行以⿱竹堯萬民

⿱竹熏

方　二五八
以羽熏⿱竹熏

⿱竹纍

老乙　二〇一
作於⿱竹纍（蔂）土

其　陰甲　一九六
其時終歲

足　〇二五
其病

療　〇七六
飲其血

療　〇四一
孰洒⿰車夋（⿰氵辡）其包（胞）

老甲　〇九四
以觀其眇（妙）

戰　〇〇三
持我其從徐

遣一　一三〇
稻食六器其二檢（奩）四
盛

合　一〇九
以致其氣

陰乙　圖四
四其

老甲　〇二〇
其出也彌遠

十　一〇六
屈其脊

二　〇〇六
其血玄黃

箕　陰甲　二六一
箕於

出　〇〇五
箕井七星

典　易　〇四一
不可爲典要

畀　足　〇二〇
疾畀（痹）

談　〇二〇
闕（蹷）尻畀（鼻）口

巽　明　四一五
材巽（選）海内之衆

經　〇一六
巽（選）練賢不宵（肖）
有別毆（也）

易　〇三七
巽而恒當

奠　老甲　〇二八
道之奠（尊）

戰　一九七
位奠（尊）而無功

易　〇四〇
奠（尊）而光

要　〇一〇
德薄而立（位）奠（尊）

五　二〇八
胃（謂）之奠（尊）賢

左　陰甲　〇五二
戊當左右司馬

方　一五五
久（灸）左足中指

方　〇五三
取若門左

戰　一八七
大（太）后明胃（謂）左右曰

戰　一八八
左師觸龍言願見

遣一　二〇一
郭（椁）左九

陰乙　〇二二
左德倍刑勝取地

經　〇六二
五曰左右比周以雍（壅）塞

繆　〇五四
左者右者

星　〇〇六
進退左右之經度

差　九　三九二
差（嗟）夏桀氏已夫

工　刑丙　〇三二
毋工（功）

經　〇〇七
男農女工

十　一〇六
視之（蚩）尤共工

巧　問　〇四八
王子巧父問彭祖曰

經　〇〇五
必有巧驗

周　〇一三
酓（曷）之用二巧（篡）

巨　陽乙　〇一六
臂巨陰脈

戰　二二八
巨（鉅）鹿之囿三百里

相　〇〇二
曲直中巨（矩）

式　老甲　一四九
爲天下式

老乙　二〇三
恒知稽式

繆　〇五六
過段干木之閭而式（軾）

巫　明　四一八
皆巫祝之言也

問　〇五三
乃持（恃）巫醫

陰乙　〇六四
巫咸之凶

甘　養　目録
益甘

老甲　一五九
以俞甘洛（露）

戰　〇七六
在王之循甘燕也

合　一二六
鹽甘甚也

二　〇三〇
絶甘分□

甚　陰甲　〇五〇
可無事蜀甚

陽甲　〇四〇
甚則无膏

養　二〇五
色甚雄以美

五　三二四
深者甚也

戰　〇三八
臣甚懼

談　〇六四
鹽甘甚而養（癢）乃始

問　〇四四
亓（其）使甚多而無寬禮

陰乙　〇五一
王事尤甚

十　一〇七
吾甚患之

繆　〇一四
賞禄甚厚

猒　繆　○三四
是以而〈天〉下驩然歸之而弗**猒**（厭）也

二　○○五
誇猒在廷

旨

遣一　○九六
彊旨（鮨）一資

曰　療　○七七
一曰

春　○二一
宰公襄目人曰

戰　○一六
今齊王使宋竅謂臣曰

出　○二六
吉十二日宮軍

易　○○三
故易曰

曷　易　○三一
其暑不曷（渴）

曹　養　一一八
淳（醇）曹（糟）四斗

戰　二○四
不曹（遭）時不王

朁　遣一　二二二
瓦朁甗各錫垛

乃　陰甲　一四六
室有死者多憂去徙乃已

方　一八九
以醯酉（酒）三乃（沥）煮黍稷而飲其汁

養　○六一
乃沐

胎　〇三〇
乃浴之

老甲　〇〇二
攘臂而乃（扔）之

戰　二八三
粱（梁）兵果六月乃出

戰　〇五〇
乃不離親

氣　A〇六二
兵十歲乃入

合　一〇八
徹備乃上

老乙　一七五
攘臂而乃（扔）之

周　〇二七
十年乃字

星　〇〇九
不乃天列（裂）

寧　老甲　〇〇五
地得［一］以寧

春　〇五九
寧召子弗聽

春　〇九三
醫寧曰

經　〇二五
國將不寧

戰　一六七
通韓上黨於共寧

周　〇八八
有它不寧

周　〇二三
不寧方來

可　陰甲　二五九
皆不可以大祭

養　〇二〇
可毆（也）

老甲　〇九三
道可道也

戰　〇〇三
宋不可信

談　〇二二
可以壹遷（仙）

出　〇二五
在役不可歸

出　〇二五
在室不可行役

易　〇二五
廢則不可入于謀

奇　春　〇九一
共中（仲）使卜奇賊閔公於武諱

戰　二〇九
奇（寄）質於齊

陰乙　圖四
三奇

十　一二三
乃能操正以正奇

經　〇〇七
以奇相御

乎　九　三六六
邦出乎一道

戰　一二八
三晉若不願乎

戰　〇二五
惡之齊乎

要　〇一六
夫子亦信其筮乎

號　老甲　〇三七
終曰〈日〉號而不发

九　三九一
王君所明號令

經　〇一四
四年而發號令

道　一六九
一者其號也

于　陽乙　〇一六
在于手常（掌）中

春　〇三四
將因我于晉

春　〇九三
公薨于車

遺一　一一五
唐（糖）枎于頪一笥

遺三
屯（錞）于鐃鐸各一

戰　一四二
以至于今

二　〇〇一
叚（假）賓于帝

平　九　三五二、
伊尹爲三公天下大（太）
平

遺一　二〇五
𨱔畫平般（盤）徑（徑）
尺六寸一枚

遺三
𨱔畫平般（盤）徑（徑）
二尺三枚

出　〇三四
平旦行□□

出　〇三三
平旦日出有得

經　〇〇六
平衡而止

星　〇三四
卑高以平明度

嘗　養　一九二
取女子未嘗男子者［布］

五　一九五
未嘗聞君子道

戰　〇三七
齊勺（趙）皆嘗謀

要　〇一〇
未嘗弗知

喜　陰甲　二〇五
□□喜

陰甲　二五八
㞙有喜南室火起

陽甲　〇四四
喜龍

陽乙　〇〇五
喜信（伸）

出　〇三〇
東有小喜

經　〇三二
飲食喜樂

憙　氣　G〇三七
則後有憙

尌　陰甲　一四五
蓶尌之正室必有詯

彭　春　〇九五
彭生其不免［乎］

問　〇四八
彭祖合（答）曰

嘉　周　〇〇三
嘉掾（遯）貞吉

繆　〇三八
嘉好之會也

鼓　五　二一七
輕者之鼓

遣三
建鼓一

十　〇九四
身提鼓鞄（枹）

經　〇一一
聽其鐘鼓

經　〇一二
棼（焚）其鍾鼓

豈　戰　〇三三
豈敢强王戈（哉）

豆　䝨　豐　虖　虞　䖒

豆　足　〇〇二
上於豆（脰）

春　〇八三
不全宋人之腹䝨（頸）

豐　刑丙　圖二
豐隆

殘　頁二八
丑豐

繆　〇一三
豐其剖

周　〇四一
豐亨

虖　戰　一六一
東至虖（乎）陶

談　〇一八
於（嗚）虖（呼）謓（慎）才（哉）

十　一二一
請問天下猷（猶）有一虖（乎）

二　〇〇九
能毋折虖（乎）

虞　戰　一七一
以重虞秦

繫　〇〇三
憂虞之馬（象）也

九　三五三
䖒下蓓（蔽）上

虎

虎　刑丙　〇五四
而右白虎

明　四二五
獵射雉（兕）虎

合　一一六
一日虎游

陰乙　圖四
白虎

稱　一五五
虎狼爲孟（猛）可揗

周　〇〇四
禮（履）虎尾不真（咥）人

孟

孟　方　〇九五
令下孟中

盆

盆　陽甲　〇六八
缺盆痛

合　一〇三
下缺盆

盈

盈　老甲　〇〇六
胃（謂）浴（谷）毋已盈將將恐渴（竭）

戰　二二四
禾穀絳（豐）盈

戰　二六〇
盈夏路

戰　〇四八
盈願矣

合　一二八
中府受輸而盈

談　〇四四
八日侍（待）盈

經　〇七一
大盈冬（終）天地之間

經　〇五九
天將不盈其命

周　〇二一
贛（坎）不盈

周　〇二三
有復（孚）盈缶

易　〇〇七
盈而能乎（虛）

盎　陰乙　〇一七
雖勝有盎（殃）

陰乙　〇〇四
受後盎（殃）

益　陰甲　一三三
親邦治家益先王行

養　〇一四
勿□□有益二

明　四〇七
不積臧（藏）於无益之器

戰　〇一三
齊勺（趙）之惡日益

問　〇二九
精神泉益（溢）

陰乙　〇九〇
室歲一益

繫　〇三三
蓋［取］者（諸）益也

盉　方　二六六
令廣深大如盉

盛　療　〇四一
以故瓦甗毋（無）無（蕪）者盛

養　〇五二
□□囊盛之

戰　〇一四
使盛慶獻書於［燕王曰］

遣一　一二九
白楽食四器盛

遣三
小付蔞三盛脂

經　〇四一
盛而衰

繆　〇三六
天下皆貴盛盈

盡

陰甲　二四〇
女以臧死室必盡

方　〇五五
徵盡而止

療　〇五二
其味盡而已

養　一一二
盡之

明　四二九
汙池則盡漁

五　三〇〇
義之盡間也

戰　〇一三
奉陽君盡以爲臣罪

戰　二〇六
除怨者莫如盡

戰　二〇七
余（除）疾不盡也

氣　B〇五八
庫兵盡出

問　〇三四
則陳氣日盡

經　〇〇九
不盡天極

要　〇二二
不可以水火金土木盡稱也

相　〇〇三
開闔盡利

盟

周　〇八五
盟而不尊（薦）

盧

方　〇六八
合盧大如□□豆卅

五　二一八
得夏之盧也

戰　一八二
盧（慮）齊（劑）齊而生事於［秦］

遺一　二二〇
熏盧二皆畫

相　〇〇三
前又（有）盧首

齍

齍　經　〇一一
利其齍（資）財

周　〇三一
齍（躋）于九陵

繫　〇三五
齍（濟）不達

醯

醯　方　三七八
醯六

療　〇七七
漬以醯

養　一二七
即漬之醯中

盭

方　二三九　把其本
小者而盭（盩）絶之

⿱流皿

方　三一六
漬以⿱流皿（醯）

盤

老甲　〇三六
逢（蜂）㾗（蠆）螝（虺）地
（蛇）弗盤（螫）

⿱𤔔皿

戰　三〇七
粱（粱）中必⿱𤔔皿（亂）

戰　一五一
内有大⿱𤔔皿（亂）

戰　二五一
淺（踐）⿱𤔔皿（亂）燕國

去

去　陰甲　一〇二
三復女（毋）去胃矛

陰甲　一四六
室有死者多憂去徙乃已

療　〇一〇
去之

療　〇〇六
舉而去之

禁　〇〇八
夫妻相去

陰乙　〇九五
七歲去之

經　〇〇七

去私而立公

星　〇二六

去之甚亟

血　陰甲　〇六三

血文以祭

方　〇五三

下如脂（衃）血

合　一二八

皮膚氣血皆作

問　〇六八

血氣宜行而不行

二　〇〇六

其血玄黃

刑乙　〇八一

下必溜（流）血

主　陰甲　二五八

主人有□

春　〇一六

是辱二主

戰　〇五三

治官之主

遣三

家丞奮移主贓郎中

周　〇四一

禺（遇）其肥（配）主

音　陰甲　一五〇

其門不有大喪必有大音

方　〇〇二

毀一垸音（杯）酒中

方　〇二四

入温酒一音（杯）中而飲之

殘　頁八

音

丹　方　一三〇

取丹沙與鱣魚血

戰　〇〇二

故冒趙而欲説丹與得

青

青　陰甲　〇一九
冡青毋以滜岗

遣三
青綺熏橐一桃菜（彩）掾

方　一一五
取灌青

養　二〇一
六日青□

明　四二二
有（又）以丹桼青黄飷〈銀〉玉□□

刑甲　〇四五
城中氣青而高

遣三
青綺複衣一青綺掾

合　一一七
九日青（蜻）令（蛉）

陰乙　圖四
青龍

相　〇七〇
青令羽者

星　〇三三
青而員（圓）則憂凶

靜

靜　老甲　〇四二
我好靜而民自正

談　〇三五
靜身須之

問　〇九七
以靜爲强

易　〇一六
久靜不僮（動）則沈

刑乙　〇五六
歫（距）靜人以至鷄鳴

星　〇二三
靜者吉

井

井　陰甲　〇五六
東井與鬼

療　〇四一
即以流水及井水清者

禁　〇〇一
垛（塗）井上方五尺

出　〇〇五
角房箕井七星

易　〇〇六
井者

皀 遣三
皀複衣一皀掾

遣三
皀禪衣一

即 方 〇四四
即以彘膏財足以煎之

養 〇六四
即裹以布

療 〇〇六
即用

療 〇五三
即稍飲之

胎 〇三一
即燔其薵

春 〇八八
子煩即立（位）

周 〇一五
⿰扌賣（瀆）即（則）不吉

繆 〇六〇
越王句踐（踐）即已克吴

既 老甲 一六六
用之不可既也

五 二八四
⿰皀夂（既）安止矣

十 〇八九
天道已既

繫 〇〇七
故能既（愛）

五 一七九
亦既見之

問 〇七一
⿱既女（既）信（伸）有（又）詘（屈）

爵　陰甲　一四七
爵宮庭以塈癗（墻）

胎　〇二一
呻（吞）爵蠽二

五　二六二
賢賢長長親親爵爵

遺一　〇七九
熬（熬）爵（雀）一笥

遺三
熬爵（雀）一笥

牌三
熬爵（雀）笥

老甲　〇二八
莫之肘（爵）而恒自然也

問　〇一二
春酎（爵）員駘

繆　〇二七
我又（有）好爵

食　陰甲　一五六
丁卯基以食朝成七吉

方　〇五七
小（少）多如再食浘（漿）

養　二〇〇
益産者食也

胎　〇二〇
令獨食之

戰　一九〇
殊不欲食

遺三
膝汨幸食杯百

遺一　一二八
黃粢食四器盛

談　〇一三
飲食弗右

出　〇三三
丙丁食時暮食自如

經　〇三一
飲食喜樂而不面（湎）康

經　〇一八
衣食足而刑伐（罰）必也

飤　飢　飯　飴　養

飤　陰甲　一二七
晝寤（寢）而夜飤黍月

飢　老甲　〇八二
人之飢也

老乙　二一三
人之飢也

十　一二七
見□□□飢

二　〇〇九
飢餓不得食

飯　養　一二二
以三指最（撮）一爲後飯
百日

養　一七六
以汁漬饡（瀡）飯

飴　十　一三九
几（饑）不飴（怠）

養　方　二四六
時養（癢）時痛者方

養　〇四九
小養（癢）而熱

明　四二八
先王之養□□鍾鼎壺湝
（鑑）

戰　〇二四
［將］養勺（趙）而美之
齊乎

戰　〇六〇
清（請）養之以便事

問　〇五一
如養赤子

合　一〇五
使體（體）皆樂養（癢）

經　〇四六
養乳之基

二　〇〇二
陵處則雷神養之

餔　方　一〇五

以月晦日日下餔時

餘　胎　〇三二

母亦毋（無）餘病

春　〇二九

魏州餘來也

戰　一七二

餘齊不足以爲晉國主矣

陰乙　〇六四

戊己其餘日

經　〇一八

以有餘守不可拔也

稱　一五五

先人餘央（殃）

周　〇三三

嗚餘（豫）

繆　〇六三

其餘不足以辱大國

餓　二　〇〇九

饑餓不得食

饐　陽甲　〇六五

饐（噎）

饑　星　〇五四

天下大饑

飭

遣一　二六八

赤掾（緣）千金緕（縧）

飭（飾）

遣三

建鼓一羽旌飭卑二

餕

療　〇六三

及啜陵（菱）餕（芰）

餉

繆　〇〇六

［齊桓（桓）公］辱於長餉（勺）

餛

明　四二二

有（又）以丹桼青黃餛（銀）玉□□

饗

養　一七六

以汁漬饗（滫）飯

饍

方　三四一

以牡□膏鱣血饍

今

今　明　四〇九

今操百洫（鎰）之璧以居中野

春　〇七三

今子魯之囚也

戰　〇一一

今齊王使李終之勺（趙）

問　〇六七

今四枝（肢）不用

二　〇〇八

非今之故者

遣三

素絲二今三

合

合　方　〇二四

皆合撓

戰　〇三一

壹合壹離

遣一　二三二

布檢（奩）五菜（彩）冬一合

合　一〇二
凡將合陰陽之方

問　〇〇九
大成合（答）曰

陰乙　〇一〇
午而合子而離（離）

侖　明　四一五
爲侖（掄）蚤（爪）衙（牙）之士

舍　老甲　〇六九
今舍其茲（慈）

五　二二三
言舍夫五而慎其心之胃（謂）□□

戰　〇四八
王若欲剸舍臣而槫任所善

談　〇一九
精贏（羸）必舍

老乙　二〇七
舍其後

經　〇〇八
物自爲舍

周　〇二七
君子幾不如舍

星　〇〇八
若〈舍〉三舍

僉　十　一三八
晁濕共（恭）僉（儉）

鈐

方　〇一七
黄鈐（芩）二梃

會　陰甲　二〇二
亦爲會於旬中

方　二六八
會毋□

九　三五六
□智（知）存亡若會符者

倉

十　〇八四
不會不繼

易　〇〇二
會心者而台（以）作易

倉　老乙　一八九
倉甚虛

經　〇〇五
多如倉粟

入

入　療　〇〇八
卵入桑枝中

療　〇一七
入前中

療　〇四二
令虫勿能入

養　一二二
以大［牡兔］肉入藥間

胎　〇一六
毋令虫蛾（蟻）能入

陰乙　〇〇四
歲徙所不勝而刑不入中宮

春　〇八二
深入多殺者爲上

戰　〇七三
臣以車百五十乘入齊

戰　〇七三
身御臣以入

刑甲　〇一五
營械（惑）入月中

氣　A〇六二
兵十歲乃入

合　一〇四
入玄門

易　〇四一
出入又（有）度

繆　〇六七
入於左腹

內

內　足　〇一〇
上出乳內兼（廉）

養　〇〇六
近內而飲此漿一升

胎　〇一七
內中□□□□以建日飲

全　缶　缺　罌　鈑　編　罋

合　一〇九

上攝而勿內

道　一六八

盈四海之內

全　養　〇六五

有（又）取全黑雄鷄

春　〇八三

不全宋人之腹⿰豆巠（頸）

戰　〇二〇

全於介（界）

缶　養　〇四七

盛以缶

周　〇二三

有復（孚）盈缶

缺　陽甲　〇六八

缺盆痛

合　一〇三

下缺盆

周　〇五八

莧勶（陸）缺（夬）缺（夬）中行

罌　養　〇六二

煎白罌（嬰）丘（蚯）引（蚓）

戰　二三二

箸之鈑（盤）竽（盂）

方　一二八

即置其編於槉火上

方　二四九

抒置罋中

胎　〇二一

呻（吞）爵罋二

矢　方　〇一〇
類（燔）羊矢（屎）

養　〇三七
完（丸）如鼠矢（屎）

相　〇四二
矢强而不發

矣　方　〇五六
已矣

養　〇六一
其洫毛去矣

陽乙　〇一四
久（灸）希息則病已矣

春　〇七八
宋人□□陳（陣）矣

戰　〇〇四
齊必不信趙矣

刑甲　〇三〇
因遇戰矣

氣　G〇八一
各已從其等矣

禁　〇〇七
微矣

問　〇六七
處水十年矣

二　〇〇一
龍大矣

知　老甲　〇六〇
以不知（智）知邦

五　一九七
見而知之知（智）也

春　〇五七
知者弗親

戰　〇〇八
知（智）能免國

戰　二七〇
知（智）爲楚笑者

經　〇〇一
然后見知天下而不惑矣

殘　頁一
知戒

五 一九六
聞君子道而不知其君子道
也

侯 方 ○六六
侯（候）天甸（電）而兩
手相靡（摩）

老甲 一六八
侯王若守之

春 ○九二
文羌（姜）以告齊侯

春 ○六二
［吳］人會諸侯

戰 ○五六
齊使宋竅侯瀟謂臣曰

周 ○二七
利律〈建〉侯

周 ○二七
利律〈建〉侯

明 四一七
［諸］侯之君

星 ○二二
諸侯遇

射 療 ○六七
即不幸爲蜮虫蛇蠭（蜂）
射者

明 四二五
獵射雉（兕）虎

十 一○四
使人射之

周 ○二九
井瀆（谷）射付（鮒）

繆 ○三五
張射問先生曰

短 戰 一九九
計之短也

氣 G○七一
短幾

氣 F○九一
服黑短

星 ○四四
其咎短命

矰　矯　⿸尸矢　⿰木矦　高

矰　陰甲　一一九

矰高下□

春　〇三〇

□□吾矰（贈）子

繫　〇四二

動而不矰

矯　氣　G〇五一

日景（影）矯燎如句（鉤）

方　〇五一

⿸尸矢（矢）不〇化而青

遣一　一六三

⿸尸矢無一器

遣三

木⿸尸矢尾角象齒一笥

問　〇六九

筋脈之⿰木矦（族）也

高　陰甲　一四五

凡室刀高之兇

戰　〇七三

曡逆於高閭

戰　二三三

反（返）温軹高平於魏

遣三

長五尺高三尺一

殘　頁一三

高日

遣一　二一七

長五尺高三尺

問　〇五七

龑（龍）登能高

易　〇二〇

高而爭也

星　〇三四

卑高以平明度

遣三

膝畫檢俓（徑）尺高藍成（盛）五寸二合

市　方　〇五三
礫薄（膊）若市

戰　二二七
市朝未罷

戰　二八六
小縣有市者

出　〇三二
暮市行九喜

經　〇一六
發禁拕（弛）關市之正（征）毆（也）

央　陰甲　〇〇五
南徙寡央

老甲　〇三一
毋道〈遺〉身央（殃）

經　〇〇九
反受其央（殃）

繆　〇〇四
故曰賁福又（有）央（殃）

星　〇一三
是司殺不周者駕之央（殃）

就　戰　一五三
必就昜〈易〉兵（與）利

戰　二三五
王以天下就之

戰　一一八
甘薛公以就事

昜　〇〇二
義沾下就

亨　老乙　一九六
若亨（烹）小鮮

二　〇三五
其亨亦宜矣

繫　〇三七
後世耶（聖）人昜之以棺享（槨）

方　一七一
享（烹）葵

胎　〇二〇
爲享（烹）白牡狗首

問　〇九七
日爨享（烹）

厚　方　〇九三
即封涂（塗）厚二寸

老甲　〇八三
以其求生之厚也

德　四六三
胃（謂）所受□□有厚泊（薄）

五　二五三
築（篤）之者厚

戰　一九八
奉厚而無勞

經　〇五八
德溥（薄）而功厚者隋（隳）

繆　〇一四
賞禄甚厚

舌　戰　一二七
秦未至舌而王已

良　方　三四六
壽（擣）慶（蜣）良（螂）

療　〇四二
使嬰兒良心智

問　〇一一
助以柏實盛良

易　〇三〇
是故良馬之類

亶　禁　〇〇一
又（有）犬善皋（嗥）於亶（壇）與門

周　〇〇四
禮（履）道亶（坦）亶（坦）

廩

廩　十　○九三
怒若不發浸廩

繆　○六五
倉廩實

嗇

嗇　老乙　一九五
莫若嗇

星　○○八
兵甲嗇嗇

來

來　養　一九一
□來敢到畫所者

刑丙　○五七
有風從西北方來

老甲　○七九
不召而自來

春　○二九
魏州餘來也

戰　○八二
請以百五十乘來

氣　A○六七
云白來戰

遣三
㯃畫其來

易　○一六
知來者逆

繆　○五四
率突乎土者皆來（離）乎吾罔（網）

星　○一二
其來〈本〉類星

麥

麥　胎　○○六
其食稻麥

遣三
麥五十布橐二

遣一　一三一
麥食二器盛

談　○五九
六曰麥齒

𪎊 養 一五二
并以麥𪎊捖（丸）之

麷 問 〇一三
置之以麷

致 合 一〇九
以致其氣

十 一〇〇
致而爲費

周 〇二三
致寇至

繆 〇一七
厚僉（斂）致正以自封也

夏 陰甲 一一四
夏旱有大喪

方 二五四
先道（導）以滑夏鋌

九 三九二
夏桀氏已夫

戰 一二五
夏后堅欲爲先薛公得平陵

陰乙 〇二七
夏主三旬而大暑之

十 〇八五
春夏爲德

刑乙 〇七一
夏丙子

畟 殘 頁一三
后畟（稷）也

愛　老甲　一一五
愛以身爲天下

戰　一二二
三晉以王爲愛己

談　〇六六
愛之父母

問　〇四五
必愛而喜之

經　〇一六
德者愛勉之［也］

憂　陰甲　一四六
室有死者多憂

陰甲　〇二九
或胃爲憂

五　一七四
憂則无中心之知（智）

五　一七九
憂心祓（惙）祓（惙）

戰　〇〇四
王毋憂事

戰　三一一
無東地憂

戰　二七二
李園憂之

戰　〇三三
王憂之

陰乙　〇九六
或胃爲憂

陰乙　〇四七
家不益有憂

經　〇二五
在强國憂

舞　戰　一五八
與舞陽鄰

戰　一五九
繚舞陽之北

遣三
河間舞者四人

舜

舜　五　三一三
猶堯之舉舜

問　〇四二
舜曰生最貴

繫　〇三四
黃［帝］堯舜是（氏）作

韋

韋　養　一五〇
以韋橐裹

戰　一〇二
與韋非約曰

戰　一〇四
韋非以粱（梁）王之令（命）

韓

韓　戰　〇六〇
以韓粱（梁）問之齊

戰　一五一
韓亡

戰　〇一五
欲從韓粱（梁）取秦以謹勺（趙）

戰　二二七
韓亡參（三）川

戰　〇〇七
有（又）不欲臣之之韓粱（梁）也

氣　A〇〇九
韓云

刑甲　〇五七
韓氏晉國

刑乙　〇九六
韓氏南陽

弟

弟　療　〇六七
女（汝）弟兄五人

五　二五一
兄弟不相耐（能）者

戰　一四九
兩弟無罪

談　〇六六
親之弟兄

經　〇六五
下走子弟

稱　一五五
昆弟相居

稱　一五五
胡不來相教順弟兄茲

稱　一五六
昆弟之親

要　〇一三
夫子它日教此弟子曰

夆　老乙　一九〇
其德乃夆（豐）

久　方　一三二
與久膏而□傅之

春　〇七〇
其能久作人命

戰　〇一三
恐久而後不可□救也

戰　二二八
楚久伐中山亡

合　一〇四
乃能久視而與天地牟（侔）存

經　〇四五
是故長久

桀　九　三九二
夏桀氏已夫

戰　二〇四
不當桀紂

氣　B〇七八
與桀同占

經　〇二二
能收天下豪桀（傑）

乘　陰甲　二六一
夫乘車□

老甲　〇六四
有車周（舟）无所乘之

遣一　〇四〇
牛乘炙一器

周　〇二七
乘馬煩（班）如

周　〇二八
乘馬煩（班）如

繫　〇一七
小人而乘君子之器

礫 方 〇五三

礫薄（膊）若市

合 一一六

五曰蝗礫

馬王堆簡帛文字編

第六

木　陰甲　一五三
斬大木爲室於其上兇

胎　○○五
不觀木（沐）候（猴）

刑丙　○四三
發屋析木

遣三
卒木肓操長鑿𤻭盾者百人

經　○○五
事如直木

二　○○六
若遁（循）木

本　方　○六三
冬日煮其本

養　○八五
蘸本二斗半

出　○二六
五日大本

經　○一九
人之本在地

十　一二九
本伐

二　○○二
而不失本刑（形）

星　○一三
其本有星

末　方　○五七
取竈末灰三指最（撮）
□□水中

養　一五一
服之六末强

戰　二七六
舉其末

末　遺一　二〇八
膝畫其末一

問　〇三〇
必致之末

問　〇〇六
及夫髮末

易　〇四三
本難知也而末易知也

朱　胎　〇〇六
呻（紳）朱（珠）子

刑甲　〇五七
魏氏朱縣也

刑乙　〇九六
魏氏朱縣也

朴　方　三四一
燔朴炙之

朵　十　一〇三
我將觀其往事之卒而朵焉

杤　陰甲　一四五
樹之以楚杤

陰甲　一五一
樹杤當户房之間

朾　刑乙　〇六四
白杵鼎尺朾月

机　遺一　二一六
膝畫木變机一

遺三
膝畫木變机

休　五　二八三
孰休烝此而遂得之

戰　一八三
天下休

稱　一五四
昏而休

周　〇〇二
休婦（否）

杏　方　〇二一
薺（齏）杏靁〈霰（核）〉中人（仁）

杅　周　〇八八
杅（虞）吉

繫　〇三五
杅木爲周（舟）

李　方　〇三四
以水財煮李實

春　〇九五
禍李（理）屬焉

戰　〇一一
今齊王使李終之勺（趙）

陰乙　圖四
天李

經　〇四一
人之李（理）也

遣三
緹裏李繻掾

繆　〇四〇
李羊問先生曰

二　〇〇六
夫文之李

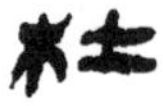
杜　養　〇四八
杜上

杙　方　二一九
以盡二七杙而已

杒　繆　〇四〇
宫成杒隅

材　戰　〇三七
故王能材（裁）之

經　〇四六
女樂玩好燔材

經　〇五二
執六材（柄）以令天下

杝　遣一　一九〇
髹畫杝（匜）二

杖　陽乙　〇一四
大杖

遣三
劍杖一

杘　氣　G〇七二
枦（杘）在所利

枇　牌三
枇梨笥

枋　遣三
髹畫枋三皆有蓋

遣一　一七三
髹畫枋（鈁）一有蓋盛米酒

松

- 松　養　一五二　冶雲母銷松脂等
- 相　〇〇九　上有松柏
- 相　〇一四　又（有）松產南山之陽

果

- 果　陰甲　一三七　以薺果喪
- 方　〇四八　取雷尾〈戻（矢）〉三果（顆）
- 養　一二六　桓（薑）十果（顆）
- 老甲　一五三　果而勿矜
- 春　〇七〇　果以其言隼（詐）之
- 戰　〇八九　齊楚果遇
- 氣　E〇三二　又（有）亂不出三日而不果
- 氣　F〇七三　而卒戰果
- 陰乙　〇一二　是謂不果
- 周　〇一二　石（碩）果不食

枝

- 枝　足　〇〇五　枝於骨間
- 戰　二三九　寡人弗能枝（支）
- 問　〇六二　一曰垂枝（肢）
- 相　〇〇九　有一付枝

枚

- 枚　遣一　一八九　㯃畫大般（盤）徑（徑）三尺一寸一枚
- 遣三　㯃畫小具杯廿枚

杸　談　〇六〇

置杸（腰）心

枉　老甲　一三六

枉則定（正）

采　遣三

紫三采（彩）椁剥沈一

老乙　一八九

服文采（彩）

相　〇七五

鴿目固具五采（彩）

遣三

冠小大各一布冠笥五采

（彩）畫一合

枎　遣一　一一五

唐（糖）枎于頪一笥

牀　養　〇四五

取乾桓（薑）桂要苕蛇牀

禁　〇〇三

涂（塗）牀下方七尺

易　〇〇五

大牀（壯）

枕　遣一　二五三

素乘雲繡枕巾一

遣一　二五四

繡枕一

杵　方　一九五

操柏杵

刑甲　〇三三

其端如杵

繫　〇三六

斷木爲杵

杍

杍　相　〇一八
縣（懸）而杍

析

析　養　〇三七
乾析取其米

刑丙　〇四三
發屋析木

相　〇〇五
析方爲兑（鋭）

桼

桼　春　〇九〇
爲其親則德爲桼矣

昭　〇一一
桼（泰）以之自邑告命

梜

梜　方　殘
治以□雞梜

柀

柀　養　〇六〇
□即柀（破）缺

枸

枸　談　〇四九
七曰廁（側）枸（鉤）

枳

枳　方　四四二
取桃東枳（枝）

繆　〇三〇
勞其四枳（肢）之力

陰甲　〇二七
枳子有疾

陰乙　〇八六
枳子有疾

陰乙　〇九八
枳子死

柜

柜　遣三
鐘□各一有柜擊者二人

十　〇九一
右執柜（矩）

相　〇六三
方骨中柜（矩）者

要　〇一三
君子言以梟（槼）方也

柘

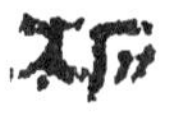

柘　談　〇四二
五曰黃（蝗）柘（磔）

柏

柏　方　一九五
操柏杵

刑丙　圖二
風柏（伯）

問　〇一〇
助以柏實盛良

殘　頁二八
風柏（伯）

繆　〇六八
衛使據（蘧）柏（伯）王（玉）相

某

某　方　一五六
銳某

療　〇六八
某索智（知）其名

戰　二三六
羊（詳）計某言

柢

柢　戰　二三四
乃以柢（抵）罪取伐

柖

柖　刑乙　〇四一
名曰柖（招）榣（搖）

枯

枯　養　一六八
□□病及偏枯

談　○二六
七十下枯上涚（脫）

十　○九三
枯骨何能爭矣

周　○二五
枯（苦）節

柔

柔　老甲　○八五
柔弱微細居上

十　一二五
柔不足寺（恃）

經　○四五
柔弱者无罪而幾

柱

柱　刑甲　○七九
戊［子］刑居中柱北市

⿰木以

⿰木以　繫　○三三
斲木爲⿰木以（耛）

枲

枲　養　一九二
縣枲

柫

柫　周　○一八
柫（拂）經于北〈丘〉頤

易　○三二
［武夫］又（有）柫（拂）

柯

柯　春　○四八
且宮之柯在焉

柎

柎　足　〇二〇
足柎（跗）穜（腫）

合　一一六
二曰蟬柎（附）

枹

枹　周　〇〇二
六二枹（包）承

周　〇四五
枹（包）妄（荒）用馮河

柧

柧　周　〇七六
先張之柧（弧）

繫　〇三六
弦木爲柧（弧）

繆　〇六四
先張之柧

桃

桃　陰甲　一〇九
食桃

療　〇〇五
取桃毛二升

養　〇九二
桃可大如棗

遣三
繿縠長襦一桃華（花）掾

周　〇〇七
先號桃（咷）後芙（笑）

相　〇二四
至耳下乃起如桃者

桂

桂　方　〇六七
取牛肚烏豙（喙）桂

養　一二四
取細辛乾桓（薑）菌桂

桔

桔　養　一四九
□莢桔梗厚□二尺

栘

栘　遣一　一八四
膝畫大栘容四升十

桐

桐　養　〇八二　即取穀（穀）椅桐汁

十　一〇〇　憂桐（恫）而窘（窘）之

相　〇一七　桐以兑（鋭）

根

根　方　〇二五　⿰木术（术）根去皮

殘　頁一五　根在西宮

相　〇六六　所胃（謂）絶根者

老甲　一四三　[重]爲巠（輕）根

道　一七〇　戴根之徒

經　〇二五　命曰外根

二　〇二六　上川（坤）而下根（艮）

繆　〇四三　賦斂無根（限）

刑乙　〇一九　辛卯爲根

株

株　五　二六〇　然親執株（誅）間也

周　〇六二　辰（臀）困於株木

格

格　老甲　一六五　過格（客）止

老乙　二五〇　過格（客）止

星　〇一八　[攝]提格

㭘

㭘　遣一　一九六　膝畫具杯㭘二合

案

案　老甲　一二四　案有不信

戰　一〇八　秦案不約

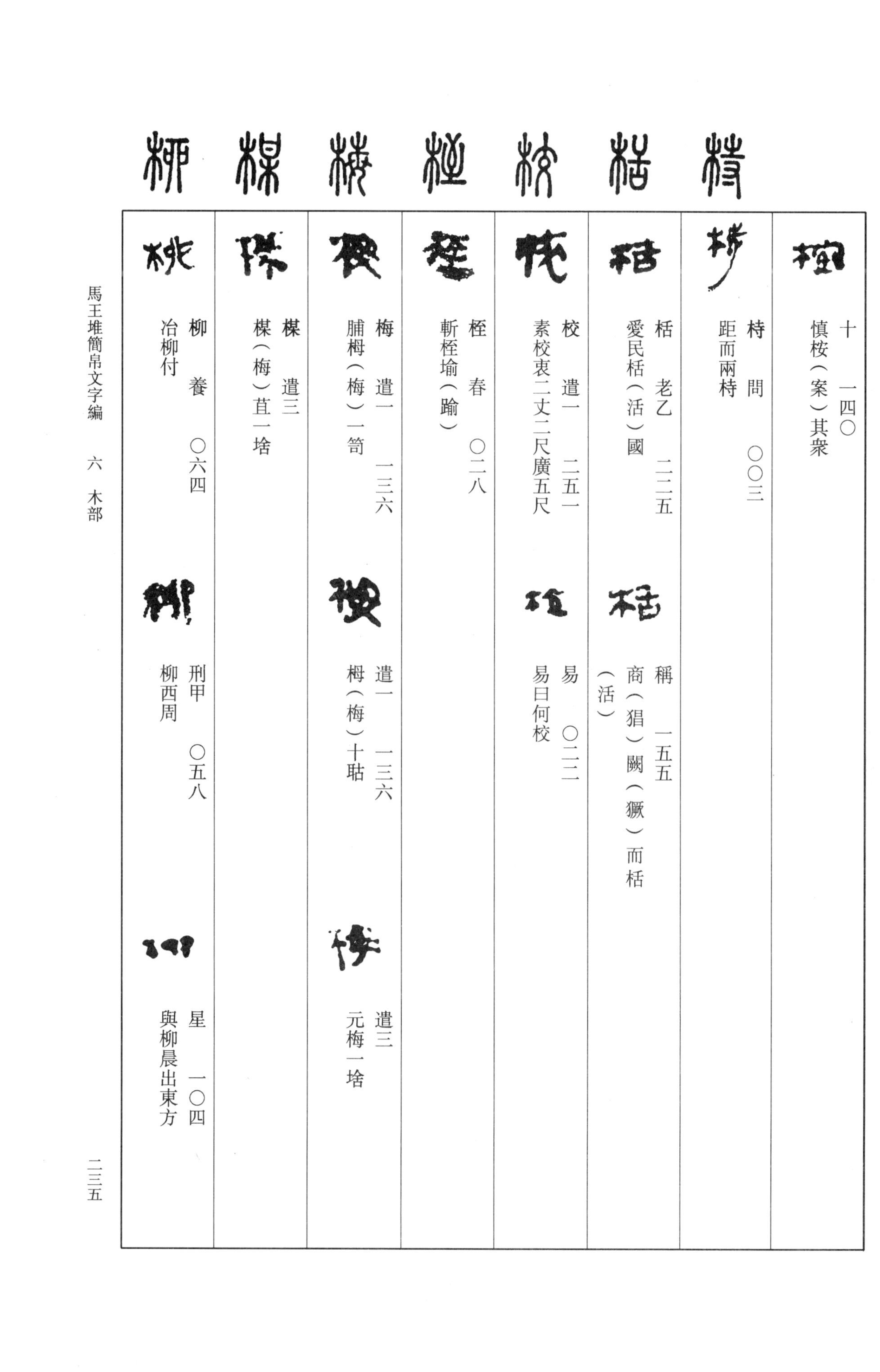

桉　⿰木寺　栝　校　桎　梅　楳　柳

十　一四〇
慎桉（案）其衆

⿰木寺　問　〇〇三
距而兩⿰木寺

栝　老乙　二二五
愛民栝（活）國

稱　一五五
商（猖）闕（獗）而栝（活）

校　遣一　二五一
素校衷二丈二尺廣五尺

易　〇二二
易曰何校

桎　春　〇二八
斬桎瑜（踰）

梅　遣一　一三六
脯梅（梅）一笥

遣一　一三六
梅（梅）十貼

遣三
元梅一垥

楳　遣三
楳（梅）苴一垥

柳　養　〇六四
冶柳付

刑甲　〇五八
柳西周

星　一〇四
與柳晨出東方

梧　梗　梃　桷　桯　桱　桮

梧　戰　二七二

秦使辛梧據粱（梁）

梗　養　一四九

□莢桔梗厚□二尺

梃　方　〇一七

黄黔（芩）二梃

相　〇一九

大容梃（莛）

桷　合　一一六

四日囷（麕）桷

桯　方　三七〇

桯若以虎蚤

十　一〇六

縠（殼）爲地桯

桱　遣三

執長桱矛八人

遣一　二一四

膝畫卑匾桱（徑）八寸

桮　方　〇二六

酒半桮（杯）

方　〇五二

盛以桮（杯）

養　〇七六

以□半桮（杯）飲之

療　〇四三

取醇酒半桮（杯）

遣一　一九三
㯃洀食杯五十枚

遣三
㯃畫小具杯廿枚

梯　周　〇〇九
擊（繫）于金梯（柅）

梡　老甲　一一三
貴大梡（患）苦身

梨　遣一　一三四
梨一笥

遣一　一三七
右方棘梨楕脯梅（梅）笥
四

牌三
枇梨笥

棪　繫　〇三六
棪木爲矢

椅　養　〇八二
即取榖〈穀〉椅桐汁

棫　刑甲　〇一五
營棫（惑）入月中

椐　刑乙　〇六二
月大椐有光

棟

棟　周　〇六八

棟聾（隆）

植

植　戰　三〇六

則不能自植士卒

⿳日共木

暴　談　〇四二

四日困（籥）暴

談　〇四九

八日上暴（鉤）

椄

椄　方　二一八

輒椄杙垣下

問　〇一一

椄（接）陰將衆

談　〇四七

椄（接）刑（形）以昏

椎

椎　養　一二八

即以椎薄段之

棺

棺　稱　一五三

泊（薄）棺椁

椁

椁　春　〇三三

椁其心也

稱　一五三

泊（薄）棺椁

楑

楑　十　一二一

［以］楑（揆）四海

易　〇四二

楑（揆）度其方

楛　周　〇六八

楛（枯）楊生荑（稊）

周　〇六八

楛（枯）楊生華

楊　遣一　一三九

元栂（梅）二資其一楊栂（梅）

周　〇六八

楛（枯）楊生華

楮　老甲　一五二

去大去楮（奢）

遣一　二六一

青絲履一兩扁楮（緒）掾（緣）

遣三

楮巾二今四

遣三

鐘鏺各一楮

榆　療　〇〇九

以榆□搏之

五　三三九

榆（喻）則知之［矣］

戰　二三八

煮棘（朿）將榆

極　養　〇九〇

令極潰（沸）

問　〇三七

以長爲極

問　〇〇五

刑（形）乃極退

經　〇四〇

極陽以殺

楣　繫　〇三六

上練下楣

椽　周　〇六二
貳（䮰）椽（尯）

楗　問　一〇〇
精氣淩楗（健）久長

楃　老甲　一四九
楃（樸）散［則爲器］

問　〇〇三
若弗能出楃

椯　老甲　〇二六
矢（兕）无所椯（揣）其角

談　〇三七
爲之椯（喘）息中亂

楅　老乙　二二五
卅楅（輻）同一轂

經　〇二八
臣楅（輻）屬者王

榦　胎　〇一五
必孰（熟）洒榦（幹）［胞］

十　一三四
天有恒榦

周　〇二〇
榦父之箇（蠱）

星　〇〇七
歲十二者天榦也

榮　方　〇五一
取屋榮蔡

問　〇一七
壯者可使久榮

繆　〇〇五
莫不願利達顯榮

相　○四四

欲目上如四榮之蓋

[illegible]　問　○七七

后[illegible]（稷）半穀

榣　戰　三二三

榣（搖）於楚人

談　○四七

翕因（咽）榣（搖）前

問　○二九

飲榣（瑤）泉靈尊以爲經

陰乙　○三九

凡玄戈昭榣（搖）

繫　○一○

其動也榣

刑乙　○四一

名曰柖（招）榣（搖）

槁　老乙　二一四

其死也棹（枯）槁

槐　方　四二六

以槐東鄉（嚮）本

構　繫　○四二

構校滅止（趾）

榱　陰乙　○五二

家母榱生子□□

槈　繫　〇三三
楺木爲耒槈（耨）

樞　陰乙　圖四
天樞

樓　刑甲　〇一八
樓斡奪

繆　〇一八
樓與以相高也

刑乙　〇七二
疾西風樓斡奪

盤　問　〇六〇
帝盤庚問於耇老曰

樂　老甲　一五六
若美之是樂殺人也

春　〇〇七
歸而飲至而樂

問　〇四六
必樂矣而勿寫（瀉）

合　一〇五
使體（體）皆樂養（癢）

出　〇一〇
不可以歙樂歌

老乙　二〇四
天下皆樂

樽　方　一四四
灸樽☐痃

槧　戰　〇四九
可毋槧（慚）乎

樹

樹　陰甲　一五二
樹木當比隅兇

陰甲　一四五
樹之以楚朸

明　四三四
存其所樹積

陰乙　〇四五
利以爲國城郭樹嫁子

戰　〇九九
樹寡人曰

經　〇五五
種樹失地之宜

繆　〇六五
使沈尹樹往觀之

橈

橈　易　〇三二
柫（拂）不橈（撓）

周　〇六八
棟橈

築

築　方　二〇七
而父與母皆盡柏築之顛

問　〇〇四
參築而毋遂

陰乙　〇四六
以築三版（版）

橦

橦　遣三
膝畫橦二皆有蓋

遣一　一七六
膝畫橦（鍾）一有蓋盛温酒

機

機　五　二四六
機然忘寒

橋

橋　戰　〇一二
且告奉陽君相橋於宋

橫

橫　九　三九六
臣主橫危

戰　一二〇
齊事從（縱）橫盡利

檀

檀　問　〇八六
蚖檀（蟺）

檥

檥　繫　〇二四
是生兩檥（儀）

檢

檢　遣一　二三一
五子檢（奩）一合

遣三
布繒檢一

老乙　二〇七
二曰檢（儉）

檮

檮　老甲　一四五
善數者不以檮（籌）箖（策）

老乙　二四一
善數者不用檮（籌）笶（策）

周　〇〇二
檮（疇）羅（離）齒（祉）

權

權　春　〇五五
是權近歛以幾遠福

戰　二一〇
名卑而權輕

經　〇〇四
稱以權衡

經　〇四二
權衡之稱

易　〇四一
以行權也

欒　方　二五三

牝痔有空（孔）而欒

朳

十　一二一

五帝用之以朳（扒）天地

板

陰甲　一七八

六板人耳死之

柃

方　〇六八

以黄柃（芩）

杬

養　一一〇

取白杬本

条

氣　F〇二八

天下条

柁

相　〇四〇

争（睁）不能柁（弛）者
也

林

方　〇二五

林（术）根去皮

枸

繫　〇二四

枸險至遠

棟

老甲　〇八四

其死也棟（枯）薨（槁）

老乙　二一四

其死也棟（枯）槁

桓

養　一二六

桓（薑）十果（顆）

養　〇四五

取乾桓（薑）桂

養　一二四

乾桓菌烏豙（喙）各二

榔

陰甲　〇八九

栓榔

栓

陰甲　〇八九

栓榔

椒

方　三五〇

蜀椒桂各一合

養　一一二

秦梂（椒）二

療　〇〇九

取桂薑椒蕉莢等

周　〇三〇

井椒（甃）无咎

楕

遣一　一三五

楕一笥

遣三

楕一笥

牌三

楕笥

椊

老乙　二一四

萬［物草］木之生也柔椊（脆）

桯

星　〇五一

土地桯

棎

問　〇三三

乃棎（深）息以爲壽

楺

繫　〇三三

楺木爲耒槈（耨）

樺

方　一八六

澡石大若李樺

槍

方　三七〇

以柞槍

楬

談　〇三七

曰楬（竭）

楆

陰甲　一三一

垛楆尃之芺白茅莋

樸

問 ○○二 食陰樸陽

榑

五 三四○ 娧榑（轉）反廁（側）

戰 ○四八 王若欲剸舍臣而榑任所善

老乙 二二四 榑（摶）氣至柔

櫋

戰 一六○ 櫋（邊）城盡拔

榙

療 ○一三 去陵榙

橬

易 ○二四 在下爲橬（潛）

[illegible]

牌三 [illegible]笥

檮

陰乙 ○六三 八歲安檮

[illegible]

五 三三三 知其好[illegible]（臭）味也

東　陰甲　〇〇八
東徙反

養　一九一
敢告東君明星

戰　〇三二
王使襄安君東

氣　G〇七四
出東方

禁　〇〇八
取東西鄉（嚮）犬頭

殘　頁一三
東方辰時

出　〇三一
亥西東北南皆吉

昜　〇二一
東北喪崩（朋）

星　〇〇三
與張晨出東方

林　陰甲　一一二
林兇日乙丑戊辰

戰　〇五七
今有（又）告薛公之使者田林

二　〇一四
猶山林陵澤也

棼　戰　二一四
使明（盟）周室而棼（焚）秦符

戰　一八一
爲傳棼（焚）之約

經　〇一二
棼（焚）其鐘鼓

楚　陰甲　一四五
樹之以楚杒

老甲　一五三
楚杒（棘）生之

戰　〇六二
盧從楚取秦

戰　〇六七
伐楚九歲

遣三
楚竽瑟各一

周　〇二二
有不楚（速）客三人來

戰　〇七〇
楚越遠

戰　三二二
非楚之利也

才　陰甲　一三四
門才（在）南方

老甲　一三八
所謂曲全者幾語才（哉）

氣　G〇八〇
此書不才（載）其圖下者

遣三
廿人才人

談　〇一八
於（嗚）虖（呼）謓（慎）才（哉）

十　〇九四
單（戰）才（哉）

桑　療　〇〇八
卵入桑枝中

周　〇〇二
擊（繫）于枹（苞）桑

之　陰甲　一三五
居室三歲之後

養　一六五
□汁均沃之

養　一九二
懷之

談　〇二六
令之復壯有道

刑丙　〇五三
此用斗之大方也

星　〇二六
去之甚亟

療　〇四三
恒以旦未食時飲之

戰　〇九二
終臣之身不謀齊

合　一一八
一曰上之

星　〇一〇
受歲之國不可起兵

巿　春　〇四六
亘（桓）公衛（率）巿（師）以侵蔡

氣　G〇七五
邦當出巿（師）大將亡

師　刑丙　圖二
雨師

春　〇八〇
土匽爲魯君稾（犒）師

戰　二三三
齊乃西師以唫（禁）强秦

戰　一八八
左師觸龍言願見

問　〇六七
師癸合（荅）曰

稱　一六六
師陽役陰

陰乙　一〇〇
大毛（耗）師不勝

出　足　〇一〇
出股

足　〇一〇
上出乳內兼（廉）

療　〇一九
智（知）而出之

養　〇四八
四日出

春　〇五四
氏之門出

出　〇三四
平旦日出

出　〇三三
平旦日出有得

陰乙　一〇二
婦不出七歲之中

殘　頁二
出

經　〇〇二
故同出冥冥

星　〇二三
出陰

賣

賣　戰　〇六三
後賣秦以取勺（趙）而功（攻）宋

南

南　陰甲　一四三
可以筑正南

陰甲　二五八
南室火起

胎　首
南方禹藏

療　〇六九
蜚（飛）而之荆南者爲蜮

春　〇一三
晉人□燕南

戰　二八三
見田併於粱（梁）南

殘　頁一五
爲根在南宫

出　〇二一
毋以癸甲南行

陰乙　〇七〇
南以此

陰乙　〇〇五
始東南以馮

易　〇二一
西南得崩（朋）

索

索　陰甲　一九六
童（重）索

稱　一五四
行母（侮）而索敬

相　〇一〇
庰（尺）爲索

五　二〇七
索纑纑

繆　〇二三
思索不察

生

生　陰甲　〇〇五
婦辱不生

春　〇七五
故刑伐已加而亂心不生

遣一　二八七
滑辭席一廣四尺長丈生繒掾（緣）

陰乙　○九四
大生師將得地

要　○二一
而不可以日月生（星）辰盡稱也

產　足　○○三
產寺（痔）

方　○四五
如產時居濕地久

陽甲　○四六
其所產病

春　○四一
產相

胎　○二二
必產男

出　○○五
七星軫產

要　○一九
產之室也

相　○五四
又（有）樹產於大海［之阿］者

隆　刑丙　圖二
豐隆

刑甲　一○八
豐隆司空

刑乙　○三一
豐隆司空

華　明　四二四
瑩□臺華鞶

老甲　○○四
道之華也

戰　一三二
華軍

遣一　二○四
右方膝畫華圩（盂）十

遣三
長襦一桃華（花）掾

周　○二七
即鹿毋（無）華（虞）

周　○六八
楛（枯）楊生華

十　一三六
色者心之華也

經　〇六一
聲華實寡

老乙　一七六
居其實而不居其華

相　〇六〇
蜚（飛）華轉實

稽　老甲　〇六一
亦稽式也

戰　二一三
勾淺（踐）棲會稽

問　〇一七
長生之稽

經　〇〇四
至知（智）者爲天下稽

經　〇三六
天爲之稽

十　一〇一
［太］山之稽曰

十　一二二
遠近之稽

巢　方　二六二
巢塞直（膧）者

稱　一四五
故巢居者察風

周　〇七三
烏棼（焚）其巢

桼　方　三八〇
歠桼（漆）

養　一二九
桼（漆）髼之

明　四二二
有（又）以丹桼（漆）青黄

問　〇五三
行年桼（柒）十

髤　養　一二九
桼（漆）髤之

遣一　一七四
髤畫枋（鈁）一有蓋盛米酒

遣三
髤

遣三
髤履一兩

束　方　一五四
以龍須（鬚）一束并者（煮）

遣三
緑束要一

相　〇二五
角有約束

橐　養　一五〇
□□□以韋橐裹

老甲　一〇二
[其]猶橐籥輿（與）

遣三
赤繡熏橐一素掾

遣三
熏橐（囊）一

遣三
白窯五石布橐

老乙　二二八
若可以橐（託）天下[矣]

老乙　二二二
其猷（猶）橐籥輿（與）

要　〇一二
行則在橐

橐　談　〇二九
産痤穜（腫）橐

橐

囊　療　○一七
爲小囊

療　○二一
爲小囊裹

遣一　一四三
白𥿄二石布囊二

二　○一四
其猶「聒（括）囊」也

候　○八七
舌掐（陷）橐（卵）卷

囚　春　○七三
今子魯之囚也

春　○二八
乃令君羊（佯）囚己

回　春　○八三
非德伐回

戰　二三六
楚回（圍）翁（雍）是（氏）

繫　○○七
故不回

因　陰甲　一三五
菑因皆舟而食

九　四○一
此王君之所因以破邦也

春　○七三
因田□□

戰　二○五
因天下之力

陰乙　○一八
刑從因甲子十二日

遣三
錦因一繢掾

經　○一○
因與俱行

困

出　〇二六
一曰困

十　一二三
困極上下

易　〇三九
困也者

困　養　〇七四
以汾困始汾以出者

養　一七四
陰困出雒

星　〇〇四
其名爲困（困）敦

固

固　戰　〇二八
固知必將不信

出　〇一四
有固病

經　〇六〇
國受兵而不知固守

繆　〇六五
則其守固也

圄

圄　戰　一六〇
五入圄中

戰　二二八
巨（鉅）鹿之圄

圂

圂　方　〇五〇
輒棄其水圂中

國

國　老甲　一四二
國中有四大

陰乙　〇三五
利以真國

二　〇一〇
昔者晉厲公路其國

殘　頁二一六
國

圈　方　一一四

取犬尾及禾在圈垣上［者］

方　二六九

圈（倦）而休

圍　明　四〇八

是故善戰者其城不圍

戰　一二〇

亦利圍而勿舍

氣　G〇三四

圍邦見日月軍（暈）中有白雲出

園　戰　二七二

李園憂之

圖　療　〇四〇

禹臧（藏）貍（埋）包（胞）圖法

九　三五八

九主成圖

春　〇六七

百圖之召也

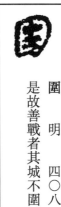

氣　G〇八〇

此書不才（載）其圖下者

圜　方　二六七

令其大圜寸

困

方　三一五

烝（蒸）困土

園　圃　圈

老甲　一一六
故園

五　三二七
小體（體）變（便）變
（便）然不圃於心也

遣一　二〇九
土圈鶣鶴廿

遣三
土圈鶣十

員　却　〇〇六
氣者食員（圓）

五　三〇一
詩員（云）不勮不［詸］

問　〇一二
春對（爵）員駘

星　〇三三
青而員（圓）則憂凶

星　〇三三
員（圓）則福禄是聽

貝　陰甲　〇一一
地逆天大貝（敗）

周　〇三一
意（億）亡（喪）貝

負　春　〇五七
負路（路）以塞后憂

戰　〇五四
負籠操臿

遣三
卒木肓操弩負矢百

十　〇九九
負并（缾）而巒

繆　〇六四
見豕負途

貣　財　貢　貤　貨　責

貣

貣　方　四〇七
貣（螣）食（蝕）齒

財

財　方　〇二四
財益藥

春　〇八七
慶父財（才）

經　〇一一
利其齍（資）財

貢

貢　氣　B〇四九
月光有□□□□兕貢

貤

貤　戰　一六九
安陵必貤（弛）

五　二二六
能駐貤（池）其羽

貨

貨　陰甲　二六一
出入貨以行

陰乙　〇四六
攻擊責入貨

老乙　二〇二
不貴難得之貨

繫　〇三四
聚天下之貨

陰甲　一二九
有再有子有貨

責

責　五　三三七
不責（積）也

出　〇二六
三日責吉

陰乙　〇四六
攻擊責入貨

十　一三一
責道以並世

相　〇七三
欲後責大

貪 戰 一三五

秦貪戾之國也

繆 ○四二

貪亂之君不然

貧 陰甲 二○四

後子貧

問 ○六二

貧者使多量（糧）

陰乙 ○九六

取婦者生而貧

經 ○三二

國貧而民芒（荒）

賀 老甲 ○五一

奠（尊）行可以賀（加）人

貸 老乙 二四三

恒德不貸（忒）

稱 一六一

身薄則貸（殆）

貳 春 ○六一

□□□□不貳

戰 一六九

今不存韓貳（二）周

談 ○二七

用八益以貳其氣

周 ○六三

貳（膩）椽（腕）

貿 氣 F○○一

臣主貿處

繆 ○○一

恐言而貿易

費 戰 〇三三
雖費毋齊趙之患

談 〇三二
七日費

繫 〇三二
耶（聖）人之大費日立立（位）

買 遣三
不足十六買瓦鼎錫垛

貴 戰 二九二
則奚貴於智矣

戰 〇四一
臣貴於齊

遣一 二二一
瓦器三貴錫垛

遣三
瓦貴六

禁 〇〇二
欲微貴人

經 〇〇六
貴賤有恒立（位）

資 戰 二四八
義（儀）多資矣

戰 〇四九
臣有三資者以事王

遣一 一一〇
肋酒二資

遣三
彊□一資

老乙 二四二
善人之資也

昭 〇〇九
君以資財爲德

賁 五 二三七
受之孟賁

遣一 一六〇
右方土衡賁三笥

周 〇九〇
渙賁（奔）其階（機）

繆 〇〇一
賁其階

賈

賈　戰　一七〇　胃（謂）起賈曰

戰　二一三　賈（價）十倍

賓

賓　春　〇二五　顧賓君令（命）以召子

經　〇二二　則天下賓矣

戰　一〇三　其［次］賓（擯）之

問　〇〇六　飲食賓體（體）

戰　一二二　不然則賓（擯）之

二　〇〇一　叚（假）賓于帝

賢

賢　五　一九六　見賢人而不知其有德也

春　〇三七　議賢讓能

氣　A〇二七　賢人動

問　〇四七　賢於往者

經　〇〇七　賢不宵（肖）

相　〇二七　澤賢不澤

賞

賞　陰甲　一一六　西方南方有司有賞

陰乙　〇二〇　婢賞以□

十　一〇五　多中者賞

繆　〇一四　賞祿甚厚

賜

賜　戰　三一六　爲邯鄲賜也

戰　〇四〇　臣受賜矣

陰乙　〇六三　衆生爲賜予

稱　一五八
得焉者不受其賜

質　却　〇〇一
朔日食質

戰　一三八
必小（少）割而有質

易　〇四二
贊始［反］冬（終）以爲
質

十　〇七八
昔者黄宗質始好信

遣三
帛傳質一沙掾

遣三
書到先質具奏主贊君

賤　戰　一九一
老臣賤息訏（舒）旗最少

經　〇〇六
貴賤有恒立（位）

繆　〇六〇
越王句賤（踐）即已克吴

養　〇五八
戔（賤）而陰乾

賦　戰　一六七
出入賦之

經　〇一五
三年无賦斂

繆　〇四三
賦斂無根（限）

賴　遣一　一四九
賴穜（種）三斗布囊一

遣三
賴苴一垥

十　一三〇
萬夫賴之

購　要　〇一一
男女購（構）請（精）而
萬物成

贅　陰甲　二一四
中西贅尹

老甲　一三五
粽（餘）食贅行

相　〇一七
皆未贅

贊　戰　二二二
諸侯贊齊而王弗從

戰　二〇八
君悉燕兵而疾贊之

遣三
贊＝有繡付蔡（彩）繢掾
下

贏　談　〇二七
氣血充贏

養　〇三四
贏（羸）中蟲陰乾冶

經　〇五九
贏極必靜

稱　一五六
贏絀變化

齎　老甲　一四七
不善人善人之齎（資）也

五　三四三
譏也者齎數也

戰　二七九
東面而齎（劑）趙

老乙　一八九
猒（厭）食而齎（資）財
［有餘］

贖　遣三
胡人一人操弓矢贖觀牽附
馬一匹

贛

贛　春　〇六二
子贛見大（太）寧〈宰〉喜

療　〇五二
取下贛汁

周　〇二一
贛（坎）有詵（險）

周　〇二一
人〈入〉[于]贛（坎）閣（窞）

周　〇二一
贛（坎）不盈

易　〇〇二
用六贛（坎）也

周　〇二一
人〈入〉贛（坎）閣（窞）

⿰貝夭

問　〇八二
夫春⿰貝夭寫人人以韭者

盼

相　〇四五
欲良（眼）中白者盼（盼）

賞

談　〇一八
吾鄉（饗）其賞（饋）

儥

老甲　一一二
難得之儥（貨）

贙

遣三
右方贙首

遣三
具奏主贙君

邑　陰甲　一一六
冬可以邑

養　○七九
而以邑棗之脂弁之

戰　一四六
安邑

戰　二八六
萬家之邑

氣　B○二九
兵車將至其邑

氣　G○六五
當邑有喪

陰乙　○二一
戰取勝受邑

昭　○一一
柰（泰）以之自邑告命

繆　○五六
邑［人］不戒

刑丙　○四四
在邑兵起

邢　易　○○六
得之代邢也

邦　陰甲　一二九
親邦治家

老甲　○四一
而邦家茲（滋）昏

氣　A○二六
大水亡一邦

殘　頁一三
其邦受兵

邪　春　○八一
邪以埶（攘）之

戰　二九三
以亡爲存邪

問　○七七
子之長韭何邪

十　一二一
五邪乃逃

邯　戰　〇六八
北面而朝奉陽君於邯鄲

戰　三一六
爲邯鄲賜也

郊　老甲　〇一九
天下無道戎馬生於郊

老乙　一八三
戎馬生於郊

郱　春　〇三八
是以同立（位）之人鮮〈解〉郱（邦）惡也

十　一三九
不爲兵郱

五　三四二
交［諸］郱（邦）人之廁（側）

郢　戰　一八一
實必利郢

繆　〇六〇
襲其郢

郤　氣　G〇三五
郤鄭渡剛白垣

郎　遣三
家丞奮移主贅郎中

經　〇一一
册（處）其郎（廊）廟

部　戰　一六二
名部數百

十　一〇一
部（踣）而弗救也

星　〇一一
東南乃生天部（棓）

鄑　周　〇五八

其行鄑（次）胥（且）

郭　陰甲　一一三

筑郭池濩

遣一　二〇一

其一盛牛肩郭（椁）左九

郭（椁）足

陰乙　〇四五

利以爲國城郭

經　〇一一

脩其國郭

經　〇一二

隋（墮）其城郭

都　戰　一六一

垂都然（燃）

鄗　戰　一五四

邯鄲之鄗（郊）

鄙　戰　一〇四

其鄙盡入粱（梁）氏矣

鄢　戰　二九四

若秦拔鄢陵

鄭　陰甲　二一七

西鄭

䣛 導

引䣛痛

足 ○○七

䣛（膝）外兼（廉）痛

養 一四九

革薢牛䣛（膝）各五抍（棄）

陽乙 ○○四

䣛（膝）外［廉］痛

鄰 戰 一五八

與舞陽鄰

周 ○二六

東鄰殺牛以祭

周 ○三二

于其鄰

鄭 戰 一五七

有鄭地

戰 一六二

有鄭地

氣 G ○三五

郤鄭渡剛白垣

遣三

鄭舞者四人

刑乙 ○九六

鄭地也

鄲 戰 ○六八

朝奉陽君於邯鄲

鄴 戰 一五四

倍（背）鄴朝歌

相 ○四一

此胃（謂）駿鄴〈逸〉

酆 易 ○一七

酆（豐）之虛盈

䘏

繆　〇四一
䘏也

鄭

明　四四〇
不得有其大呂鄭勞

明　四四〇
剴（豈）直不得有其大呂
鄭勞耳才（哉）

巷　氣
有兵內巷

周　〇七五
愚（遇）主于巷

鄉　陰甲　一一五
離鄉湇婦來歸

養　一九一
東鄉（嚮）謼（呼）

老甲　一二九
若鄉（饗）於大牢

禁　〇〇八
取東西鄉（嚮）犬頭

陰乙　〇二〇
凡行者毋犯其鄉之大忌日

繆　〇三三
故奢多（侈）廣大斿（游）樂
之鄉不敢渝其身焉

二　〇〇二
風雨辟（避）鄉（嚮）

馬王堆簡帛文字編

第七

日　療　○四二
貍（埋）清地陽處久見日所

養　一一二
百日□裹

春　○七四
日以有幾也

戰　○○五
約御（却）軍之日

出　○二二
十八日毋以行

二　○○一
高尚齐虖（乎）星辰日月而不眺

星　○一八
二百廿四日

旱　星　○一七
甲兵水旱死喪

昆　戰　一五八
秦有葉昆陽

稱　一五五
昆弟相居

昏　養　二○九
昏有吾（悟）

却　○○三
昏清可

春　○九五
親間容昏

談　〇四七
椄（接）刑（形）以昏

稱　一五四
昏而休

星　〇三五
卑高以昏度

昌　氣　B〇六六
有兵後昌

問　〇八〇
苛（疴）疾不昌

繆　〇一五
呂昌問先生曰

星　〇〇六
廿五年報昌

昧　五　三四〇
昧［寤］昧（寐）求之

戰　一九二
昧死以聞

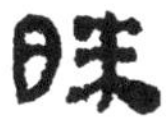
問　〇〇五
口必甘昧（味）

昭　戰　二〇五
成昭襄王之功

陰乙　〇三九
凡玄戈昭榣（搖）

稱　一五八
［百］姓辟（闢）其戶牖
而各取昭焉

昭　〇〇七
昭力問曰

昫　却　〇〇二
凡昫（呴）中息而炊
（吹）

談　〇五四
徐昫（呴）

昔

昔 明 四三八
昔者齊人與燕人戰於北地

春 ○○八
昔者［文王軍］宗

遣三
羊昔（臘）一笥

遣一 ○八二
羊昔（腊）一笥

老乙 一七六
昔得一者

十 ○七八
昔者黃宗質始好信

周 ○六九
禮（履）昔（錯）然

周 ○三二
辰（震）昔（索）昔（索）

周 ○七九
筮（噬）腊肉

時

時 陰甲 二○○
其時終歲

方 ○三三
毋時

療 ○四六
［服］之二時

五 二八一
行之而時悳（德）也

合 一三三
當此之時

出 ○三四
食時暮食

經 ○一八
民无不聽時也

殘 頁一三
東方辰時

晉

晉 療 ○六九
而晉□末□

春 ○三四
將因我于晉

戰 二二七
魏亡晉國

⿰晉系

刑甲　○五七
韓氏晉國

繆　○○六
晉文君困［於］驪氏

二　○一○
昔者晉厲公路其國

戰　一八九
輿（與）恐玉體（體）之
有所⿰晉系（郄）也

晏　出　○二四
丁壬晨癸戊晏

晦　出　○二四
月晦不可北

經　○四九
壹晦壹明

繆　○○五
壹晦壹明

景　經　○七六
如景（影）之隋（隨）刑
（形）

易　○三○
廣前而景後

暇　却　○○三
和以朝暇（霞）行暨

暑　陰乙　○二七
三旬而大暑之

稱　一四九
天制寒暑

易　○三一
其暑不曷（渴）

暴　方　一六四

毒堇不暴（曝）

方　〇二九

暴（曝）若有所燥

養　二一四

暴進暴退

明　四二六

曰務氏（是）不若禁暴

老甲　一三八

暴雨不冬（終）日

雜占

暴至

戰　一三九

夫戰勝暴子

戰　一三六

勝暴子

十　一二八

伐亂禁暴

經　〇三六

生殺不當胃（謂）之暴

經　〇二六

主暴臣亂

老乙　二三八

暴雨不冬（終）日

二　〇〇六

柴物暴存者

繫　〇一七

曼（慢）暴謀

𣅳

十　一三八

𣅳濕共（恭）僉（儉）

㫘

出　〇二四

甲己晝乙庚㫘

晀

二　〇〇一

星辰日月而不晀

曡

戰　〇六二

慮反（返）乾（韓）曡

戰　〇七一

臣謂曡曰

曠

經　〇二四

命曰上曠

奮

方　四五六

奮（擣）之

旦　談　〇三三

旦起起坐

合　一二七

旦（早）者女子精責（積）

出　〇二八

平旦行□□

出　〇三三

平旦日出有得

暨　九　三六五

分名暨（既）定

戰　〇八七

臣暨（既）從燕之粱（梁）矣

朝　養　一二九

朝日晝□夕食食各三寸

九　三七四

空主之廷朝之其門

戰　一五四

朝歌

斡

問　〇九五
必朝日月而翕其精光

星　〇二五
被甲而朝

春　〇七四
朝夕自孱

瘵　〇四一
孰洒斡（澣）其包（胞）

施　五　二一三
其人施諸人

問　〇六九
於膕也施

十　一二六
施于九州

十　〇八八
正名施（弛）刑

旅　春　〇八九
夫共中（仲）䣕（圉）人
驟旅其扶（抶）

氣　E〇一九
軍旅在外

周　〇七三
旅既（即）次

繫　〇三五
以挨（俟）旅客

旌　遣三
建鼓一羽旌飭卑二

斿

族　遣三
弩矢十二象族（簇）

經　〇五五
百族不親其事

游　合　一一六
一曰虎游

相　〇三六
游肉也

旗　氣　F〇八二
蚩又（尤）旗

繆　〇三三
故奢多（侈）廣大斿（游）樂之鄉

刑乙　〇〇六
刑德六日而并斿（游）也

遣三
紫三采（彩）斿剝沈一

冥　方　〇九二
冥（冪）口以布三□

胎　〇〇二
入於冥冥

戰　一五五
冥戹之塞

經　〇〇一
其裻冥冥

星　陰甲　一一〇
兇星參

養　一九一
敢告東君明星

戰　〇四九
信如尾星（生）

問　〇一九
壹至勿星

出　〇二〇
星門也

星　〇三〇
客星白澤

星　〇一三
其本有星

參　陰甲　一九三
此觿參勺

陰甲　一一〇
兇星參

明　四三二
戰士食參（驂）駟之食

問　一〇一
壽參日月

經　〇〇四
參以天當

稱　一五六
天下有參（三）死

繆　〇二二
再參讀（瀆）

星　〇二五
夾如參

晨　方　一八三
以己巳晨

問　〇九九
襲息以晨

出　〇二四
丁壬晨癸戊晏

星　〇〇五
伏卅日而晨出東方

刑乙　〇六九
日晨食所以知之

月　殘　頁四
十二月

殘　頁一五
月四

卻　〇〇一
與月進退

戰　〇五七
亦以八月歸兵

氣　B〇五六
月銜兩星軍疲

要　〇二一
而不可以日月生（星）辰盡稱也

朏　陽甲　〇五三
朏（頔）穜（腫）

朔　陰甲　〇三四
上朔

方　一〇九
今日朔

氣　G〇一六
月軍（暈）而朔

遣三
十二年二月乙巳朔戊辰

周　〇〇四
朔（愬）朔（愬）終吉

期　戰　〇三〇
是王之所與臣期也

遣一　二七〇
紺綺信期繡熏囊一素掾（緣）

遣三
素信期繡檢戴一赤繻掾

問　〇九四
王期見

經　〇四三
日月星辰之期

星　〇二九
凡戰必擊期（旗）所指

霸　明　四三五
半邦而霸

春　〇六五
難以霸矣

戰　一三一
王舉霸王之業

戰　二一三
霸天下

氣　A〇二二
聖王出霸

星　〇二一
過未及午有霸國

經　〇二八
其國朝（霸）昌

有　陰甲　一一六
西方南方有司有賞

陰甲　〇九四
異有得

養　〇一六
毋□□必有（又）敪
（歠）

養　一九一
有（又）即周中

老甲　〇四六
可以有國

氣　A〇四三
出所之邦有兵

遣一　二三四
象刀一有韠

遣三
麥糈一笥有緤囊

問　〇〇九
鮮白有光

陰乙　一〇二
長室有疾

經　〇〇二
動有害

二　〇〇五
杬（亢）龍有悔

明　養　一九一
敢告東君明星

老甲　一一一
五色使人目明〈盲〉

老甲　一二三
知常明也

夕

明 五 一九七 明明知（智）也

明 戰 〇七六 王明視（示）天下以有燕

明 遣三 右方女子明童

明 合 一一四 九而通神明

明 合 一三三 乃生神明

明 陰乙 〇一一 此謂不明

明 經 〇〇一 而明曲直者殹（也）

明 二 〇一一 明君立正（政）

明 星 〇二四 明星前與之前

夕 夕 方 〇七〇 夕下靡

夕 療 〇七五 夕毋食

夕 春 〇七四 朝夕自孱

夕 出 〇二四 丙辛夕以行大兇

外

外 外 殘 頁一三 毋外

外 戰 〇〇五 無伐齊外齊焉

外 戰 〇〇六 不外燕

外 殘 頁一三 外人

外 問 〇九二 是以內實外平

外 經 〇二六 外戎內戎

外 周 〇二三 外比之

夜

夜　陰甲　一二七
晝寐而夜飤黍月

療　〇六五
若以□及□補夜（腋）

養　〇三三
一日一夜而出

合　一〇二
抵夜（腋）旁

十　〇八五
童（重）陰長夜氣閉地繩（孕）者

稱　一六四
晝陽夜陰

募

募　出　〇三三
丙丁食時募食自如

出　〇三三
募食大吉

周　〇五七
募（莫）夜有戎

夢

夢　戰　一一三
田雲夢

十　〇八四
乃夢（萌）者夢（萌）

十　一三五
逆節夢（萌）生

繆　〇一五
其始夢（萌）兆而亟見之者也

多

多　陰甲　一四六
室有死者多憂

胎　〇一八
字而多男毋（無）女者而欲女

道　一七一
道弗爲益多

陰乙　〇八九
三遷徙者富多子

貫

貫　方　〇八三
尋尋豙且貫而心

足　〇〇五
上貫鄰（膝）外兼（廉）

周　〇一二
貫魚

虜　稱　一四六
其實虜也

甬　陰甲　二〇〇
甬歲後吉

陽乙　〇一七
胸甬（痛）

談　〇四九
三日平甬（踊）

栗　遣三
栗一笥

粟　明　四三一
卷（圈）馬食叔（菽）粟

經　〇〇五
多如倉粟

二　〇一二
□□粟（糧）時至

齊　陰甲　〇一九
□齊無音出者

春　〇九二
文羌（姜）以告齊侯

戰　〇〇四
齊必不信趙矣

問　〇七四
文執（摯）見齊威王

談　〇四四
九日齊生

易　〇二六
君子齊明好道

相　〇一五
後有三齊

棗　療　〇二〇
以蠠（蜜）若棗膏和

養　一〇三
澤舄（瀉）蒸酸棗

相　〇一〇
隄上有棗

棘

棘　養　○六五
用瘨（顛）棘根刌之

養　○○三
[刌]瘨（顛）棘長寸□
節者三斗

戰　二三八
煮棘（棗）將榆

遣一　一三三
棘一笥

牌三
棘笥

相　○二一
若印以棘

版

版　刑甲　○四○
夜三版而淳

陰乙　○四六
以築三版（版）

牒

牒　遣一　○八八
右方脛勺肮取俞六牒

遣三
右方廿一牒兩笥

牖

牖　陽甲　○四五
欲獨閉户牖而處

老甲　○二○
不規（窺）於牖

老乙　二二六
鑿户牖當其无有

稱　一五八
[百]姓辟（闢）其户牖
而各取昭焉

周　○二一
人〈入〉葯（約）自牖

鼎

鼎　方　三七八
并以鼎□□□如□秫

明　四二八
先王之養□□鐘鼎壺泔
（鑑）

遣三
鷄白羹一鼎

遣一　二二一
其六鼎盛羹

周　〇八〇
鼎有實

二　〇一一
鼎大矣

遣一　一六五
髹畫木鼎七皆有蓋

遣一　〇〇五
豚䣊羹一鼎

克　春　〇八〇
不當名則不克

周　〇五四
至十年弗克正（征）

經　〇四二
以何國不克

十　一一五
以單（戰）則克

周　〇〇七
大師克相遇

周　〇〇七
弗克攻

繆　〇六〇
越王勾賤（踐）即已克吴

禾　戰　二二四
禾穀絳（豐）盈

戰　〇〇六
趙之禾（和）也

私　九　三六六
邦无私門

戰　二八〇
今臣竊爲將軍私計

老乙　二二三
不以其无私輿（與）

經　○○三
无私殹（也）

繆　○三一
以但之私心論之

秆　氣　F○四七
秆彗

年　陰甲　○二五
七年而去

陰甲　○二四
三年婦出張室死

春　○九一
處二年

遣三
十二年二月乙巳朔戊辰

談　○二五
則行年卌而陰氣自半也

問　○四七
行年百歲

問　○五三
行年桼（柒）十

十　一二一
年（佞）辯乃止

繆　○○七
吾年歲猶少

星　○○六
廿五年報昌

秋　陰甲　一一四
中秋可以南直邑吉

五　二八四
而有（又）秋（愀）秋（愀）然而敬之者

遣一　一二五
烝秋一笥

經　○○三
秋稾（毫）成之

秫 方 三〇九
煮秫米期足

問 〇九八
心毋秫（怵）惕（蕩）

秦 春 〇三四
秦大夫信之

春 〇〇六
韓間午（忤）秦

戰 〇一六
請毋任蘇秦以事

刑甲 〇五八
輿鬼秦南地

談 〇三七
秦（臻）欲之而不能

問 〇九四
秦昭王問道焉

星 〇七七
秦始皇帝元

星 〇九一
秦始皇

戰 一三六
夫秦何猒（饜）之有找（哉）

桼 遣一 一四二
黃桼二石布囊二

遣一 一二九
白桼食四器盛

遣三
白桼五石布囊

周 〇六〇
桼（齎）欰（咨）涕洎（洟）

移 遣三
家丞奮移主贇郎中

遣三
膝畫大移容四升十

問 〇六九
於味也移

經　〇七〇
静而不可移也

康　刑甲　〇三八
其鄉（嚮）無雲氣而康赤者

刑甲　〇三〇
痞血康赤

十　一二五
康沇而流面（湎）者亡

經　〇三一
飲食喜樂則不面（湎）康

二　〇一一
康侯用錫馬番（蕃）庶

刑乙　〇六九
康風如食

稈　相　〇一七
稈莛所臧（藏）

稅　刑乙　〇三六
稼稅（穡）

稍　方　〇二二
稍（消）石直（置）温湯中

方　〇九五
稍沃以汁

胎　〇二二
取蒿牡卑（蜱）稍（蛸）三

稠　養　〇六六
以雚堅稠節者爨之

稷　星　〇〇七
黍稷之匿

稱 稼 稷 稻

稱 養 〇六三
而以稱醴傅之

經 〇〇二
曰不稱

經 〇七六
亂積於內而稱失於外者伐

稱 一六七
稱千六百

二 〇〇一
易屨稱於龍

稼 刑乙 〇三六
稼稅（穡）

稷 陽甲 〇四〇
[不]可以反稷（側）

方 一八九
煮黍稷而飲其汁

老甲 〇九〇
是胃（謂）社稷之主

戰 二三五
齊㨱（抱）社稷事王

十 一一九
社稷以匡

經 〇〇九
則社稷大匡

稻 胎 〇〇六
其食稻麥

遣一 一一八
稻粻一笥

遣三
稻黍一笥

陰甲 一一二
稻吉曰丙

稾

稾　養　一四一
稾本

明　四二〇
稾（豪）巽（選）浻（海）內之衆

春　〇六五
隨（墮）黨稾壽（讎）

經　〇〇三
秋稾（毫）成之

穀

穀　方　三六一
以水銀穀汁和而傅之

却　〇〇一
食穀者食質而□

問　〇八一
五穀之精氣也

十　〇八七
五穀溜孰（熟）

稱　一五一
實穀不華

星　〇三九
年穀（谷）［大熟］

談　〇五九
五曰穀實

陰乙　〇六五
不利五穀

陰乙　〇四五
五穀

積

積　戰　一四九
非［所施］厚積德也

問　〇一八
神明來積

談　〇一九
務在積精

十　一一三
是胃（謂）積英（殃）

經　〇三四
朝（霸）主積甲士而正（征）不備（服）

相　〇〇一
旁又（有）積緛

穜

穜　足　〇一一
腹穜（腫）

養　〇六四
以傅穜（腫）者

遣一　一四八
葵穜（種）五斗

穫　穰　秎　稁　⿰禾米　秀　楊

穜 陰乙 〇三四
利以樹穜（種）

穜 遣三
五穜（種）五橐

經 〇五五
穜（種）樹失地之宜

穫 周 〇〇八
不耕穫

穰 戰 一四九
穰侯咎（舅）也

戰 一三二
須賈説穰侯曰

戰 二〇一
胃（謂）穰侯

易 〇三九
德之秎也

老乙 一七八
自胃（謂）弧寡不稁
（穀）

遣一 一四四
稻白⿰禾米（秫）二石

方 一六六
前［日］至可六七日秀
（秀）

養 一二七
陰［乾］楊（煬）之

䅌

方　一二八
即置其鍽於䅌火上

穛

繆　〇六七
穛（穫）明夷之心

稺

相　〇三七
而動榣（搖）稺（遲）者也

兼　足　〇〇七
脾（髀）外兼（廉）痛

足　〇二七
出臑內下兼（廉）

戰　〇四二
將與齊兼棄臣

戰　二一一
而齊兼之

經　〇二三
兼愛无私

黍　陰甲　一二七
晝寑（寢）而夜飤黍月

遣三
其三石黍

遣三
稻黍一笥

方　一八九
三乃（沥）煮黍稷而飲其汁

療　〇〇七
取黍米泔若流水

星　〇〇七
黍稷之匿

黎　方　三五〇
冶烏家（喙）黎（藜）盧

方　〇八一
以疾（蒺）黎（藜）白蒿封之

談　〇五八
九已而黎（膩）

米　療　〇〇七
取黍米泔若流水

養　〇〇五
炊秫米二斗而足之

遣一　一七三
盛米酒

遣三
稻白鮮米五石布囊

氣　養　一四四
敬除□心匈（胸）中惡氣

養　目録
除中益氣

胎　〇一三
十月氣陳□□

刑丙　〇四二
以風氣若云雨也

戰　一八八
大（太）后盛氣而胥之

談　〇三三
通氣焉

合　一〇九
以致其氣

合　一一〇
毋使其氣歇

粉　談　〇二一
食以粉（芬）放（芳）

遣一　二二七
盛節脂劵（粉）

繆　〇一一
其妻奴（孥）粉白黑涅

遣三
粉付蔞二

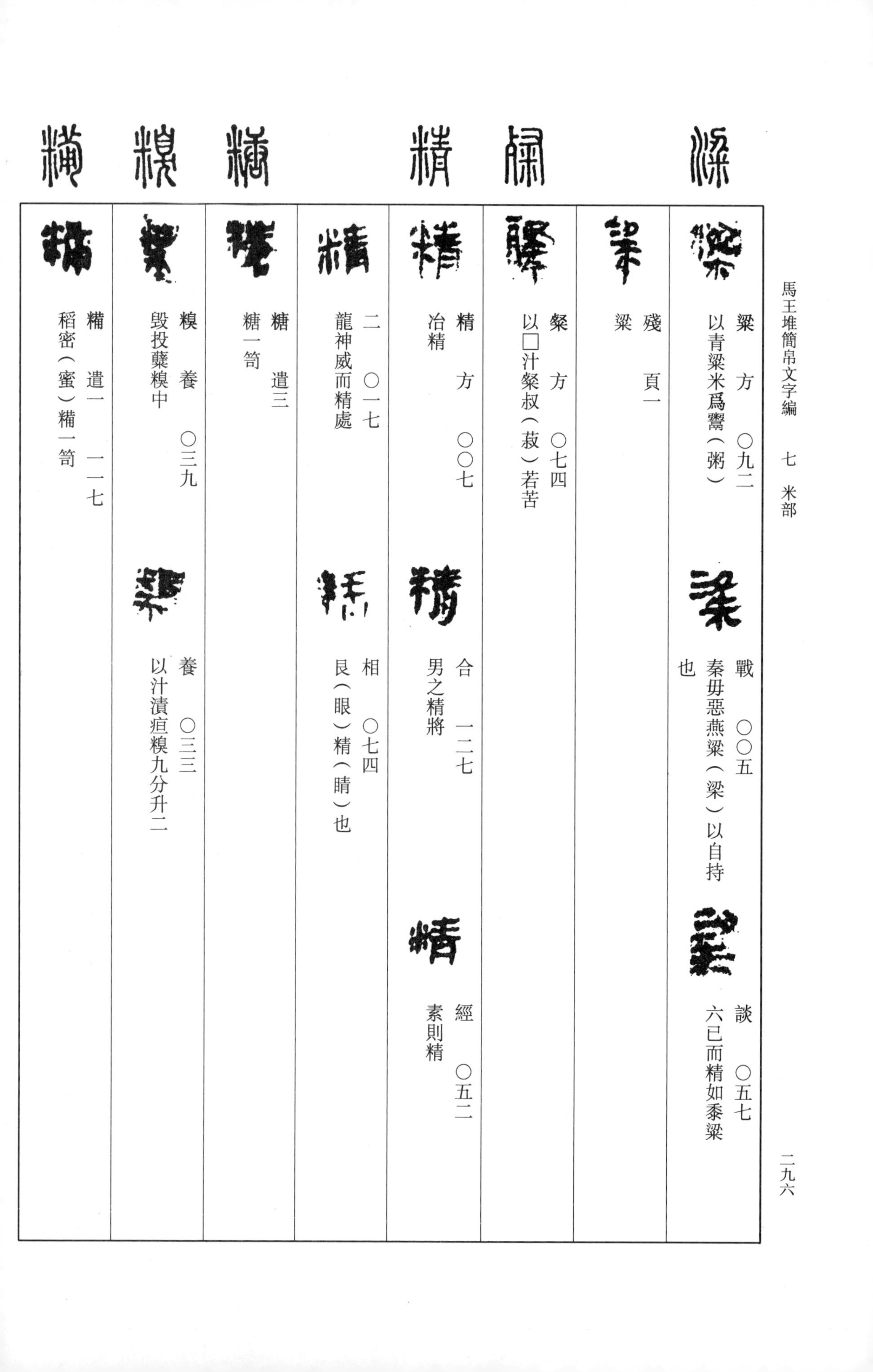

粱

粱　方　〇九二
以青粱米爲鬻（粥）

戰　〇〇五
秦毋惡燕粱（梁）以自持也

談　〇五七
六已而精如黍粱

殘　頁一
粱

粲

粲　方　〇七四
以□汁粲叔（菽）若苦

精

精　方　〇〇七
冶精

合　一二七
男之精將

經　〇五二
素則精

二　〇一七
龍神威而精處

相　〇七四
艮（眼）精（睛）也

糖

糖　遣三
糖一笥

糗

糗　養　〇三九
毀投虆糗中

養　〇三三
以汁漬疽糗九分升二

糒

糒　遣一　一一七
稻密（蜜）糒一笥

⿰米翟　竊　糵　糳　⿰米于　⿰米危　⿰米余　⿰米足

⿰米翟　星　○三二
⿰米翟（耀）貴星如郙（孛）

竊　戰　○五一
乃不竊

戰　一八九
竊自□老

戰　一九一
竊愛憐之

糵　養　○三九
毀投糵糗中

方　三○七
爵（嚼）糵米

糳　明　四一九
身糳行以篤萬民

牌三
唐枎⿰米于笥

問　○八八
⿰米危湯剫惑

老甲　一三五
⿰米余（餘）食贅行

遣一　一一二
僕⿰米足一笥

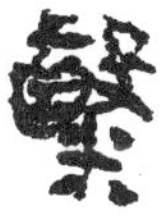

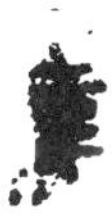

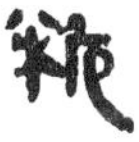

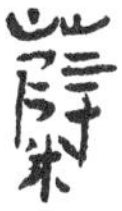

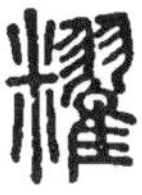

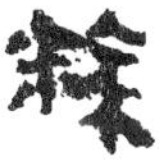

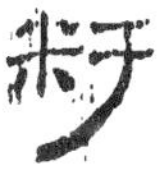

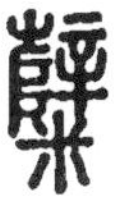

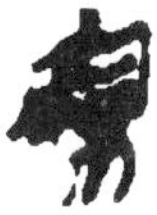

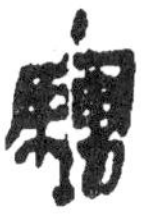

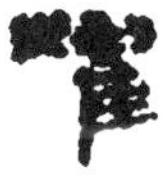

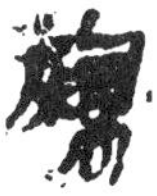

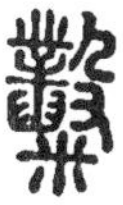

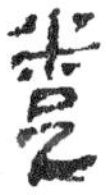

⿰米居

牌三
⿰米居女笥

⿰米曷

遣三
⿰米曷一器

⿰米肖

遣三
棘⿰米肖一笥有縑囊

糃

遣一　〇九七
孝糃一資

⿰米㒼

方　三二七
⿰豸責膏以⿰米㒼

糪

方　二九〇
戴糪（糝）黃芩白⿱艹劍
（蘞）

⿰米齊

牌三
⿰米齊笥

⿰米齊

遣一　一二三
卵⿰米齊一器

臼

臼 方 〇七三

舂（舂）木臼中

相 〇五八

上有偃臼

臽

臽 春 〇七五

是絶其幾而臽（陷）之深

陰乙 圖四

天臽

臿

臿 戰 〇五四

負籠操臿

舂

舂 方 四一五

舂之

足 〇二一

揗温（脈）如三人參舂

出 〇三三

丙丁日舂人以北

凶

凶 出 〇二四

以行大凶

易 〇二七

恒鑼（躍）則凶

兇

兇 陰甲 一五〇

後徙故室大兇

老甲 一二三

帝（妄）作兇

殘 頁一五

大兇

二 〇〇八

不言吉兇焉

麻

麻 遣三

麻絲一

遣一 一五一

麻種（種）一石

牌一

麻布聶幣笥

𪎭

䪢

星　〇二七
小白麻（摩）大白

刑甲　〇四五
避𪎭所聞者黃危

枝　方　三五一
以小童弱（溺）漬陵（菱）枝（芰）

耑　陰甲　〇一九
毋以滜耑

陰甲　二五九
帝耑王□

九　三七八
耑見必得

韭　方　二四二
厚如韭葉

問　〇七七
子之長韭何邪

韱　相　〇三四
韱（纖）入目下

𩐔　方　四一二
𩐔之

方　一八八
䪢（齏）陽□

韰

方　四三三
咀韰（薤）

瓜　遣一　一五六
瓜苴（菹）一資

遣三
瓜苴（菹）一資

瓠　養　〇六二
殺智（蜘）蛛罔（網）及苦瓠

養　二〇二
二日拈瓠

遣一　〇一五
鷄白羹一鼎瓠菜

宅　戰　一三六
入北宅

向　經　〇七六
如向（嚮）之隋（隨）聲

宇　刑甲　一〇五
□□宇者勝

十　一四〇
不謀劫人之宇

安　陰甲　一六六
其身有咎安

方　〇一一
以安（按）其痏

戰　〇二四
次循善齊以安其國

談　〇二七
君子居处（處）安樂

問　〇三六
且以安侵（寢）

陰乙　〇六三
八歲安檮

經　〇二三
其國不安

二　〇一二
此言聖王之安世者也

守　養　〇六一
令守宮食之

戰　二〇一
守金玉之重也

問　〇五五
慎守勿失

經　〇一七
然后可以守單（戰）矣

繆　〇三五
蔥（聰）明夐知守以愚

二　〇〇二
鳥守（獸）弗干

完　養　一八九
城郭不完

戰　〇五九
燕南方之交完

氣　B〇三六
攻城道完者所

遣三
單一繡平蛙完百

問　〇五一
飲食完竣（朘）

宋　春　〇七八
宋人□□陳（陣）矣

戰　〇一二
與宋通關

戰　一三四
宋中山數伐數割

氣　A〇一四
宋雲

易　〇四〇
宋〈困〉

宛

宛　問　○五二
百脈宛（菀）廢

十　一三九
死不宛（怨）

定

定　老甲　一三六
枉則定（正）

戰　○三五
以定其封於齊

談　○三一
八曰定頃（傾）

陰乙　○九五
不遷定徙者後利

經　○○八
名刑（形）已定

遣一　二○八
盛定

遣一　二二六
一定

陰甲　○二五
不遷定徙者復利

宗

宗　胎　○二六
求九宗之草

春　○○八
昔者［文王軍］宗

老甲　一○○
潚（淵）呵始（似）萬物之宗

合　一一一
遂氣宗門

十　○七八
昔者黃宗質始好信

二　○一○
失宗無大

宜

宜　老甲　○四九
［故］宜爲下

戰　二三四
宜正爲上交

殘　頁七
宜

問　〇六八

血氣宜行而不行

陰甲　二〇二

夫宜之

十　一二四

寺（持）民之所宜

經　〇一九

地之本在宜

室

陰甲　一四八

智室大兇

養　一四六

谷名有泰室少室

戰　二一四

使明（盟）周室而棼（焚）秦符

陰乙　一〇七

室九益

出　〇二五

在室不可行役

稱　一五二

宮室過度

宧

戰　〇九四

宧二萬甲

遣三

宧者九人

宥

方　一一一

靡（磨）宥（疣）

客

戰　二三八

客有言曰

氣　B〇三一

客不勝

稱　一六六

客陽主人陰

氣　B〇五三

客不勝

繆　〇六八

孔子客焉

星　〇三〇

客星白澤

宭　經　○四○　伓（倍）約則宭（窘）

星　○六三　客宭（窘）急

宰　養　一五○　毋去其宰（滓）

春　○六二　大（太）寧（宰）喜曰

老乙　二二五　長而弗宰也

宵　胎　○○四　果隋宵效

老乙　二○六　夫唯不宵（肖）

經　○○七　賢不宵（肖）

繆　○○四　无愚知（智）賢不宵（肖）

害　陰甲　二三八　可以害人

老甲　○六三　故居前而民弗害也

春　○八二　所以除害也

戰　○二四　害於燕

經　○○一　生有害

家　陰甲　一二九　親邦治家

老甲　○四一　而邦家茲（滋）昏

問　○六七　家大紉（亂）

陰乙　○四八　家毀生子疾

繆　○○三　无百歲之家

易　○○六　家［人］者

容　春　〇七四
臣之所爲容也

戰　〇二五
必容焉

遣三
膝布小戹二容二升

遣一　一八四
膝畫大柊容四升十

昜　〇〇九
容（訟）獄凶得也

宿　養　一八九
行宿

刑甲　〇一五
所宿其國内亂

問　〇三一
宿氣爲老

十　〇八五
宿陽脩刑

寄　九　三九九
哀才（哉）寄主

九　三五七
寄一破邦之主二

老乙　二二八
女可以寄天下矣

窓　春　〇三七
禮下无窓（怨）

春　〇九〇
若不窓（怨）窓（怨）

春　〇九〇
不窓（怨）也

富　十　〇九八
貧富又（有）等

繆　〇一六
處富思貧

陰乙　〇八九
徙者富多子

寑　陰甲　一二七
晝寑而夜飤黍月

二　〇〇五
龍寑矣而不陽

二　〇〇五
可謂寑矣

寓　談　〇六〇
九日何寓

寒　養　〇一六
以寒水淺（濺）

五　二四七
忘寒德之至也

陰乙　〇二八
冬至□旬大寒之

十　一一〇
寒涅（熱）燥濕

寘　戰　一九二
願及未寘（填）叡（壑）谷而託之

察　五　一七七
思睛（精）不察

五　一八一
察則安

問　〇〇九
則察觀尺汙（蠖）

合　一一一
察十已之徵

十　一二二
察於天地

繆　〇二三
思索不察

要　〇一四
察其要者

⿱宀躬

宛

實　養　一四五
五實

戰　一八一
實必利郢

戰　二一〇
民勞而實費

問　〇一一
助以柏實盛良

談　〇五九
五日穀實

經　〇四四
請（情）僞有實

稱　一四五
其實友也

周　〇二六
實受其福

寡　陰甲　〇〇六
南徙寡央

春　〇七八
宋人寡而荆人衆

繫　〇四七
吉人之辭寡

寫　問　〇八二
夫春眹寫人人以韭者

寬　問　〇四五
亓（其）使甚多而無寬禮

繆　〇五八
局而⿱宀躬

養　一〇五
春秋時取宛

⿱宀勉

五　二四八
變變也者⿱宀勉（勉）⿱宀勉（勉）也

⿱宀俞

遣三
取⿱宀俞一器

遣一　〇八八
取⿱宀俞六牒

十　〇九一
吾國家⿱宀俞（愈）不定

⿱宀郡

老甲　〇一七
其用不⿱宀郡（宭）

⿱宀裹

昭　〇一〇
人以⿱宀裹

宮　陰甲　一三九
中宮而築庫

養　〇六一
令守宮食之

戰　一九二
以衛〈衛〉王宮

氣　F〇五六
竹彗同占北宮

陰乙　圖四
虹宮

出　〇二八
宮也平旦行

稱　一五二
宮室過度

營　明　四二四
裘封營塋

陰乙　〇五二
營或（惑）

星　〇一八
營室晨出東方

呂　明　四四〇
不得有其大呂鄭勞

戰　〇五五
齊不出呂遂（隧）

繆　〇一五
呂昌問先生曰

穴　稱　一四五
穴處者知雨

周　〇二二
出自穴

空　九　三七四
空主之廷朝之其門

十　一二三
皆閱一空

突　養　一九五
未即取突墨

繆　〇五四
率突乎土者皆來（離）乎吾罔（網）

相　〇七六
重鞍突盈者

穿　方　二六二
以穿籥

陽甲　〇四三
穿臏

氣　E〇三五
衡雲穿之

十　〇九九
果童於是衣褐而穿

窔　戰　〇四七
窔（深）於骨隨（髓）

窒　相　〇一八
窒而盈

⿱穴彖　方　二一八
即以采木椎⿱穴彖（劙）之

窳　相　〇一八
我而窳

竅　方　二四四
牡痔居竅旁

戰　〇五六
齊使宋竅

竄　養　〇四九
竄鼻空（孔）

窮　老甲　一〇二
多聞數窮

出　〇二三
廿八小窮

十　一二九
則無窮

二　〇〇一
下綸窮深潚（淵）之潚（淵）而不沫

竇　問　〇一二
廱坡（彼）玉竇

竈　養　〇九〇
冬日置竈上

療　〇七七
取竈黃土

宷

養　〇五三
令女子自宷（探）入其戒

談　〇四六
五曰宷（深）之

宮

談　〇六三
自宮張

寠

足　〇〇一
出外踝寠（婁）中

疟　方　三八〇
今若爲下民疟

胎　〇一七
不疟騷（瘙）

疣　方　四四九
去人馬疣

疥　周　〇三四
疥（介）于石

疢　養　二〇三
一曰疢（吙）

氣　F〇七〇
致兵疢多

談　〇五〇
四曰疢（吙）

疾　足　〇〇四
數瘨（癲）疾

刑丙　〇四三
疾至于發屋析木

春　〇五八
居者疾其功

問　〇四九

百脈生疾

陰乙　一〇四

枳子有疾

病　陰甲　一六三

耳瘦病囂死

養　一六一

令腸中毋（無）病

胎　〇三二

母亦毋（無）餘病

春　〇七三

長萬病之

戰　一八八

老臣病足

問　〇五二

何病之有

出　〇一四

不病必傷

老乙　二一〇

不知知病矣

刑乙　〇六四

其主病

痂　方　三五八

產痂

疵　陽乙　〇一五

面疵

老甲　一〇八

能毋疵乎

戰　一八五

襄疵弗受也

老乙　二二五

能毋有疵乎

瘚　老乙　一七七

侯王毋已貴以高將恐瘚（蹶）

疽　方　二八四
爛疽者

十　〇九三
是爲癰疽

疽　養　〇三三
以汁漬疽糗九分升二

疲　氣　B〇五六
月銜兩星軍疲

痒　療　〇二六
□痒

痔　方　二四二
以傅痔空（孔）

痏　方　〇八七
以宰（滓）封其痏

方　〇一二
燔□□□痏

瘁　方　一六一
瘁

痛　方　〇一二
令傷者毋痛

養　一九五
行欲毋足痛者

陽乙　〇一八
下骨上痛（廉）

痙　方　〇四五
嬰兒索痙

痤　談　〇二九
産痤睢（疽）

問　〇九二
痤瘻弗處

痞　刑甲　〇三〇
痞血康赤

刑乙　〇八一
痞皿（血）康赤

瘧　陽甲　〇四一
瘧

十　〇八一
德瘧（虐）无刑

瘦　足　〇一二
脞瘦

瘨　足　〇〇四
數瘨（癲）疾

瘍　方　四五一
瘍居右

瘕　方　三一一

不瘕

瘜　相　〇四六

瘜乎若處

相　〇〇二

瘜乎若處

瘻　問　〇九二

痤瘻弗處

瘳　經　〇四五

身必有瘳（戮）

癉　陽甲　〇六五

嗌中痛癉

癘　老乙　一九〇

螽（蜂）癘（蠆）虫（虺）蛇弗赫（螫）

周　〇八六

小子癘（厲）

癭　方　〇五一

息癭（嚶）癭（嚶）然

癰　方　〇二二

以洒癰

戰　一五七

得垣癰（雍）

⿰爿生

戰　二一四

秦⿰爿生⿱此心（擯）以侍（待）破

⿸疒云

方　一四三

⿸疒云取蘭

⿸疒欠

明　四二三

茉（茅）⿸疒欠（茨）枯〈栝〉柱

⿸疒廷

陰甲　一四七

爵宮⿸疒廷以築蘠

痞

合　一二六

痞（吹）者

⿸疒幷

方　二九二

溳溳以⿸疒幷

⿸疒直

春　〇九三

知（智）者⿸疒直李（理）長

［慮］

⿸疒唐

陽乙　〇〇二

⿸疒唐（瘧）北（背）痛

瘧

方　一三〇
白瘧

瘛

陽乙　〇一七
瘛（脘）甬（痛）

㾕

方　二四六
牡痔之居竅㾕（廉）

⿸疒嗇

氣　F〇七四
⿸疒嗇星

癐

遺一　〇五七
羊癐（膾）一器

遺三
鹿癐（膾）一器

癕

十　〇九三
是爲癕疽

相　〇七六
骨除不癕

⿸疒焉

遺一　〇二〇
⿸疒焉（雁）巾羹一鼎

遺三
𪉥⿸疒焉（雁）一笥

牌三
𪉥⿸疒焉（雁）笥

刑甲　〇二七
雲如⿸疒焉（雁）相隋（隨）

刑乙　〇七九
雲如⿸疒焉（雁）相隋（隨）

⿸疒應　⿸疒數　⿸疒壓　⿸疒畱　⿸疒羸

遺三
卒肓操長鍪⿸疒應盾者百人

足　〇〇八
⿸疒數（瘻）聾膗（枕）痛

療　〇六八
⿸疒壓斯

養　二〇三
二曰⿸疒畱（鬸）

方　一五八
□□及⿸疒羸不出者方

冠　陰甲　二五八
冠帶

明　四二五
疎（疏）縠之冠者

戰　〇四六
迺（猶）免寡人之冠也

遺三
皆衣紺冠

冣　明　四〇七
豚天世而冣（聚）材士

明　四〇八
冣（聚）天下之良而獨有
之

繫　〇〇一
方以類冣（聚）

⿱冖王

問　〇三一
新氣朝冣（聚）

昭　〇〇八
其臣厲以冣（聚）謀

十　一二九
故⿱冖王者趣者也

同　方　〇九六
同産三夫

春　〇三七
同立（位）之人弗與□

遣一　〇六三
犬肩一器與載𦻏同笥

經　〇〇二
故同出冥冥

二　〇二四
和同者衆

冒　戰　〇〇二
故冒趙而欲説丹與得

最　養　一二二
以三指最（撮）一爲後飯百日

戰　〇九九
最寡人之大（太）下也

問　〇七六
而卧最爲首

兩　方　〇五六
取恒石兩

養　一二六
取白苻紅符伏靁各二兩

九　三九一
兩舉異過同罪

戰　〇四六
王爲臣有之兩

談　〇一三
不刃（忍）兩熱

談　〇三三
先戲兩樂

氣　B〇五四
兩月竝出

遣三
右方廿一牒兩笥

遣一　二五九
素履一兩

問　〇〇三
距而兩椅

禁　〇〇七
取兩雌隹尾

經　〇二六
主兩男女分威

稱　一五九
臣有兩位者

星　〇二九
凡小白大白兩星偕出

罕　五　二〇四
大而罕者

罔　養　〇六二
殺智（蜘）蛛罔（網）及苦瓠

老乙　二一二
天罔（網）裎裎

繆　〇五四
辛突乎土者皆來（離）乎吾罔（網）

罪　五　一九三
有大罪而大誅之

春　〇七五
今罪而弗誅

戰　〇一三
奉陽君盡以爲臣罪

戰　〇四五
今王以衆口與造言罪臣

昭　〇一〇
殺當罪而人服

置　療　〇一二
置入蠭（蜂）房

養　〇三二
置一桮（杯）醴中

胎　〇三一
置水中

置

胎　〇二九
置土上

老甲　〇五二
置三卿

經　〇六二
四曰聽諸侯之所發置

二　〇一六
時盡而止之以置身

罷

老甲　一一三
故去罷（彼）耳〈取〉此

戰　一四三
秦兵必罷（疲）

氣　F〇六七
軍在外罷

老乙　一七六
故去罷（彼）而取此

十　一二三
罷（彼）必正人也

羅

陰甲　〇九〇
大屋門兇羅弗行

遣一　二七四
羅一

周　〇〇二
檮（疇）羅（離）齒（祉）

相　〇四二
名曰絢羅

覆

合　一〇三
覆周環

繆　〇五九
又（有）覆惠心

覈

方　二四六
大如棗覈（核）

方　二四四
小者如棗覈（核）者方

稱　一五二
必有覈（核）

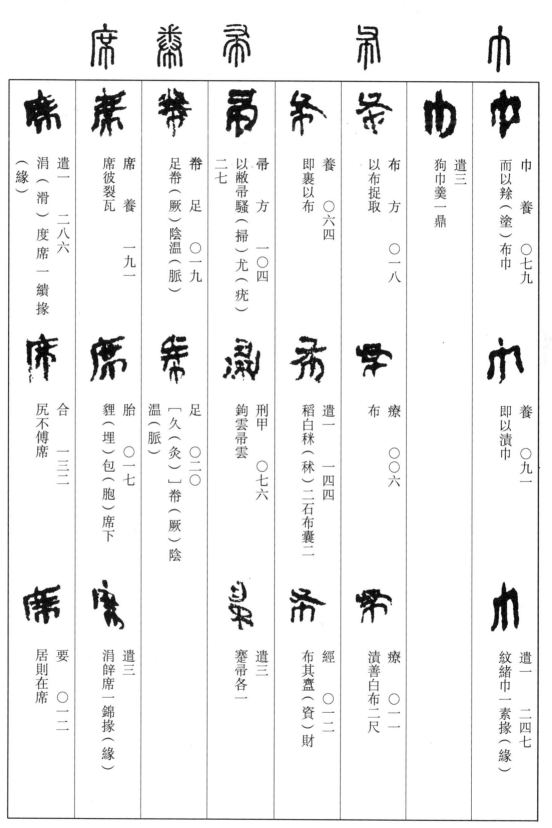

巾

巾　養　〇七九　而以絵（塗）布巾

養　〇九一　即以漬巾

遣一　二四七　紋緒巾一素掾（緣）

遣三　狗巾羹一鼎

布

布　方　〇一八　以布捉取

療　〇〇六　布

療　〇一一　漬善白布二尺

養　〇六四　即裹以布

遣一　一四四　稻白秫（秫）二石布囊二

經　〇一二　布其齍（資）財

帚

帚　方　一〇四　以敝帚騷（掃）尤（疣）二七

刑甲　〇七六　鉤雲帚雲

遣三　蹇帚各一

帣

帣　足　〇一九　足帣（厥）陰溫（脈）

足　〇二〇　［久（灸）］帣（厥）陰溫（脈）

席

席　養　一九一　席彼裂瓦

胎　〇一七　貍（埋）包（胞）席下

遣三　涓辟席一錦掾（緣）

遣一　二八六　涓（滑）度席一績掾（緣）

合　一三二　尻不傅席

要　〇一二　居則在席

帶　陰甲　二五八
冠帶

養　一九三
即□□帶之

戰　二七六
帶長劍

遣三
黑革帶二

遣一　二二六
員（圓）付蔞（簍）二盛
帶

周　○○六
或賜之般（鞶）帶

常　戰　○五五
此皆以不復其常爲進者

遣三
緹襌便常（裳）一

談　○二○
虖（虛）實有常

合　一○三
上常山

易　○二一
黄常（裳）元吉

帷　遣一　二五一
郭（椁）中綁印繫帷

相　○○一
急其帷剛

⿱艹⿱前巾　方　一○九
有（又）以殺本若道旁⿱艹⿱前巾
（葥）根二七

幕　周　○三○
井收勿幕

飾　十　一四○
因而飾（飭）之

相　○六一
實飾毋怒

幣

幣　牌一
繒聶幣笥

繆　〇〇三
士弄不幣（敝）車輪

帍

老甲　一二三
不知常帍（安）

帉

遣一　二五一
青綺帉素裹掾（緣）

希

老甲　一一六
名之曰希

合　一一九
七日希之

要　〇一八
故卜筮而希也

帗

談　〇三七
曰帗

帛

帛　明　四二四
然而左右之人縵帛之衣

遣一　一一九
右方頪十一笥帛囊七

牌三
帛繒笥

錦

錦　明　四三二
係（奚）婢衣錦繡

遣一　二八〇
小扇一錦緣

遣三
涓辟席一錦掾（緣）

牌三
錦繒笥

相　〇〇八
中有細錦（綫）

白　陰甲　一三一
㭘梫尃之芺白茅莋

瘵　○○三
取白松脂杜虞

瘵　○一一
漬善白布二尺

老甲　一四八
知其白

遣一　○一一
牛白羹一鼎

牌三
白頪笥

合　一三二
脣白

問　○○九
鮮白有光

經　○○三
則黑白之分已

二　○○四
精白柔和

皎　繆　○一二
皎焉若□

晳　陰甲　二三九
晳日

胎　○二○
其子美晳

敝　方　三一三
燔敝褐

戰　一七二
晉敝

遣一　二八四
盛聶敝（幣）

遣三
聶敝（幣）二笥

牌三
聶敝（幣）千匹

經〇一二

毋土敝

經〇一三

土敝者亡地

經〇二九

臣肅敬不敢敝（蔽）其主

周〇二九

唯敝句

馬王堆簡帛文字編

第八

人 陰甲 〇九一
主人有五

瘠 〇四六
使人面不焦

胎 〇〇一
我欲埴（殖）人産子

春 〇一七
佴（恥）爲人臣

戰 〇二七
勺（趙）止臣而它人取齊

遣三
操長鍪應盾者百人

合 一二四
欲人久持之也

問 〇四三
人有九繳（竅）十二節

禁 〇一〇
人得矣

經 〇〇二
曰不知畏人

二 〇二五
唯其室人而［已］

二 〇〇五
大人安失（佚）矣而不朝

仁 春 〇五七
仁者弗貞

戰 〇五一
臣以信不與仁俱徹

老乙 一七五
上仁爲之而无以爲也

什 戰 三〇二
兵者弗什弗圍

經 〇一六
連爲什伍

仇 戰 二〇八
如報父子之仇

戰 一五〇
而兄（況）仇讎之國乎

稱 一五〇
諸侯不報仇

仞 老甲 〇八四
其死也葿仞賢（堅）强

戰 一四一
守七仞之城

付 養 〇六四
治柳付

遣三
小付簍三

遣一 二二八
右方付蔞（簍）七

昭 〇一〇
付之以刑

相 〇〇九
有一付枝

代 春 〇六六
胡不代之

戰 二三一
此代馬胡狗不東

稱 一五〇
人莫能代

易 〇〇六
得之代邦也

伊 九 三五二
伊尹爲三公

仿 老乙 二二六
使人之行仿（妨）

伍　經　〇一六
連爲什伍

相　〇〇二
乃中參伍

任　戰　〇〇三
任秦也

戰　〇一五
以齊之任臣

經　〇〇七
任能毋過其所長

二　〇〇九
此言下不勝任也

伎　昭　〇〇五
古之伎强者也

伏　方　〇九六
伏食

五　三四〇
唔（痦）昧（寐）思伏

十　〇八〇
令力黑浸行伏匿

十　〇九二
乃深伏於淵

陰乙　圖四
伏靈

星　〇〇五
伏卅日而晨出東方

伐　陰甲　〇九一
斬伐殺生

戰　二二三
伐齊

陰乙　〇六五
是刑伐史

星　〇一〇
是胃（謂）伐皇

伯　何　位　作

伯　五　二七〇
伯者辯也

春　〇二〇
叔中（仲）惠伯

戰　二二〇
齊伯必成

何　胎　〇〇一
何如而有

春　〇八三
陳（陣）何爲

問　〇〇一
草木何得而長

二　〇〇一
龍之德何如

位　戰　一九七
位奠（尊）而無功

陰乙　〇〇六
壬午位春

稱　一五九
臣有兩位者

易　〇〇五
孫（遜）位也

作　殘　頁一六
作

老甲　〇五四
天下之大作於細

刑甲　〇三五
作上作下

氣　A〇四五
氣雲所出作必有大亂

合　一三二
手足皆作

合　一〇六
作相呴相抱

陰乙　〇四〇
皆不可祠北作遷

易　〇三八
作易者

但

但　繆　〇三一
以但之私心論之

佁

佁　明　四一八
已而曰我□□□佁（始）服軨戠（敵）

老乙　二二一
淵呵佁（似）萬物之宗

佩

佩　胎　〇〇六
佩蠶（簪）耳（珥）

戰　二七七
胡不解君之璽以佩蒙勢（驁）

刑甲　〇〇八
日耳（珥）佩

依

依　老乙　二〇九
而依（哀）者朕（勝）

昭　〇〇六
遠國依焉

佴

佴　春　〇八三
且宋君不佴（恥）

經　〇二〇
民富則有佴（恥）

稱　一五〇
不脩佴（恥）

侍

侍　養　二〇四
四曰侍（時）節

明　四四八
有侍（待）也

戰　〇二七
臣止於勺（趙）而侍（待）其魚肉

問　〇一六
侍（待）坡（彼）合氣

易　〇〇八
故曰慎而侍（待）也

易　〇二六
日自見以侍（待）用也

使

使　療　〇四六
使人面不焦

春　〇九一
共中（仲）使卜奇賊閔公於武諱

春　〇七一
公使人戉（攻）隱公

戰 ○○八
使田伐

戰 ○○九
臣使慶報之後

刑甲 ○一一
大戰而使其道

氣 B○二九
有大使至

合 一○五
使體（體）皆樂養（癢）

問 ○一七
老者可使長生

經 ○○六
使民有恒度

咎

陰甲 二五九
皆不可以大祭有咎

老甲 一○七
自遺咎也

戰 一四九
穰侯咎（舅）也

問 ○三三
必去四咎

易 ○二六
必多其咎

保

戰 ○七四
臣保燕而事王

易 ○一八
其吉保功也

相 ○○三
中又（有）臧（藏）保（寶）

侵

春 ○四六
亘（桓）公衛（率）帀（師）以侵蔡

九 三七五
木其能侵繩乎

經 ○三六
失職則侵

繆 ○五六
西人舉兵侵魏野

刑乙 ○四五
利以侵邊取地

便　戰　〇六〇
清（請）養之以便事

便　陰乙　〇三二
便地益封踐山

戰　〇二九
以便王之大事

遣三
緹襌便常（裳）

俔　二　〇〇一
俔神聖之德也

俗　戰　一四七
秦與式〈戎〉翟同俗

問　〇二九
去惡好俗

經　〇一四
一年從其俗

係　養　〇七七
而係縣竿

周　〇六六
係小子

繫　〇〇八
係之者

俱　春　〇八八
公子侑俱入

戰　〇三七
而俱諍（争）王於天下

刑甲　〇四九
而終歲暴風雨俱至

經　〇一〇
因與俱行

經　〇三一
俱與天下用兵

倚　方　二〇四
神女倚序聽神吾（語）

九　三八七
倚事於君

稱　一五五
高而倚者傰（崩）

繆　〇六一
左史倚相曰

倍　刑丙　〇二五
迎刑倍德

刑甲　一一七
倍德右刑

陰乙　〇一九
戰欲倍之右之

稱　一五一
賞不倍

候　方　〇五四
候之

胎　〇〇五
不觀木（沐）候（猴）

春　〇三八
明備以候適（敵）

氣　G〇七八
候日旁見交赤雲

偕　五　二四六
安也者言與其體（體）偕
安也者也

星　〇二九
凡小白大白兩星偕出

側　合　一二〇
四日側句（鉤）

假　陽乙　〇一七
假（瘕）

戰　二〇一
假君天下數年矣

偏

偏　養　一六八
□□病及偏枯

老乙　二四七
是以偏將軍居左

偃

偃　稱　一四七
不執偃兵

相　〇一六
偃木勿規

偶

偶　遣三
偶人二人

遣三
二人偶人

道　一七〇
獨立不偶

傅

傅　禁　〇一〇
并治傅

合　一二一
欲腹之傅也

遣三
帛小傅襦一

傳

傳　方　〇一〇
傳（傅）之

春　〇五八
亡者欲傳美

春　〇五八
必傷以傳君

戰　一八一
爲傳棼（焚）之約

經　〇五八
襦傳

繆　〇一四
能弄傳君而國不損敝者

備

備　五　二八八
言大悳（德）備成矣

戰　一八一
備患於秦

戰　二八八
善爲守備

談　〇四七
十脩暨（既）備

合　一〇八
徵備乃上

易　〇〇三
因不習而備

二　○○八
君子智（知）難而備［之］

傷　陰甲　一一九
□逆傷夫

傷　方　○一○
以刃傷

傷　方　○二三
令金傷毋痛方

春　○五八
必傷以傳君

戰　○五八
天下之欲傷燕者

戰　一三○
而毋聽傷事者之言

談　○一三
是故亟傷

出　○三二
不病必傷

殘　頁一四
傷

傴　方　二二三
傴攣而未大者［方］

僂　易　○二四
蛇身僂曲

僇　九　三九四
故用其主嚴殺僇

十　一○二
吾將遂是其逆而僇（戮）

經　○三九
身危爲僇（戮）

僮　陰乙　○六八
僮事

經　○五三
三日僮（動）

易　○一六
不剛則不能僮（動）

僞

僞　九　三七〇
莫［敢］僞會以當其君

經　〇一八
詐僞不生

繆　〇三三
牧羣臣之僞也

僥

僥　十　一〇七
規（蚑）僥（蟯）畢掙（爭）

道　一六九
能適規（蚑）僥（蟯）

儒

儒　胎　〇〇四
毋使朱（侏）儒

優

優　十　〇八九
優未愛民

仪

老甲　一三四
以順衆仪（父）

役

戰　一二八
王撻（遂）役（役）之

伾

陰甲　〇一〇
伾（背）天逆地死

陰甲　〇〇九
伾（背）地逆天辱

經　〇四〇
伾（倍）約則窘（窘）

佑

十　一〇一
曰天佑

佐

老甲　一五二
以道佐人主

九　三六二
主法天佐法地

老乙　二四四
以道佐人主

稱　一六〇
輔佐之助

侄

陰甲　一一七
自絿多甬𢇛侄

征

繆　〇六〇
行師征（征）國

倪

繫　〇一三
倪（況）乎其近者乎

侍

方　一一二
先侍（偫）白鷄犬矢

倣

老甲　一一七
其上不倣

㑿

戰　一七六
足以㑿（刷）先王之餌（耻）

倗

周　〇二四
大蹇（蹇）倗（朋）來

倲

戰　一七三
是以秦晉皆倲若計以相笥（伺）也

俓

遣一　二〇七
膝畫平般（盤）俓（徑）二尺五寸

遣一　一八九
膝畫大般（盤）俓（徑）三尺一寸

遣三
膝畫平般（盤）俓（徑）二尺五寸

十　一二五
俓（徑）遂淩節

倐

方　二八九
倐（儵）倐（儵）以熱

傷

問　〇五四
亦傷（傷）悲戋（哉）

繫　〇〇二
易則傷（易）知

復

五　三〇八
而仁復（覆）四海

偈

相　〇一七
前者偈（揭）

倿

戰　三二四
邯鄲倿

偋

戰　二八三
見田偋於粱（梁）南

⿰亻匧

戰　一六五
⿰亻匧（挾）韓之質以存韓

傚

五　二九〇
而傚然行之義氣也

僌

要　〇一五
僌（漸）人爲去詐（詐）

倗

戰　二三八
魏王胃（謂）韓倗（倗）

戰　二四七
韓之王劫於倗（倗）

周　〇一三
十倗（朋）之龜弗克

周　〇九二
十倗（朋）之龜

周　〇三四
勿疑倗（朋）甲（盍）讒（簪）

周　〇三九
倗（朋）至此復（孚）

相　〇五一
肉毋倗（崩）

二　〇一九
其孫貴而宗不倗

⿰亻費

經　〇六二
外立（位）朕（勝）胃（謂）之⿰亻費

⿰亻解

老乙　一八九
民甚好⿰亻解

⿰亻養

養　一三六
身若⿰亻養（癢）若不⿰亻養（癢）

匕　方　〇五二
薪燔之而□匕焉

方　〇五三
因以匕周捪嬰兒瘛所

化　德　四五五
其事化翟

德　四五六
化而知之𣪊也

經　〇四七
不應動静之化

繫　〇〇三
剛柔相遂而生變化

真　老甲　一三三
其請（精）甚真

老乙　一八九
其德乃真

周　〇〇四
真（咥）人兇

印　養　〇一七
氣鉤口印（仰）之

戰　〇九二
事印（仰）曲盡從王

繫　〇〇六
印（仰）以觀于天文

㘡

艮　相　〇〇二

方艮（眼）深視

卓　五　三三四

故卓然見於天

頃　方　〇二六

有頃不痛

問　〇一八

必使玉泉毋頃（傾）

十　一〇七

謀相復（覆）頃（傾）

方　二四六

□龜㘡（腦）與地膽蟲相半

養　〇六六

三雞之心㘡（腦）匈（胸）

從　春　〇八三

見間而弗從

戰　〇〇三

持我其從徐

戰　〇一五

欲從韓粱（梁）

刑甲　〇〇七

從所者攻之勝得地

氣　G〇八一

各已從其等矣

要　〇一七

亦必從其多者而已矣

二　〇〇二

水流之物莫不隋（隨）從

并　陰甲　〇一〇

并天地左右之

療　〇二〇

并合

遣一　二一七

木五菜（彩）畫并（屏）風一

遣三
木五采畫并（屏）風

陰乙　〇〇七
行六歲而并於木

比　陰甲　一五二
樹木當比隅兇

春　〇九四
身得比（庇）焉

遣一　二三七
欠比二枚

經　〇二九
下比順

北　陰甲　一三四
徙之北方

戰　〇三一
虛北地□［行］其甲

戰　三一六
如北兼邯鄲

出　〇二八
西毋行北凶

昜　〇二一
東北喪崩（朋）

殘　頁一三
利北宮

丘　方　一〇四
以月晦日之丘井有水者

養　〇六二
煎白罌（罌）丘（蚯）引（蚓）

戰　二二八
距莎（沙）丘

十　一二五
剛强而虎質者丘

虛　老甲　一〇二
虛而不淈（屈）

刑甲　〇五六
虛齊北地也

經　〇五六
實者視（示）［人］虛

易　〇一七
酆（豐）之虛盈

衆　陰甲　〇〇六
衆張胃得食

問　〇一一
椄（接）陰將衆

陰乙　〇六八
衆主

星　〇三四
白而角則得其衆

聚　稱　一五三
聚□□隋（墮）高增下

二　〇一三
甘露時雨聚降

徵　方　〇五五
毋徵

方　〇五五
徵盡而止

出　〇三〇
徵也晏食行三喜

相　〇〇四
前又（有）二徵〈微〉

相　〇二六
徐疾及徵表也

朢　陰甲　一三〇
丑月朢不可

戰　〇四一
將多朢於臣

戰　〇九八
寡人失朢

刑甲　〇三〇
朢其氣

出　〇二四
月朢不可東

周　〇三八
日月既（幾）朢

相　〇五七
遠望之轉

養　〇二一
以五月朢取蚩鄉軵者籥

老甲　一三三
朢（恍）呵忽呵

九　四〇〇
百姓絶朢於上

重　陰甲　一九二
是胃（謂）重惡繵兇

老甲　一四三
不離其甾（輜）重

戰　〇〇四
重齊欲如□□□齊

戰　〇七二
子以齊大重秦

戰　〇四二
臣之所處者重卵也

戰　一七三
以持大重秦之上也

問　一〇一
玉色重光

易　〇一八
重陰者沈

二　〇〇八
故重言之

量　春　〇九〇
二子之襲失量於君

經　〇〇五
度量已具

稱　一五六
毋裹盜量（糧）

易　〇〇八
忠身失量

臥　養　〇六〇
□臥

談　〇三四
出臥

問　〇三九
於臥爲之

   躳

十 〇九四
談卧三年

監 五 三二九
天之監下也雜命焉耳

老乙 二二五
脩（滌）除玄監（鑒）

星 〇〇七
列星監正

臨 陰甲 一三八
□以臨正室

五 三四三
上帝臨女（汝）

戰 一五七
以臨河内

身 陰甲 一六七
其身有咎

方 〇五〇
身熱而數驚

療 〇〇六
用布抿（搢）揗中身及前

春 〇九四
身得比（庇）焉

戰 〇〇八
未能免身

問 〇二一
冬（終）身失〈无〉央（殃）

合 一一五
十而爲身常

陰乙 一〇一
終身不起

易 〇〇八
忠身失量

經 〇一一
身危又（有）央（殃）

戰 一六五
皆識秦［之欲無］躳（窮）也

殷　氣　B〇七七
殷失天子

衣　療　〇六四
若以繆（綴）衣

遣一　二四二
小鏡一有衣

遣三
帛禪衣一

遣三
春草複衣一繢掾

遣三
春草複衣一繢掾

牌三
衣薈乙笥

經　〇一八
衣備（服）不相緰（逾）

昭　〇〇六
上正（政）陲（垂）衣常
（裳）以來遠人

卒　養　〇八八
卒其時而扗之

春　〇五八
卒必畏之

氣　F〇七三
而卒戰果

遣三
卒木肓精操弩負矢百

合　一三一
是胃（謂）大卒

十　一〇三
我將觀其往事之卒而朵焉

經　〇四五
其卒必□身咎

表　老甲　一二二
守情（靜）表也

談　〇六五
凡牡之屬靡（摩）表

稱　一四四
侍（恃）表而望則不惑

相　〇二六
徐疾及徵表也

衽　方　一九〇
以衣中衽（紝）緇〈繢〉約左手大指一

袂　周　〇三七
其君之袂

袑　昭　〇〇八
此之胃（謂）參袑

袁　五　一八五
之子于歸袁（遠）送于野

相　〇三六
傅賢袁目

被　陽乙　〇一四
被髮

老甲　〇七五
是以聖人被褐而褱（懷）玉

問　〇二〇
被（皮）革有光

老乙　一八六
入軍不被兵革

二　〇一七
［則］民被其利

衾　稱　一五三
減衣衾

衷　方　〇二六
醇酒盈一衷（中）桮（杯）

遣一　二五一
素校衷二丈二尺

相　〇五八
衷（中）又（有）一池者

衰　戰　一九〇
食飲得毋衰乎

談　〇二七
壯［者］不衰

經　〇一八
賢不宵（肖）衰（差）也

袤　方　二五四
袤尺

裕　十　〇七九
允地廣裕

裂　養　一九一
席彼裂瓦

補　老甲　〇八六
不足者補之

問　〇三九
精出必補

裞　牌三
裞衣丙（兩）笥

裹　周　〇九一
婦子裹（嘻）裹（嘻）

複　遣三　青綺複衣一青綺掾

遣三　春草複衣一繢掾

遣三　皂複衣一皂掾

裻　經　〇〇一　其裻冥冥

裹　養　一一二　百日□裹

養　〇四五　裹以疏布

遣三　紫縱一素裹

稱　一五六　裹盜量（糧）

褐　方　三一三　燔敝褐

老甲　〇七五　是以聖人被褐而褱（懷）玉

老乙　二一〇　被褐而褱（懷）玉

周　〇六三　困于褐（葛）纍（藟）

褚　明　四四五　大君非壹褚輿邦而積於兵者

遣三　椁中繡帷一褚繢掾

問　〇四七　氣將褚

製　問　〇五四　徹士製（制）之

褢 老乙　一七九
道褢无名

褱 老甲　〇七五
是以聖人被褐而褱（懷）玉

老乙　二一〇
被褐而褱（懷）玉

禪 遣三
鮮支禪衣一縠掾（緣）

遣三
毋尊禪衣一

遣三
白緒禪衣一

襄 方　一九五
賁者一襄胡

五　三〇九
義襄天下而成

戰　〇三二
王使襄安君東

戰　〇三九
襄安君之不歸哭也

戰　一八五
襄疪弗受也

遣一　一五四
襄苛苴（菹）一資

相　〇七五
希愿襄之

雜 五　三二九
天之監下也雜命焉耳

五　二〇六
君子雜（集）泰（大）成

遣三
鮮鯉雜□酪羹一鼎

稱　一四八
雜則相方

襦

襲

裝　袿

襦　方　一七二

漬襦頸及頭垢中

明　四三一

朱（侏）襦（儒）食良（粱）肉

遣三

鼇穀長襦一桃華掾

遣三

鮮支長襦一素掾

遣三

帛長襦一

經　〇五八

襦傳

十　〇九〇

不襦不傳

周　〇二二

襦（需）于茭（郊）

襲　陰甲　一二八

此胃（謂）大襲之道

春　〇九〇

二子之襲失量於君

遣三

沙縛複反襲一

遣三

沙縛復前襲一素掾

經　〇七七

國舉襲虛

道　一七一

周襲而不盈

繆　〇六〇

襲其郢

老乙　二一二

天罔（網）袿袿

五　一九四

袁（遠）而裝（莊）之

褻

候　〇八七
目環（睘）視褻（衺）

禎

問　〇四六
使其題禎堅強而緩事之

斃

老乙　二三一
是以能斃（敝）而不成

戰　〇六六
必侍（待）其斃（弊）而
功（攻）齊

求　方　四四三
巫婦求若固得

老甲　〇八三
以其求生之厚也

周　〇二八
求閩（婚）厚（媾）

易　〇二一
求賢也

老　老甲　一五四
物壯而老

戰　一八七
老婦必唾其面

問　〇一一
可以卻（却）老復壯

老乙　二〇五
民至老死不相往來

二　〇二五
老也

孝　戰　二四九
秦孝王死

遣一　〇九七
孝楊一資

老乙　二三三
安又（有）孝茲（慈）

星　一一三
孝惠元

耆　問　○六○
帝盤庚問於耆老曰

耆　足　○一七
不耆（嗜）食

稱　一五六
耆（嗜）欲无窮死

繆　○四三
耆（嗜）欲無猒（厭）

相　○五一
欲得魚之耆（鬐）與膭（脊）

壽　方　二三一
且塞壽（禱）

戰　二八一
久者壽

遣一　二五五
素長壽繡機巾一

談　○三九
延年益壽

陰乙　○六三
其福益壽以受

老乙　二四九
死而不忘者壽也

十　一二六
天道壽壽

十　一一五
厥身不壽

二　○一三
民心相⿰酉昜以壽

毛　陰甲　○二六
大毛（耗）發

方　○○八
燔白鷄毛及人髮

療　○○五
取桃毛二升

養　〇六一
其洫毛去矣

問　〇〇六
毛脈乃遂

相　〇三〇
欲毛上逆

春　〇七九
不禽（擒）二毛

十　一四一
紓也毛也

尸　五　一八四
尸（鳲）叴（鳩）在桑

尻　談　〇二〇
闕（䯊）尻畀（鼻）口

合　一三二
尻不傅席

合　一一三
五而尻脾（髀）

問　〇二一
尻脾（髀）能方

居　陰甲　一九八
日辰居歲後

遺一　一二〇
居女（粔籹）一笥

遺三
居女一笥

問　〇四三
皆設而居

陰乙　〇八五
弗居之

陰乙　〇一三
居庚午各六日

易　〇二四
下居而上達者

屋　陰甲　一五〇
敺茅屋而□之大兇

方　〇五一
取屋榮蔡

刑丙　〇四三
發屋析木

戰　〇五五
燕將不出屋注

刑乙　〇九三
折木發屋

屑　方　一七三
取棗種麤（麤）屑二升

屢　二　〇〇一
易屢稱於龍

尺　療　〇一一
清善白布二尺

養　一二六
桂三尺

胎　〇二九
□之方三四尺

戰　一一二
毋敢有尺地於宋

遣一　二〇六
𨍭畫平般（盤）俓（徑）二尺一枚

遣三
𨍭畫平般（盤）俓（徑）二尺五寸

經　〇〇五
尺寸已陳

星　〇一二
其來〈末〉銳長可四尺

尾

尾　陰甲　一九四
熒室東壁晢尾箕□

方　〇四八
取雷尾〈戻（矢）〉三果（顆）

周　〇二六
濡其尾

戰　〇四九
信如尾星（生）

禁　〇〇七
取兩雌隹尾

屈

屈　戰　二四一
乘屈句之敝

出　〇〇六
屈日以行

二　〇一六
屈力以成功

繆　〇三七
夫耶（聖）君卑體（體）屈貇以舒孫（遜）

經　〇一〇
先屈後信（伸）

屬

屬　刑丙　〇二一
□□之屬也

春　〇九五
禍李（理）屬焉

戰　〇三四
臣請屬事辭爲臣於齊

戰　二三二
屬之祝譜（籍）

戰　一八一
且屬從（縱）爲傳棼（焚）之約

氣　G〇二六
屬曰

談　〇六四
凡牡之屬靡（摩）裏

稱　一五二
華之屬

履

履　陽甲　〇六六
重履而步

陽乙　〇一四
重履而步

遣一　二六〇
丝履一兩

遣三
䰍履一兩

舟

舟　陰甲　一三四
莤因皆舟而食

陰甲　二四三
子十日以舟

戰　一六九
天下西舟（輈）而馳

服

服　療　〇六四
服見

氣　F〇九一
服黑

遣三
宦者九人其四人服羊車

問　〇一二
誠能服此

二　一二〇
牛參弗服

俞

俞　養　二一一
俞曰

戰　三三二
故俞許我兵者

戰　〇九六
俞疾功菑

般

般　方　〇一四
令傷毋般（瘢）

遣三
䰍畫大般（盤）徑（徑）三尺一寸

遣一　一九一
右方䰍畫般（盤）

周　〇〇六
或賜之般（鞶）帶

方　陰甲　二五八
甲午旬以祭⿸尸示從北方

養　〇六五
爲便近內方

胎　首
南方禹藏

戰　〇五九
燕南方之交完

遣一　一〇二
右方鱿脂十牒

談　〇二三
五墥（動）尻脾（髀）方

合　一〇二
凡將合陰陽之方

禁　〇〇三
垛（塗）門左右方五尺

二　〇一九
直方大

星　〇〇二
與胃晨出東方

允　老乙　二二四
掫（揣）而允之

十　〇七九
允地廣裕

充　十　一〇四
充其胃以爲鞫（鞠）

明　四一七
今其所以實邦充軍者

問　〇一七
虛者可使充盈

兑　戰　〇九二
燕王甚兑（悦）

老乙　二二一
銼（挫）其兑（鋭）

兒　方　〇四八
小嬰兒以水［半］斗

老甲　一〇八
能嬰兒乎

老乙　二二五
能嬰兒乎

免

刑乙　〇七七
日兒庚辛發

九　三八八
未免於□□

春　〇九五
彭生其不免〔乎〕

戰　〇二一
則臣請爲免於齊而歸矣

戰　〇〇八
知（智）能免國

老乙　一七九
大器免（晚）成

兄　方　〇八二
兄父産大山

療　〇六七
女（汝）弟兄五人

五　二五一
弗遷於兄弟也

戰　一五〇
而兄（況）仇讎之國乎

十　〇七九
吾愛地而地不兄（曠）

兢　老乙　二一四
木强則兢

弁　方　〇二一
以職（膱）膏弁

養　〇七九
而以邑棗之脂弁之

先　陰甲　一二九
親邦治家益先王行

養　一九二
走疾欲善先者

胎　〇二九
先取市土濡請（清）者

老甲　〇六九
不敢爲天下先

老甲　〇九六
先後之相隋（隨）

戰　三〇九
戴先生見

遣三
書到先質

談　〇三三
先戲兩樂

談　〇一二
而獨先死

問　〇五〇
必先吐陳

二　〇〇二
則魚蛟先後之

昜　〇三一
何先主之又（有）

積　方　一九五
積

見　療　〇四二
久見日所

療　〇六四
服見

養　一一三
勿令見日

春　〇五〇
是不見亡之在一邦之後

氣　F〇九二
此見所之

問　〇九四
王期見

出　〇二八
南有得北見鬼

昜　〇二六
日自見以侍（待）用也

視　候　〇八七
目環（睘）視褢（哀）

却　〇〇一
視利止

戰　〇一一
視臣益善

靚　親　覺　觀

老乙　一九五
長生久視之道

經　〇五六
不足者視（示）人有餘

星　〇二四
必視明星之所在

靚　老甲　〇一八
請（清）靚（靜）可以爲天下正

親　陰甲　一二九
親邦治家

五　二五二
慼而信之親也

春　〇九〇
爲其親則德爲柰矣

戰　一四八
不顧親戚弟兄

經　〇二三
則民親上

十　〇八〇
吾句（苟）能親親而興賢

易　〇二五
忌者不可與親

星　〇二一
諸侯有陰親者

覺　問　〇三七
覺悟（寤）毋變侵（寢）刑（形）

觀　老甲　〇九四
以觀其眇（妙）

遣三
觀一

合　一一一
乃觀八動

周　〇八五
觀（卦）

周　〇八五
童觀

周　〇八五
觀我生

覞

易　〇〇七
觀之卦

問　〇〇九
則察觀尺汙（蠖）

談　〇四八
觀氣所存

星　〇三二
凡觀五色

周　〇八五
覞（闚）觀

欠　遣一　二三七
欠比二枚

次　足　〇〇七
病足小指次［指］廢

養　一〇九
食肉多少次（恣）毆（也）

春　〇六七
次職其□

合　一一二
次廿卅卌

經　〇一四
國次

周　〇七三
旅既（即）次

易　〇四一
唯變所次

星　〇〇七
九州以次

星　〇〇八
其失次以上一若（舍）

欣　問　〇三八
驩欣咪穀

欱　老乙　一八五
耶（聖）人之在天下也欱（歙）欱（歙）焉

歘　陽乙　○一二
歘［則］有血

陽乙　○一三
歘

欲　陽甲　○四五
欲獨閉户牖而處

養　一一九
節（即）弗欲

胎　○一八
字而多男毋（無）女者而欲女

戰　○○二
故冒趙而欲説丹與得

氣　A○五一
先者欲講

禁　○○二
欲微貴人

問　○○九
君欲練色鮮白

合　一○六
雖欲勿爲

陰乙　○一九
戰欲倍（背）之右之

易　○○二
萬物莫不欲長生而亞（惡）死

欽　周　○六一
欽（咸）亨利貞

款　問　○九八
款以玉筴（策）

問　○六八
此胃（謂）款（款）央（殃）

欺　戰　一八四

公孫鞅之欺魏卬也

戰　一三八

不然必欺

稱　一四四

欺其主者死

歇　療　〇一〇

勿令歇

合　一一〇

毋使其氣歇

歌　戰　一五四

朝歌

周　〇六九

不鼓坻（缶）而歌

周　〇八八

或汲（泣）或歌

歍　相　〇〇四

三寸可以襲歍（烏）

歐　陽乙　〇一〇

食則欲歐（嘔）

歕　方　一五六

取桮（杯）水歕（噴）鼓三

歅

養　〇八七

令膚急毋歅（垂）

𣶒

飲 養 〇三三
以酒飲三指最（撮）

養 〇一六
飲食

養 一一三
飽食飲酒

五 二五六
有天下美飲食於此

談 〇一三
飲食弗右

禁 〇〇八
燔治飲

禁 〇〇七
自飲之

經 〇三一
飲食喜樂則面（湎）康

繆 〇五九
與士飲

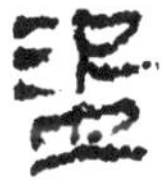

盜 氣 G〇三九
大盜得

經 〇一八
國无盜賊

稱 一五六
毋□盜量（糧）

遣一 一〇五
𣶒一資

𣄼 氣
軍人將𣄼

馬王堆簡帛文字編

第九

項　陽乙　〇〇二

項痛

順　陰甲　一四一

從寅順行

老甲　一三四

以順衆伇（父）

陰乙　〇五〇

日也順六

經　〇二七

凡觀國有大〈六〉順

頌　問　〇五四

頌事白〈自〉殺

煩　足　〇二六

心煩而意（噫）

春　〇八七

臣以死奉煩也

談　〇三八

曰煩

領　陽甲　〇四九

領〈頷〉［痛］

合　一〇三

抵領鄉

相　〇〇四

而頸領彌高

五 二二七
夫喪正經脩領而哀殺矣

頡 養 〇九五
頡蠸

頪 遣一 一一六
白頪二笥

牌三
白頪笥

頯 足 〇一一
頯痛

相 〇五八
欲頯骨之毋與角會

頰 陽乙 〇〇九
穿頰

相 〇〇二
長骼短頰

頸 方 〇五〇
頸脊强而復（腹）大

相 〇五一
欲得鳥目與頸膺

相 〇〇四
而頸領彌高

頭 方 〇四六
道頭始

陽乙 〇〇二
頭痛

問 〇八四
信（伸）頭羽張者也

禁 〇〇八
犬頭

顏

顏　足　〇〇二
枝顏下

陽乙　〇〇五
顏黑

五　一九〇
顏色容［貌］

五　三一五
猶顏子子路之士（事）孔子也

要　〇一〇
顏氏之子其庶幾乎

繆　〇一〇
頌（顏）色□□□□

題

題　問　〇四六
使其題禎堅强而緩事之

顛

顛　周　〇一八
曰顛頤

相　〇六〇
登顛（巔）薄于天

願

願　五　二六六
其〓（願）謞然者也

戰　〇一三
願王之使人反復言臣

戰　〇六四
願王之使勺（趙）弘急守徐爲

戰　〇〇四
臣其願□□□□□

戰　二六五
願大國肆（肆）意於秦

繆　〇〇二
願聞其說

繆　〇〇一
吾志亦願之

顧

繫　〇二二

［吉兇與］民同顧

顧　春　〇二五

顧賓君令（命）以召子

戰　二八九

顧危

顯

顯　戰　〇四五

蓐（辱）而顯之

周　〇二三

顯比

頤

方　三七八

頤癰者

周　〇一八

曰顛頤

頫

繫　〇〇六

頫（頫）以觀于地理

⿱頁厓

問　〇〇八

民何失而⿱頁厓（顏）色鹿〈麄〉貍（貍）

類

方　〇一〇

類（燔）羊矢（屎）

頍

戰　三二一

頍然進其左耳

靦

面　戰　〇六八
北面而朝奉陽君

戰　二七二
東面而伐楚

合　一〇六
一曰氣上面執（熱）

經　一二五
康沈而流面（湎）者亡

易　〇二六
則不澤于面

方　四五五
面靦赤已

首　陰甲　一一七
冬可以邑首鯆多甬垛俓

胎　〇二〇
爲享（烹）白牡狗首

殘　頁一三
首

明　四二〇
以爲兵首釰（刃）

戰　〇六六
燕毋首

遣一　〇〇一
牛首䤈羹一鼎

遣三
劼一象金首鐔一

問　〇七六
而臥最爲首

十　一〇七
黔首乃生

十　一三六
故言寺首

剸　九　三八三
剸（專）授失道之君也

戰　二〇九
願君之剸（專）志於攻齊

戰　〇四八
王若欲剸舍臣而槫任所善

九　三八四
是故敦（專）授失正之君也

縣　養　一九二
縣梟

方　一二九
縣（懸）之陰燥所

春　〇三六
縣（懸）鍾而長飲酉（酒）

戰　一〇一
吾縣免於梁

戰　二五七
洛（賂）之以一名縣

遣三
饋縣孰一器

刑乙　〇九六
魏氏朱縣也

須　陰甲　〇六三
須女

方　一五四
以龍須（鬚）一束并者（煮）

經　〇二〇
須時而樹

星　〇一九
命曰須謀

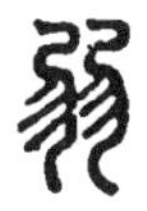

弱　方　〇七一
飲小童弱（溺）若產齊赤

方　〇九〇
以弱（溺）飲之

戰　〇七一
宋魯弱

戰　一七八
餘齊弱於晉國矣

問　〇六一
弱者使之

易　〇一八
地之義柔弱沈静不僮（動）

文　文　髮　髶　后　司

文

文　陰甲　〇六三
血文以祭

戰　二七五
文信侯弗敢受

遣一　二九二
木文犀角象齒一笥

遣一　二三二
布檢（奩）五菜（彩）文一合

髮

髮　方　〇〇八
燔白雞毛及人髮

養　一三七
黑髮益氣

問　〇〇六
及夫髮末

十　一〇四
鬄（翦）其髮

髶

髶　方　三四二
冶牛膝燔髶灰等

后

后　春　〇八二
上下無却然后可以濟

春　〇五七
負路（賂）以塞后憂

經　〇〇一
然后見知天下而不惑矣

殘　頁一三
后嬰（稷）

易　〇四二
后（苟）非其人

司

司　陰甲　〇五二
丁當司馬

胎　〇一三
司（伺）之

老甲　〇八一
則恒有司殺者

卮

司　陰乙　圖四　司陳

司　星　〇一三　是司殺不周者駕之央

卮　遣一　一七九　膝畫斗卮二有蓋

卮　遣三　膝畫七斗卮五

卮　相　〇一六　如水在卮

令

令　方　〇二五　爓（熬）令焦黑

令　療　〇一二　旁令䗬（蜂）□螫之

令　療　〇四一　令毋（無）汁

令　養　一二二　勿令見日

令　胎　〇一六　母令虫蛾（蟻）能入

令　戰　〇四七　今王使慶令（命）臣曰

令　合　一一七　九日青（蜻）令（蛉）

令　陰乙　〇一二　君令不行

卷

卷　春　〇五〇　而卷（卷）在耳目之前

卷　牌三　黃卷笥

卷　遣一　一六一　黃卷一石

卷　遣三　黃卷一石

卷　繆　〇二六　冬（終）身不卷（倦）

卷　相　〇〇五　用之不卷（倦）

卻

却　春　〇八二　上下無却然后可以濟

却　問　〇九六　可以却老復莊（壯）

郄

陽乙　〇〇一
出郄中

問　〇一一
可以郄（却）老復壯

稱　一五七
外客乃郄（却）

印　老甲　〇八六
高者印（抑）之

遣一　二二五
員（圓）付蔞（簍）二盛
印副

老乙　二一四
高者印（抑）之

繫　〇三二
印（仰）則觀馬（象）於
天

色　養　〇三六
令人强益色美

戰　一九一
大（太）后之色少解

問　一〇一
玉色重光

星　〇三〇
其色如客星

星　〇〇六
歲視其色以致其□□

老甲　一一一
五色使人目明（盲）

春　〇七五
弗見於色

老乙　二二六
五色使人目盲

卿　陰甲　一二〇
有東卿（嚮）室

氣　A〇五七
兵在外龍之卿（鄉）也

十　〇七九
三卿

二　〇一三
聖王各有厶（三）公厶
（三）卿

昭　〇〇七
卿大夫之事也

辟 陰甲 一一二

戋吉星去東辟必

養 〇六〇

以染女子辟（臂）

五 三三六

弗辟（譬）也

戰 二三九

交辟（臂）而事楚

遣三

木白辟（璧）生璧一笥

問 〇一八

玉閉時辟

經 〇一〇

慎辟（避）勿當

稱 一五六

寡不辟（避）衆死

二 〇〇二

風雨辟（避）鄉（嚮）

旬 陰甲 二五九

甲辰之旬東門

戰 二三九

旬餘

氣

二旬將

出 〇二五

旬七日在役不可歸

陰乙 〇二六

三旬而大暑之

匈 養 一四四

敬除□心匈（胸）中惡氣

冢 刑甲 一〇九

巳亥再師冢子

包 療 〇四〇

禹臧（藏）貍（埋）包（胞）圖法

戰 二三〇

功（攻）王之上常（黨）而包其北

氣

月軍（暈）包（抱）

敬

敬　陰甲　一二九
必以敬聞

養　一四四
敬除□心匈（胸）中惡氣

五　一八九
不袁（遠）不敬

春　〇七三
吾不敬子矣

戰　二六三
其應必不敬矣

戰　一〇五
敬受令（命）

戰　二七八
文信侯敬若（諾）

問　〇八九
故道者敬卧

稱　一五四
行母（侮）而索敬

周　〇三一
辰（震）敬（驚）百里

二　〇一二
必尊天而敬衆

鬼

鬼　陰甲　一一一
東井與鬼

陰甲　二四五
與鬼

陰乙　圖四
與鬼

老乙　一九六
其鬼不神

十　一二九
羊（祥）於鬼神

繆　〇六四
載鬼一車

魃

魃　方　四四三
瀆者魃父魃母

魂

魂　繫　〇〇六
斿（游）魂爲變

醜

醜 戰 一三二
臣雖死不醜

魋

魋 繫 〇四五
魋然天下［之至］順也

畏

畏 老甲 一二四
其次畏之

春 〇九五
不畏惡也

春 〇三三
二子畏其後事

刑甲 〇〇九
軍畏

經 〇一五
民畏敬

經 〇〇二
曰不知畏人

易 〇〇三
畏也

禺

禺 戰 二〇四
舜雖賢非適禺（遇）堯

遣三
鮮鱥禺（藕）鮑白羹一鼎

遣一 〇二一
鰿禺（藕）肉巾羹一鼎

老乙 一七九
大方无禺（隅）

巍

巍 春 〇二九
巍（魏）［州］餘果與隨會出

五 三三四
巍然知其好仁義也

戰 二二七
巍（魏）亡晉國

巍

山

戰　一六八
是韓巍（魏）之縣也

戰　一六八
巍（魏）得韓以爲縣

氣　A〇一〇
巍（魏）［雲］

刑甲　〇五七
巍（魏）氏南陽

繆　〇五六
西人舉兵侵巍（魏）野

刑乙　〇九七
巍（魏）氏南陽

刑乙　〇九六
巍（魏）氏

山　養　一八九
大山之陽

戰　〇〇九
使韓山獻書燕王曰

戰　一二一
使如中山亦利

陰乙　圖四
大山

岑

岑　星　〇一五
天岑在西南

遣一　〇五二
牛濯脾岑心肺各一器

岡

岡　昭　〇一二
外内親賢以爲紀岡（綱）

岪

岪　方　三七三
毚（纔）岪（沸）

養　〇九〇
取岪選一斗

嶉

密　遣三
稻密精一笥有縑橐

遣一　一一七
稻密精一笥有縑囊二

問　○八八
是生甘心密墨

經　○五六
則請（情）僞密矣

周　○三六
密雲不雨

崩　戰　一九九
山陵堋（崩）

氣　B○七五
與天子崩同占

易　○二一
東北喪崩（朋）

崇　五　二四四
聖爲崇

繫　○一○
耶（聖）人之所崇德而廣業也

巒　十　○九九
負并（蛢）而巒

相　○一六
絶巒（巒）潰隄

嶉　五　二二六
駐貤（池）者言不在嶉（衰）經

崖　相　○○九
去下一崖

序　方　二〇四

神女倚序聽神吾（語）

周　〇一〇

言有序

易　〇三一

文人緣序

府　問　〇三二

而實六府

合　一二八

中府受輸而盈

要　〇二三

五官六府不足盡稱之

庌　合　一一六

三曰庌（尺）蠖

相　〇〇四

庌目安卒庌也

庫　氣　B〇六八

庫兵盡出

十　一二六

諸（儲）庫

庫　陰甲　一三九

中宮而築庫

春　〇四九

其埶（勢）有（又）庫

（卑）

庶　方　三五〇

庶蜀椒桂各一合

稱　一四八

不使庶孽疑焉

周　〇七一

康侯用鍚（錫）馬蕃庶

庚　明　四三一

戎馬食苦（枯）芋（稈）

復庚

廁　養　二〇一

是以聖人必有法廁（則）

五　三四〇

娷（展）槫（轉）反廁

（側）

星　〇二五

奮其廁（側）

廉 陽甲 〇四三
於骭骨外廉

陽乙 〇一〇
出魚股陰下廉

戰 〇五一
廉如相〈伯〉夷

戰 二〇二
陶爲廉監而莫[之]據

廖 陰乙 〇八七
攻伐殺廖（戮）

廄 經 〇七四
循名廄（究）理之所之

經 〇三〇
文德廄（究）於輕細

經 〇一七
必廄而上九

稱 一五四
廄（究）數而止

廡 方 二一〇
卧北鄉（嚮）廡中

廣 遣一 二一〇
廣各二尺

遣三
廣一尺七寸

經 〇三〇
地廣人衆

二 〇〇七
言大人之廣德而下綏（接）民也

廢　老甲　一二五
故大道廢

問　〇六九
不可廢忘也

經　〇〇一
法立而弗敢廢

經　〇七五
禍材（災）廢立

經　〇一二
功成不廢

易　〇二五
廢則不可入于謀

廟　戰　二五九
此秦之所廟祠而求也

經　〇一一
册（處）其郎（廊）廟

周　〇九〇
王叚（假）于（有）廟

廬　戰　一八二
廬（慮）齊（劑）齊而生
事於［秦］

廱　養　〇六一
而置丹廱（甕）中

問　〇一二
廱坡（彼）玉竇

龐

相　〇六二
此皆不龐（厭）長

庫

戰　〇三四
齊殺張庫

戰　〇三八
庫之死也

廱

經　〇六四
此胃（謂）三廱（壅）

厝　易　〇一五

八卦相厝（錯）

厥　陽乙　〇〇三

[是]爲陽厥

十　一一五

厥身不壽

厰　五　二四一

厰敬之責者也

厭　養　〇一二

即誨（每）朝厭𢿱（歠）

戰　一三六

夫秦何厭（饜）之有戋（哉）

易　〇四〇

久而弗厭

刑乙　〇七一

雨厭之

厲　戰　一一五

臣使蘇厲告楚王

氣　〇五二

厲（厲）彗

周　〇二六

濡其首厲

二　〇一〇

昔者晉厲公路其國

丸　療　〇〇九

以穀汁丸之

危

危　陰甲　一三九
以爲危兇

九　三五四
以危主者

春　〇三三
必謀危之

戰　〇三四
不之齊危國

經　〇二五
在强國危

經　〇一一
國危破亡

石

石　方　〇二二
稍（消）石直（置）温湯中

療　〇一七
取蕃石

遣一　一四二
黄粢二石布囊二

經　〇〇五
斗石已具

破

破　九　四〇一
此王君之所因以破邦也

九　三五七
破邦之主二

春　〇七九
擊之可破也

戰　〇五六
謀破齊於宋

經　〇一一
國危破亡

星　〇二七
破軍殺將

磿

磿　十　〇七九
磿（歷）月

刑丙　〇四四
起磿石

經　一一二
皇后屯磿（歷）

礜

礜　方　三四七
礜大如李

礫

礫　刑乙　〇五四　室劓（飄）礫石

砈

方　二二一　以砈（砭）穿其[隋（脽）]旁

硌

老乙　一七八　硌硌若石

⿰石坐

老乙　二四四　或⿰石坐

⿰石喿

談　〇六〇　十二曰⿰石喿石

長

長　陰甲　二一一　前后長四

春　〇四九　且少長於君前

春　〇六七　長將畏其威

戰　一三二　臣聞魏長吏胃（謂）魏王曰

遺三　長襦一

遺三　布付簍一長尺一寸

遺一　二〇九　長二尺六寸

陰乙　一〇一　徙者長室死

星　〇一四　長可數丈

⿰镸左

五　一八五
⿰镸左（差）池其羽

稱　一六〇
臣故⿰镸左（差）也

周　〇六九
⿰镸左（嗟）若

⿰镸昜

周　〇七一
康侯用⿰镸昜（錫）馬蕃庶

勿

療　〇四三
温之勿熱

養　一六六
勿釃

戰　一二〇
王勿計

合　一〇八
上揕而勿內

出　〇二三
行戒勿用

經　〇一〇
慎辟（避）勿當

易

易　陰甲　一九三
坐易翼軫晳

戰　一四二
弗易〈易〉攻也

問　〇二六
險易（易）相取

冄

冄　十　〇九〇
黃帝問閹冄曰

而

而　陰甲　一三九
中宮而築庫

方　〇四六
合撓而烝（蒸）

療　〇四五
恒到三卵而［却］

胎　〇一八
字而多男

談　〇一三
其居甚陰而不見陽

合　一〇四
乃能久視而與天地牟（侔）存

經　〇〇一
而明曲直者殹（也）

二　〇〇一
高尚齐虖（乎）星辰日月
而不眺

易　〇〇二
會心者而台（以）作易

戰　二一〇
而齊兼之

戰　〇〇二
故冒趙而欲説丹與得

耐　五　二五一
兄弟不相耐（能）者

豕　陰甲　〇二一
豕（師）則將死

療　〇六六
以田暘豕邋屯（純）衣

繆　〇六四
見豕負途

遣三
豕載一笥

牌三
豕炙笥

遣一　〇二五
豕醢羹一鼎

豢　養　一四九
烏豢（喙）十果（顆）

方　〇一七
秋烏豢（喙）二

方　一七九
橐十四豢（蕡）朱（茱）
臾（萸）椒

豦　方　四〇三
豦（遽）斬乘車髼楟

豨　周　〇一一
哭（吠）豨（豕）之牙

周　〇〇九
見兇羸豨（豕）

豬　豯　豶　豪　彘　豚　貍

豬　方　〇四八
以豬煎膏和之

豯　養　〇五一
以汁肥豯

豶　方　三五六
以肥滿剡豶膏□夷

昭　〇〇一
與豶豕之牙

豪　經　〇二二
能收天下豪桀（傑）

彘　方　〇二三
取彘魚

方　〇二七
毋食魚彘肉

豚　方　〇八九
以產豚豙（藾）麻（磨）之

遣一　〇〇五
豚⿰酉夸羹一鼎

遣三
豚⿰酉夸羹一鼎

周　〇八八
豚魚吉

貍　方　二四九
貍（埋）席下

方　一〇〇
燔貍皮

養　〇四七
貍（埋）竈中

貍　　　　

問　〇〇八
民何失而瞿（顏）色鹿
〈麄〉貍（貍）

問　〇五四
刑（形）必夭貍（埋）

繆　〇三七
夫耶（聖）君卑體（體）
屈貍以舒孫（遜）

兕　老乙　一八六
兕无［所揣其角］

老乙　一八六
陵行不辟（避）兕虎

易　陽乙　〇〇五
聞木音則易（惕）然驚

稱　一五六
尚可易戈（哉）

易　〇〇三
故易曰

象　胎　〇〇六
是謂内象成子

遣一　二三四
象刀一有鞞

遣三
象削一

牌一
木犀角象齒笥

老乙　二二一
象帝之先

老乙　一七九
天〈大〉象無刑（形）

豫　談　〇四七
十埶（勢）豫陳

稱　一四四
不豫謀

馬王堆簡帛文字編

第十

馬　陰甲　〇五二
丁當司馬

方　〇二七
毋食魚鯗肉馬肉龜

戰　二三一
此代馬胡狗不東

遣一　三〇四
右方土牛馬䭵

昜　〇一七
川（坤）之牡馬

胎　〇〇五
乘牡馬

馮　陰乙　〇〇五
始東南以馮（馮）

十　一二一
昔者皇天使馮（鳳）下
道一言而止

馳　戰　一六九
天下西舟（輈）而馳
（秦）

明　四二五
脩車馬駝（馳）騋（驟）
也

老乙　二二六
駝（馳）騁田臘（獵）

二　○一六

猶馳驅也

駕　遣三

大車一乘駕六馬

陰乙　○四五

殺一人十駕

駟　明　四三二

戰士食參（驂）駟之食

戰　一○五

長駟重令（命）挩（兑）

駘　方　三六二

以蠭（蜂）駘弁和之

養　○三二

取黃蜂駘廿

問　○一二

春[illegible]（爵）員駘

駱　方　二五七

駱阮一名曰白苦

駿　相　○○八

駿是當

相　○○二

駿□□强

騁　老乙　二二六

駝騁田臘（獵）

騎　遣三

胡騎二匹匹一人

駢　繆　○一○
至于手足駢（胼）胝

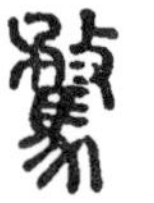

騖　合　一一七
八日兔騖

相　○○一
蘭筋既騖

騭　養　○六七
以其清煮黑騭犬

騷　胎　○一七
不疕騷（瘙）

方　一○四
以敝帚騷（掃）尤（疣）二七

騶　繆　○六一
齊之不能踰（踰）騶（鄒）魯而與我爭於吳也

騰　易　○○五
知未騰（勝）也

驂　刑乙　○九五
房左驂

驅　周　○二三
王用三驅

二　○一六
猶馳驅也

驚　養　〇九四
則馬驚矣

驕　老甲　一〇七
貴富而驕（驕）

戰　一二三
驕（矯）敬（檠）三晉

戰　一二七
必以其餘驕王

談　〇二三
八嫜（動）志驕以陽（揚）

問　〇五一
赤子驕悍數起

經　〇七二
如繇（由）如驕（矯）

十　一一二
憲敖（傲）驕居（倨）

繆　〇三八
尊嚴敻知而弗以驕人

二　〇二六
天亂驕而成嗛（謙）

驗　經　〇〇五
必有巧驗

驚　方　〇五〇
身熱而數驚

陽乙　〇〇五
聞木音則易（惕）然驚

老甲　一一三
龍（寵）辱若驚

出　〇三二
春人以北不涼必驚水

老乙　二二七
是胃（謂）弄（寵）辱若驚

十　一〇二
勿驚□戒

驩　問　〇三八
驩欣咪穀

繆　〇二九
驩然而欲明之

　騋　騔　驋　　　

驪　繆　〇〇六
晉文君困［於］驪氏

明　四二五
脩車馬馳騋（驟）也

春　〇八九
夫共中（仲）騔（圉）人
驋

春　〇八九
夫共中（仲）騔（圉）人
驋旅其扶〈扶〉

薦　相　〇二八
名曰骨薦

灋　療　〇四〇
禹臧（藏）貍（埋）包
（胞）圖灋

養　二〇一
是以聖人必有灋廁（則）

二　〇〇七
聖人出灋教以道（導）民

法　五　三四六
不得其人不爲法

經　〇二〇
法度治者

經　一一九
不可法組

經　〇五一
此之胃（謂）七法

要　〇二三
不問於古法

鹿　戰　一六一
麋鹿盡

遣一　○○五
鹿酨羹一鼎

牌一
鹿脯笥

牌三
鹿䐑笥

問　○○八
民何失而䫗（顏）色鹿〈麄〉貍（貍）

周　○二七
即鹿毋（無）華（虞）

養　○五三
以牛若鹿朏殽

相　○○四
一寸逮鹿

麃　方　二一○
吁狐麃

麋　養　二○一
一曰麋□

麋　方　○五六
取其靡（磨）如麋（麋）者

戰　一六一
麋鹿盡

禁　○一一
取其左麋（眉）直（置）酒中

稱　一四七
即（聖）人麋論天地之紀

經　○二七
命曰大麋（迷）

道　一七二
民不麋（迷）惑

相　○○四
二寸逮麋

麋

麗　養　〇七九
［以］布麗之

氣　B〇四二
赤云如此麗月

問　〇五七
上自麋榣

麤　養　〇四九
勿令麤□

方　一七三
取棗種麤（麤）屑二升

𪋻　老乙　一九二
同其𪋻

毚　養　〇七七
取鶏毚（纔）能卷者

春　〇三三
□□會果使褋（諜）毚（讒）之曰

十　一二一
夫是故毚（讒）民皆退

相　〇五九
棗毚（纔）實者角也

兔　方　〇九四
炊五穀（穀）兔□肉陀（他）甗中

胎　〇〇五
不食兔羹

談　〇四二
八曰兔務（鶩）

牌三
鮨兔笱

遣一　〇七〇
𤎩（熬）兔一笱

合　一一七
八曰兔鶩

㲋

相　〇五〇
得兔與狐

養　〇二四
以五月□備㲋

犬　方　〇六四
犬所齧

方　〇六二
犬毛盡

療　〇一二
取犬肝

養　〇六七
以其清煮黑鷩犬

遣一　三〇二
土犬廿

遣一　〇六四
犬載（胾）一器

禁　〇〇一
又（有）犬善皋（嗥）於亶（壇）與門

老乙　二〇五
鷄犬之［聲相］聞

犮　周　〇〇二
犮（拔）茅茹以其胄（彙）

犯　春　〇八九
以犯尚民之衆

戰　一四二
犯卅萬之衆

經　〇〇一
生法而弗敢犯毆（也）

星　〇三四
赤而角則犯我城

狂

狂　經　〇四五
冊（處）狂惑之立（位）

狄

狄　氣　B〇八九
狄君任氏

狗

狗　胎　〇二〇
爲享（烹）白牡狗首

老甲　一〇一
以萬物爲芻狗

遣三
狗酵羹一鼎

遣一　〇〇六
狗酵羹一鼎

老乙　二二一
以萬物爲刍（芻）狗

周　〇〇九
狗（姤）其角

狀

狀　老甲　一一七
是胃（謂）无狀之狀

刑甲　一一三
其狀如困

老乙　二二九
是胃（謂）無狀之狀

戾

戾　戰　一三五
秦貪戾之國也

周　〇三〇
井戾（洌）（寒）湶（泉）

狐

狐　周　〇三九
獲三狐

周　〇七七
小狐气（汔）涉

相　〇〇四
得兔與狐

相　〇五〇
欲得狐周草

臭　方　四四一

令毋臭

繫　〇一四

其臭如蘭

狼　稱　一五五

虎狼爲孟（猛）可揗

猛　老甲　〇三六

攫（攫）鳥猛獸弗搏

猶　五　二〇四

簡之爲言也猷（猶）賀（加）

五　二一七

猶孔子之聞輕者之鼓

戰　〇七三

猶賁不知變事以功（攻）宋也

二　〇一四

其猶聒（括）囊也

刑乙　〇六〇

猶氏（是）必單（戰）也

獨　方　〇一七

獨□長支（枝）者二廷（梃）

陽甲　〇四五

欲獨閉户牖而處

胎　〇二〇

令獨食之

陽乙　〇〇五

欲獨閉户牖而處

五　三三二

獨有仁義也

戰　一〇九

獨爲秦臣

獲　養　〇五〇

勿令獲面

九　三九五

是故□獲邦之［半］

九　三九六

主亦獲其半

周　〇三九
田獲三狐

周　〇四〇
獲之无不利

周　〇六六
隋（隨）有獲

周　〇六九
獲不載（戴）

獵　明　四二五
獵射雉（兕）虎

經　〇三一
驅騁馳獵則禽芒（荒）

類　十　〇七九
吾類天大明

十　一〇二
逆順有類

易　〇二四
其爲龍類也

星　〇一二
其來〈本〉類星

獻　昭　〇〇六
危國獻焉

相　〇二一
盧首獻獻

戰　〇四一
故獻御書而行

猨

導
猨埻

狊

周　〇四二
狊（闃）其无人

獄　陰甲　〇九一
□獄斬伐殺生

出　〇三四
日人有獄

易　〇〇九
容（訟）獄凶得也

鼠　方　〇二四
薪（辛）夷甘草各與［鼢］鼠等

方　三九九
鼠令自死

談　〇五九
四曰鼠婦

周　〇七一
潛（晉）如炙（鼫）鼠

鼢　方　〇二三
取鼢鼠

能　春　〇二二
能無患

談　〇二五
不能用八益

合　一二八
故能發閉通塞

陰乙　圖四
能

經　〇〇七
任能毋過其所長

易　〇〇七
盈而能乎（虖）

熊　導
熊經

火　陰甲　〇三四
火

養　〇〇四
止火

陽乙　〇〇五
病至則亞（惡）人與火

問　〇八七
如火於金

易　〇一八
故火不吉也

灰　方　〇五七
取竈末灰三指

養　一七一
裹其灰以□牛

光　老甲　〇三八
[和]其光

刑甲　〇一二
月毋（無）光

合　一一三
三而皮革光

氣　B〇四八
月光有□□□□凶貢

刑乙　〇六二
月大光赤

易　〇二九
龍不侍（待）光而僮（動）

星　〇一〇
天光其不從

炙　談　〇二八
飲藥約（灼）炙以致其氣

炮　陽乙　〇一二
面黔如炮色

炅　老甲　〇一八
靚（靜）勝炅（熱）

炊

却　〇〇一　則呴（呴）炊（吹）之

老甲　一三四　炊者不立

遣三　炊（吹）鼓者□□

老乙　二三七　炊者不立

炕

易　〇二六　炕（亢）龔（龍）有悔

炥

問　〇〇六　淺坡（彼）陽炥

炭

五　二九九　大而炭者

炮

方　二五八　炮之

烝

養　〇七二　産烝（蒸）之

瘵　〇七七　漬以醯烝（蒸）

五　二八三　孰休烝此而遂得之

遣一　一二七　右方烝煎二笥

遣三　炙鮑烝鮑一笥

威　方　二五五
烟威（滅）

經　〇二六
又（有）者威（滅）亡

尉　方　〇三一
以尉頭

遣一　二六八
素信期繡尉一兩

易　三六
尉（蔚）文而不發之謂也

票　經　〇二二
天下豪桀（傑）票（驃）雄

然　方　二四八
狀類牛幾三□□然

陽甲　〇四五
［聞］木音則傷（惕）然驚

老甲　一二五
而百省（姓）胃（謂）我自然

春　〇八二
上下無却然后可以濟

戰　一三八
不然必欺

遣一　〇九五
離然一資

氣　G〇六四
突然陰雨

問　〇八二
然有不如子言者

焠　方　一五九
燔段（煆）□□□□火而焠酒中

焦　療　〇四六
使人面不焦

遣三
鹿焦一鼎

遣一　〇〇三
鹿焦一鼎

道　一六九
在陽不焦

相　○○八
上有十焦

煉　候　○八六
三陰肖（腐）臧（臟）煉（爛）腸而主殺

煎　方　○一六
皆相□煎

方　○四四
即以彘膏財足以煎之

遣一　一二六
煎秋一笥

遣三
煎魚一笥

煇　陽甲　○五一
煇煇脖脖

煦　遣三
煦一坶

熬　方　○六一
并熬之

禁　○○九
以鏊熬

鏊　方　二九三
令諍叔□鏊（熬）可□

熱　陰甲　〇八四
熱吉日

方　〇五〇
身熱而數驚

養　〇四九
小養（癢）而熱

却　〇〇四
熱而中人者也

談　〇一三
不刃（忍）兩熱

燔　方　〇一一
燔髮

方　〇二三
燔而冶

禁　〇〇七
燔冶

經　〇四六
女樂玩好燔材

燒　氣　A〇二三
大火出燒兵至

燋　方　四三八
令鷄蛇盡燋

燎　氣　G〇五一
日景（影）矯燎如句（鉤）

燭　遣一　二三九
大燭釖二

遣三
大燭臺二

相　〇〇八
燭其明

燥

燥胎 ○一○

居燥處

十 一一○

塞涅（熱）燥濕

⿰火世

方 二六八

烟能⿰火世（泄）

奐

陰甲 ○九八

木不可奐

灺

陽甲 ○六四

面黔若灺（炮）色

煏

方 三七三

并以金銚煏桑炭

方 ○○五

煏瓦鬵炭

⿱艹⿱夫火

星 ○○三

其名爲芮⿱艹⿱夫火（涒灘）

⿰火畜

方 四二七

浸⿰火畜浸⿰火畜蟲

⿱敄灬

遣一 ○六九

⿱敄灬（熬）豚一笥

遣三

⿱敄灬（熬）雉一笥

遣一 ○七六

⿱敄灬（熬）炙姑一笥

燓　勬　爤　爥　炎　沓　黑

牌三
熬（熬）鼻笥

牌三
熬（熬）雉笥

燓

周　〇九一
家人燓（嗃）燓（嗃）

勬

周　〇五八
莧勬（陸）缺（夬）缺（夬）

爤

方　二八四
爤疽

爥

方　〇三一
更爥（熬）鹽以熨

炎

炎　相　〇三〇
［如］火之炎

沓

春　〇八五
刑不沓

黑

黑　方　〇二五
爥（熬）令焦黑

養　〇六七
以其清煮黑騭犬

氣　F〇九一
服黑

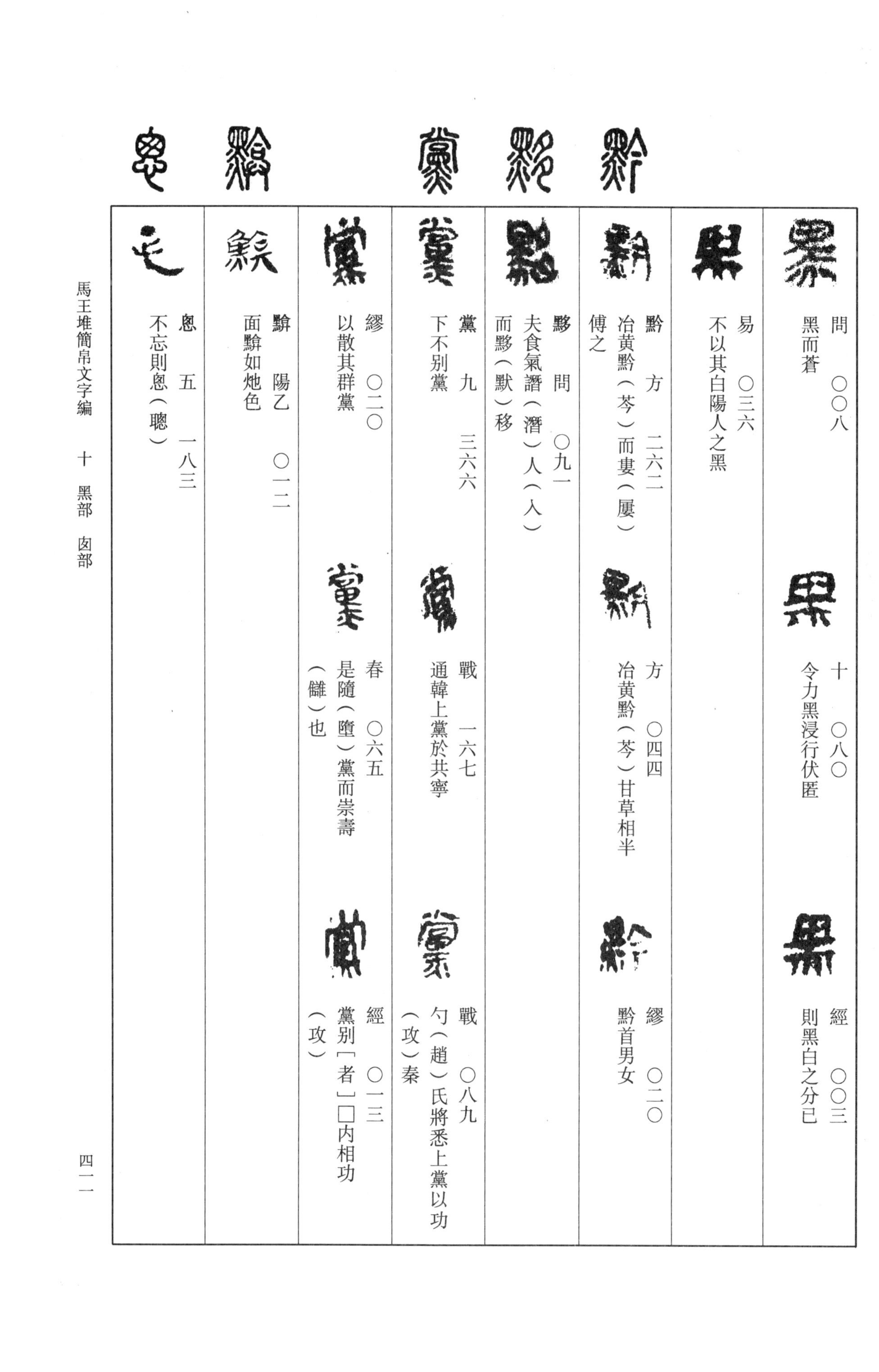

黑

問　〇〇八
黑而蒼

十　〇八〇
令力黑浸行伏匿

經　〇〇三
則黑白之分已

易　〇三六
不以其白陽人之黑

黔

方　二六二
治黃黔（芩）而婁（屢）傅之

方　〇四四
治黃黔（芩）甘草相半

繆　〇二〇
黔首男女

黟　問　〇九一
夫食氣譖（潛）人（入）而黟（默）移

黨

黨　九　三六六
下不別黨

戰　一六七
通韓上黨於共寧

戰　〇八九
勺（趙）氏將悉上黨以功（攻）秦

繆　〇二〇
以散其群黨

春　〇六五
是隨（墮）黨而崇壽（讎）也

經　〇一三
黨別[者]□內相功（攻）

黲　陽乙　〇一二
面黲如炲色

悤　五　一八三
不忘則悤（聰）

窗　方　一九六
直（置）東鄉（嚮）窗道外

熒　陰甲　〇九四
熒室東壁勺

戰　〇九八
擇（釋）齊兵於熒陽

炙　方　〇七一
炙□□

牌三
炙雞笥

遣三
牛炙一笥

周　〇七一
溍（晉）如炙（鼫）鼠

赤　方　〇〇三
即以赤荅一斗并□

療　〇六五
衣赤纏衣

老甲　〇三六
比於赤子

五　二七七
赤（赫）者始在嘗（上）

戰　三一七
則使臣赤（亦）敢請其日

氣　G〇七八
候日旁見交赤云

氣　F〇二四
赤灌兵興將軍死

遣一　二四〇
茀二其一赤

遣三
赤繻掾（緣）

遣三
熏大簟一赤掾（緣）下

老乙　一九〇
比於赤子

星　〇三四
赤而角則犯我城

赩

陰甲　○一五

當□婦赤

養　○八四

而赩（齕）人

赫　老乙　一九一

蠭（蜂）癘（蠆）虫（虺）蛇弗赫（螫）

⿰倝赤　胎　○一四

以清［水］⿰倝赤（瀚）包（胞）

大　陰甲　一五○

其門不有大喪必有大音

戰　○○六

齊趙必大惡矣

氣　B○二九

有大使至

遣三

大敚一皐二

合　一一○

而女乃大竭

陰乙　一○八

大得師將利土者

二　○○一

龍大矣

星　○二九

用兵者象效大白

夸　方　二一七

即令頹（癩）者煩夸（瓠）

經　○○二

曰虛夸

夷　方　〇二三
薪（辛）夷甘草各與
[齡]鼠等

老甲　一一六
名之曰夷

戰　〇五一
廉如相〈伯〉夷

牌三
無夷牛騰

老乙　二二九
命（名）之曰夷

老乙　一七九
夷道如類

周　〇四一
禺（遇）其夷主

繆　〇一三
遇其夷主

奎　方　二二五
以奎蠡蓋其堅（腎）

契　繫　〇三七
[後]世耶（聖）人易之
以書契

戥　養　〇六二
而醉（滓）戥（鐵）

亦　陰甲　二〇二
亦爲會於旬中

養　二一七
登左下右亦毋暴成

養　〇九一
令牝亦

胎　〇三二
母亦毋（無）餘病

九　三九六
主亦獲其半

老甲　〇五〇
亦皆得其欲

戰　○○九

死亦大物已

問　○八三

文執（摯）合（答）曰亦可

陰乙　○○九

亦各徙所不勝

二　○○五

亦猶龍之寢也

夾　足　○一○

夾（挾）少腹

陽乙　○○九

夾（挾）鼻

陽乙　○○一

夾（挾）脊

氣　B○五八

黃雲夾月

星　○二五

夾如鈍

吳　春　○六五

吳人乃□之

戰　二○六

吳不亡越

殘　頁一

吳精微之本

繆　○五九

吳王夫跂（差）攻當夏

夭　五　三四五

如文王之它（施）者（諸）弘夭

問　○五四

刑（形）必夭貍（埋）

星　○○九

以占其夭壽

奔　氣　G○七四

大星奔

交

交 戰 〇一八 請以齊爲上交

戰 二七三 秦餘（與）楚爲上交

刑甲 〇〇六 月交軍（暈）

談 〇三四 交欲爲之

合 一〇四 御交筋

周 〇七〇 闕（厥）復（孚）交如委（威）如

繫 〇三四 交易而退

絞

絞 二 〇二五 絞日也

愓

問 〇九八 心毋秫（怵）愓（蕩）

壺

壺 明 四二八 鐘鼎壺沺（鑑）

遣一 一七一 右方㯻畫壺六

周 〇七六 後説之壺（弧）

相 〇三六 名曰壺居

壹

壹 療 〇〇八 卵壹決（吷）

明 四四五 已而大君非壹褚輿邦

戰 〇三〇 壹美壹惡

戰　〇三〇
壹美壹惡

遣三
膝畫壺六皆有蓋

談　〇二二
可以壹遷（仙）

陰乙　〇〇五
行廿歲而壹周

經　〇一七
壹道同心

刑乙　〇六七
壹又（有）二六居

刑乙　〇七五
參軍（暈）壹悉

幸　春　〇八六
千萬必有幸矣

戰　一四〇
夫天幸爲多

遣三
膝泪幸食杯百

遣一　一九二
膝畫幸食杯五十

十　一三一
國家之幸也

刑乙　〇九三
不幸者

執　五　三三四
故執之而弗失

戰　一〇九
重摯（質）於秦

遣三
執革盾八人皆衣□冠履

陰乙　〇三七
執日利

出　〇〇七
□□以行執訟

經　〇〇三
故執道者之觀於天下殹（也）

經　〇〇一
故執道者

道　一七三
抱道執度

圉　報　睪　鞠　奢　亢

圉　五　一九三
不畏強圉（禦）

報　春　〇四三
事大不報怒

戰　〇〇九
臣使慶報之後

戰　二〇五
報惠王之醜（恥）

戰　二〇八
如報父子之仇

戰　〇四七
可以報王

戰　〇四五
臣未有以報王

繆　〇三九
人以死力報之

睪　方　三六九
自睪（擇）取大山陵

養　一六四
以鞠（麴）汁脩（滫）之

奢　繆　〇三三
故奢多（侈）廣大斿（游）樂之鄉

亢　陰甲　二一八
角亢掩衘（衡）

星　一一〇
與亢晨出東方

奏

奏　方　一三〇

白毋奏（腠）

足　〇二七

奏（湊）脅

遣三

具奏主贇君

問　〇〇八

民何得而奏（腠）理靡曼

合　一一四

八而奏（腠）理光

談　〇二七

皮奏（腠）曼密

皋

皋　戰　〇九八

成皋

禁　〇〇一

又（有）犬善皋（嗥）於亶（壇）與門

耎

耎　談　〇三四

爲而耎脊

經　〇四八

扇蜚（飛）耎（蝡）動

奚

奚　明　四〇四

明君之實奚若才（哉）

戰　二九二

則奚貴於智矣

談　〇二〇

吾奚以止之

夫

夫　陰甲　〇二一

爲事夫者亡

方　〇九六

同産三夫

戰　二五四

若夫越趙魏

戰　〇四一

燕大夫將不信臣

戰　一三六

夫秦何猒（饜）之有戈（哉）

戰　二一一

夫一齊之强

合　一二一

夫接手者

要　〇一〇

夫子曰

規　戰　一八六
趙大（太）后規用事

十　〇八四
規規生食與繼

立　陰甲　〇一八
以臺立無死

春　〇六六
隱公立以奉孤

戰　一七四
重立而爲利者卑

戰　一七四
利成而立重者輕

氣　F〇八九
有賢將未立

經　〇〇一
法立而弗敢廢

二　〇〇六
聖人之立正（政）也

星　〇五〇
月立隅中

竣　問　〇四八
人氣莫如竣（朘）精

端　養　〇四五
大如指端

九　三七七
天不見端

五　三〇六
能進端能終端

十　一三三
道有原而无端

竭　方　〇一三
男子竭

竘

刑甲　〇三七
五竘（仞）者五旬

竝

戰　二二〇
竝（並）立三王

氣　B〇四四
四月竝（並）出

氣　B〇五四
兩月竝（並）出

經　〇一九
［文］武竝（並）行

思

五　一七七
思不長不得

五　一八二
知之思也長

戰　二四八
於安思危

談　〇四二
思外

繆　〇一六
古君子處尊思卑

慮

戰　〇二七
願王之定慮

戰　一三九
願君之以氏（是）慮事也

戰　〇九〇
勺（趙）氏之慮

易　〇三一
武夫昌慮

要　〇一六
不得其志以成其慮

問　〇四四
謀慮弗使

心　陰甲　〇六八
乙心尾

養　〇六七
心肺肝□

陽乙　〇一七
心甬（痛）

五　一七四
則无中心之説（悦）

五　一七四
无中心之知（智）

春　〇三三
椁其心也

刑甲　〇三八
民移心

遣一　〇五二
牛濯脾岑心肺各一器

二　〇一三
民忑相鬺（鬺）以壽

要　〇一一
易其心而後評

志　養　〇六四
與志（職）膏相挐（滒）和

老甲　一六二
强行者有志也

戰　二八〇
秦未得志於楚

戰　〇七六
得志於三晉

談　〇二三
八嫜（動）志驕以陽（揚）

問　〇四〇
以志治氣

經　〇六二
三日謀臣［離］其志

快　戰　〇一〇
不快於心而死

周　〇七三
［我］心不快

周　〇三七
不若其苐（娣）之快〈袂〉良

忘

忘　九　三六七
爲官者不以忘（妄）予人

五　一八三
刑（形）則不忘

戰　〇八〇
臣不敢忘（妄）請

談　〇二〇
謓（慎）用勿忘

老乙　二四九
死而不忘者

易　〇二八
君子窮不忘達

忌

忌　九　三七二
信□在忌（己）心

五　二四一
嚴而笱（后）忌（己）尊

戰　二七四
將軍不見井忌乎

出　〇二〇
凡行者毋犯其鄉之大忌日

老乙　一九三
夫天下多忌諱

稱　一五〇
隱忌妒妹賊妾

周　〇〇九
五〈九〉五以忌（杞）

易　〇二五
忌者不可與親

二　〇一一
賢以舉忌也

忍

忍　戰　一三四
以其能忍難而重出地也

忠

忠　春　〇九三
賢者死忠以辱尤

戰　〇三八
王不諭（喻）齊王多不忠也

戰　二七八
君弗受不忠

經　〇二七
主惠臣忠者

易　〇〇八
忠身失量

念　戰　一九四
念其遠也

忽　老乙　二二九
其下不忽

繆　〇四〇
使祭服忽

忿　周　〇八二
忿（紛）若

十　一二七
有行忿者

恃　戰　〇四四
臣恃之詔

愧　老甲　一四六
是胃（謂）愧明

急　五　三〇二
詠者忍（急）也

戰　一八六
秦急攻之

戰　〇五六
甚急

戰　〇六四
願王之使勺（趙）弘急守
徐爲

合　一二五
内急也

刑乙　〇六八
朝日日軍（暈）軍急

怠　老甲　一二四
沕（没）身不怠

春　〇八九
怠（殆）有後患

稱　一六二
敬朕（勝）怠

怨

怨　老甲　〇九一
和大怨必有餘怨

戰　〇四〇
何可怨也

戰　一〇六
必怨之

經　〇一八
受罪无怨

怒

怒　老甲　〇七〇
善戰者不怒

春　〇四二
怒而歸之

春　〇四三
事大不報怒

春　〇四〇
是怒其心

戰　一三七
楚、趙怒而兵（與）

戰　〇一二
怒於勺（趙）之止臣也

相　〇二四
再絶者良怒馬也

恕

恕　陰甲　一二六
五日毋恕出門

息

息　卻　〇〇二
凡呴（呴）中息而炊（吹）

戰　一九一
老臣賤息訏（舒）旗最少

戰　一二二
歸息士民

問　〇三〇
息必探（深）而久

合　一二五
瘛息者

易　〇一八
剛建（健）僮（動）發而不息

二　〇二三

小民家息以綫衣

悍　戰　〇七二

勺（趙）悍則伐之

問　〇五一

赤子驕悍數起

悝　老甲　一三二

［我獨頑］以悝（俚）

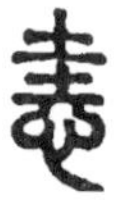

恚　陰甲　二一七

恚（圭）婁掩衛（衡）

悔　戰　二〇八

後雖悔之

戰　一一〇

秦悔不聽王

十　一〇一

將令之死而不得悔

春　〇九一

愧於諸毋（悔）德

二　〇〇五

抗（亢）龍有悔

易　〇二五

炕（亢）龍有毋（悔）

繫　〇〇五

憂毋（悔）閵（吝）者存乎分

恙　繫　〇二二

不恙者

恐

恐　春　○一六　子恐兵之環之

春　○一七　臣恐□□□□□也

戰　○六一　臣故令遂恐齊王曰

氣　F○七二　恐敗

相　○二四　三絕者怒恐不可止矣

恥

恥　春　○七五　恥（耻）而近之

情

情　老甲　一六九　不辱以情（静）

老甲　一二一　濁而情（静）之

老甲　一二二　守情（静）表也

患

患　春　○八九　怠（殆）有後患

戰　○○八　臣甚患趙之不出臣也

老乙　二二七　何胃（謂）貴大患若身

稱　一六一　其下栽（救）患禍

殘　頁一○　患盱

惑

惑　老甲　一三六　多則惑

問　○八八　粺湯剫惑

經　○三一　玩好睘好而不惑心

道　一七二　民不麋（迷）惑

稱　一五九　惑而極（亟）反（返）

要　○一四　則人不惑矣

惡

惡　陰甲　〇三一　相惡

老甲　一二八　美與惡其相去何若

老甲　〇一三　天下之所惡

戰　〇〇一　始臣甚惡事

戰　〇〇二　臣之所惡也

戰　〇〇七　齊趙必大惡矣

氣　G〇二〇　朔出數黃惡

悶

悶　老甲　〇三〇　啟其悶

老甲　〇三〇　塞其悶（悶）

悲

悲　老甲　一五八　以悲依（哀）立（莅）之

問　〇五四　亦傷（傷）悲戈（哉）

意

意　足　〇二五　心煩而意（噫）

陽乙　〇一〇　善意（噫）

老甲　〇九六　意〈音〉聲之相和也

戰　一八二　意齊毀未當於秦心也

戰　〇四六　不中意

戰　二九七　擊其不意

周　〇三一　意（億）亡（喪）貝

繫　〇二六　然則耶（聖）人之意

慎 五 二二三

君子慎其蜀（獨）

五 一八四

君子慎其獨［也］

戰 〇六六

有（又）慎毋非令羣臣衆義（議）功（攻）齊

問 〇五一

慎勿出入

問 〇一七

慎用玉閉

十 〇九三

后能慎勿爭乎

二 〇二八

曰慎一日

易 〇〇八

故曰慎而侍（待）也

愚 春 〇九三

百姓愚焉

戰 二七〇

其民非愚蒙也

老乙 二三五

我愚人之心也

周 〇七五

愚（遇）主于巷

慨 養 一七五

龍慨三

愿 戰 〇七二

愿則摯（執）而功（攻）宋

戰 一二八

三晉若愿乎

相 〇五七

直愿

慼 五 二三四

慼而笱（后）能親之

相 〇〇八

眂慼慼

慧

慧 問 〇九七 則神慧而葸（聰）明

老乙 二三三 知（智）慧出

稱 一六〇 不聽耶（聖）慧之慮

星 〇一三 未類慧（彗）

懘

懘 談 〇五七 七已而懘（滯）

慶

慶 方 三四七 取慶（蜣）良（螂）一斗

明 四〇七 不多用於无功以厚賞慶

春 〇八七 慶父財（才）

春 〇八八 公子慶父殺子煩

戰 〇三四 王使慶謂臣

戰 〇〇九 臣使慶報之後

戰 〇一〇 王使慶謂臣

十 一一九 慶且不鄉（饗）其功

繆 〇一三 立賞慶也

憧

憧 繆 〇三三 憧焉无敢設也

憐

憐 戰 一九一 竊愛憐之

戰 一九三 丈夫亦愛憐少子乎

憲　應　懷　懼

憲　十　一一二
憲敖（傲）驕居（倨）

十　一二五
憲古章物不實者死

應　方　一〇三
應曰

老甲　〇七九
不言而善應

戰　二六三
其應必不敬矣

氣　A〇五一
應之

繆　〇二九
以死力應之

繫　〇一三
言善則千里之外應之

懷　養　一九二
懷之

胎　〇二〇
懷子者

懼　九　三八九
恐懼而不敢盡□□

陰甲　一九七
是胃五愳（懼）

老甲　〇八〇
奈何以殺愳（懼）之也

春　〇六五
誰則不愳（懼）

戰　一一八
薛公甚懼

戰　〇四五
臣甚懼

二　〇二八
故廄客恐懼

星　〇三四
青而角則國家懼

忩

繫　〇二二

古之忩（聰）明叡知神武

发

老甲　〇三七

終日〈日〉號而不发（憂）

⿱此心

戰　二一四

其次必長⿱此心（擯）之

怢

陽甲　〇五五

得後與氣則怢然衰

⿰忄求

老甲　一四六

是以聲（聖）人恒善⿰忄求（救）人

老乙　二四二

是以耶（聖）人恒善⿰忄求（救）人

悎

經　〇〇九

悎（浩）彌无刑（形）

恝

周　〇七六

見車恝

悳

五　二四七

樂而笱（后）有悳（德）

慱

老乙　一九〇
其德乃慱（溥）

惀

老甲　〇二四
［聖人］之在天下惀惀焉

悶

老甲　一二六
邦家悶（昏）亂

老乙　二三三
國家悶（昏）亂

老乙　二三五
我獨若悶（昏）呵

⿱爲心

老甲　一六八
萬物將自⿱爲心（化）

慤

十　一〇六下
慤（殼）爲地桯

⿱⿰咼旡心

老甲　〇一九
⿱⿰咼旡心（禍）莫大於不知足

老甲　〇七二
⿱⿰咼旡心（禍）莫於〈大〉於无適（敵）

傷

陽甲　〇四五
［聞］木音則傷〈惕〉然驚

⿰木⿱耑心

合　一二五
⿰木⿱耑心（喘）息

⿰車⿱京心

問　〇七八

故辟聶（懾）⿰車⿱京心胠（怯）者

㦬

老乙　二四六

銛㦬爲上

馬王堆簡帛文字編

第十一

水　養　〇一六
以寒水淺（濺）

春　〇七八
宋荊戰弘（泓）水之上

合　一一四
六而水道行

問　〇五七
水溜（流）能遠

陰乙　〇〇八
申在水戊子

出　〇三三
必驚水

老乙　二一六
水之朕（勝）剛也

經　〇四二
水之曰平

星　〇一七
甲兵水旱死喪

汁　方　〇〇四
［飲］其汁

方　〇九五
稍沃以汁

療　〇〇九
以穀汁丸之

療　〇一一
取穀汁一斗

療　〇四一
令毋（無）汁

養　〇三一
□其汁漬脯三日

養　〇六二
即以汁傅之

江　問　〇六六

下因江水

老乙　二四八

猷（猶）小浴（谷）之與江海也

相　〇七五

江水前注

汝　刑甲　〇五五

房左驂汝上也

刑乙　〇九五

汝上也

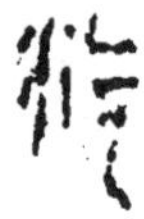

汔　方　三四七

汔以傅之

汙　明　四二九

汙池則盡漁

問　〇〇九

則察觀尺汙（蠖）

汗　足　〇一二

熱汗出

陽甲　〇四一

汗出

談　〇四七

汗不及走

合　一〇七

二曰乳堅鼻汗

池　陰甲　一一三

筑郭池瀍

明　四二二

汙池則廣深

五　一八五

駐池其羽

相　〇〇九

衷（中）又（有）一池

汾 養　○七四
以汾囷始汾以出者

沂 周　○三一
辰（震）遂沂

二　○一六
［夕沂（惕）若］厲

沖 老乙　二二一
道沖而用之有（又）弗盈也

沙 方　一三○
取丹沙與鱣魚血

戰　二二○
說（脫）沙（躧）也

遣三
沙素掾（緣）

遣三
沙掾（緣）

決 療　○○八
卵壹決（吷）

戰　一五七
決熒□澤

合　一一二
出入而毋決

刑乙　○五三
決不用數

沒 老甲　○三○
沒身不殆

合　一一○
接刑（形）已沒

老乙　一八八
沒身不佁（殆）

相　〇〇二
起陽没陰

相　〇二四
角或没不見者

刑乙　〇七九
没輚（戟）

沈　遣一　二五八
右方巾沈戴

十　一二五
康沈而流面（湎）者亡

易　〇一六
文静不僮（動）則沈

沐　養　〇六一
新乳始沐

遣一　二〇二
膝畫沐般（盤）容五斗

汲　方　〇五七
孰澡（操）湮汲

五　一八五
汲（泣）沸〈涕〉如雨

戰　一九八
而不汲（及）今令有功於國

沃　方　〇六四
而令人以酒財沃其傷

方　〇九五
稍沃以汁

養　〇八八
以水一參沃之

河　戰　〇七〇
終不敢出塞涑（溯）河

遣三
河間舞者四人

沮　遣一　一六八
盛沮（温）酒

沫　談　〇三三
曰致沫

二　〇〇一
下綸窮深灊（淵）之灊（淵）而不沫

沾

沾　易　○○二
義沾下就

渫

泄　陽乙　○一一
唐（溏）泄

問　○五二
必亓（其）陰精屚（漏）泄

治

治　陰甲　一一九
親邦治家

足　○二三
可治

養　○三○
治以雄雞一

胎　○一四
凡治字者

陰乙　○三八
官治

易　○二九
善而治

沽

沽　候　○八八
則不沽〈活〉矣

相　○七四
欲沽大

波

波　周　○四六
无乎不波（陂）

沸

沸　方　○三四
疾沸而抒

五　一八五
汲（泣）沸〈涕〉如雨

注

注　療　○四三
注汁酒中

戰　○五五
燕將不出屋注

泔 療 〇〇七
取黍米泔若流水

明 四二八
鐘鼎壺泔（鑑）

泣 戰 一九四
爲之泣

談 〇二六
渫泣留（流）出

禁 〇〇五
嬰兒善泣

易 〇一七
肫（屯）之泣血

洛 養 〇九二
美洛（酪）四斗

老甲 一五九
以俞甘洛（露）

戰 二五七
洛（路）之以一名縣

洙 方 〇二八
洙采（菜）

衍 周 〇三七
歸妹衍（愆）期

周 〇八六
酒食衍（衍）衍（衎）

洼 老甲 一三六
洼則盈

洫 養 〇六一
其洫毛去矣

明 四一〇
今操百洫（鎰）之璧以居中野

十 一三四
驕洫（溢）好爭

津

戰　一五七　城垝津

洎

方　〇一五　以男子洎傅之

方　〇九四　洎水三斗

養　〇六六　以水二升洎故鐵鬵

洇

足　〇一四　洇□□□□舌輅

洒

陽甲　〇四四　洒洒病寒

療　〇〇七　以洒之

療　〇四一　孰洒輘（澣）其包（胞）

養　殘　洒男

談　〇三五　已而洒之

染

養　〇四九　輒復染

養　〇五九　水染其汁

涂

方　一三三　以涂（塗）之

養　〇八九　并以涂（塗）新布巾

禁　〇〇五　涂（塗）埒上方五尺

相　〇三四　如發末涂（途）

海 九 三五五
乃論海（海）内四邦

五 三〇八
而仁腹（覆）四海

合 一〇三
陵勃海

陰乙 圖四
北海

道 一六八
盈四海之内

涓 刑甲 一一一
岠下涓以至静人

遣三
涓度席一績掾

刑乙 〇五五
市行至日下涓

浩 星 〇〇一
其帝大浩（昊）

浮 十 一三六
氣者心之浮也

易 〇二四
浮首兆（頫）下

涅 療 〇六五
衣赤纆衣及黑涅衣

十 一一〇
寒涅（熱）燥濕

十 一三三
合之而涅於美

浦 繆 〇六八
子路爲浦（輔）

説　談　〇二六

七十下枯上説（脱）

浚　養　一七六

浚去其財（滓）

周　〇七一

溍（晉）如浚（摧）如

浴　陰甲　一〇八

小月浴於川溪

方　〇四九

以浴之

老乙　一七九

上德如浴（谷）

十　一二六

專利及削浴（谷）

周　〇六二

入于要（幽）浴（谷）

涑　戰　〇七〇

終不敢出塞涑（溯）河

泰　陰甲　一五〇

以泰井之土捈

足　〇一八

皆久（灸）足泰（太）陰溫（脈）

養　〇八五

□□蛇牀泰半參

五　二〇六

君子雜（集）泰（大）成

戰　〇五五

蕃（晉）將不莟（逾）泰（太）行

周　〇三三

泰（大）壯

涕　五　二二六

[泣]涕如雨

周　〇六〇

粢（齎）欤（咨）涕洎（洟）

深　戰　一九四
爲之計深遠

方　二五四
穿地深尺半

五　三二四
［莫］敢不深

戰　二〇七
其讎君必深矣

刑甲　一二六
深入

合　一〇九
深内而上撅之

問　〇九九
欲其深臧（藏）

陰乙　〇一六
取地勿深

二　〇〇一
下綸窮深潚（淵）

易　〇三五
淵深而内其華

刑乙　〇二七
深入

刑乙　〇四五
取地勿深

淮　戰　一一六
宋以淮北與齊講

戰　一八〇
楚割淮北

淠　陽乙　〇〇四
足中指淠（痹）

淩　問　一〇〇
精氣淩楗（健）久長

談　〇二一
筋骨淩强

淉　陰甲　〇四八
一日女淉

談　〇二六
淉泣留（流）出

涶　方　三〇八
即三涶（唾）之

清　養　〇五五
復煮其清

胎　〇一四
以清［水］榦（澣）包（胞）

療　〇四一
即以流水及井水清者

老甲　一二一
余（徐）清

合　一三一
清凉復出

十　〇八八
雪霜復清

易　〇二五
其義潛清勿使之謂也

淈　老甲　一〇二
虛而不淈（屈）

老乙　二二三
虛而不淈（屈）

淵　問　〇三四
如臧（藏）於淵

十　〇九二
乃深伏於淵

易　〇二〇
或鑼（躍）在淵

淫　談　〇一八
如水沫淫

星　〇四九
淫於正音者

淺 五 二一〇
心曰淺莫敢不淺

戰 二五一
淺（踐）亂（亂）燕國

稱 一五〇
淺□以力

相 〇二六
故博勝淺

淦 陰甲 〇一〇
淦池所去

陰甲 〇六四
淦池所居星以祭

潜 方 三六一
先以潜脩（滫）□□□傅

淒 方 〇七〇
淒傅之如前

涼 合 一二九
一已而清涼出

淡 老乙 二五〇
淡呵其无味也

淬 氣 A〇二四
其勝日淬戰勝

淳　方　○○五
□淳酒漬而餅之

養　一一八
淳（醇）曹（糟）四斗

刑甲　○四○
三版而淳

相　○四一
淳澤不死不生

湔　方　四五二
以堯膏已湔（煎）者膏之

渙　老乙　二三○
渙呵其若淩（凌）澤（釋）

周　○九○
渙

周　○九○
渙其血去

易　○三九
渙者

渾　方　○五二
爲湮汲三渾

渠　相　○○五
千里之渠（駒）

湄　陰乙　圖四
地湄

渡

渡　氣　G〇三五
郄鄭渡剛白垣

湛

湛　養　二一六
取其湛

問　〇六六
上均湛地

老乙　二二一
湛呵佁（似）或存

湮

湮　方　〇五七
孰澡（操）湮汲

方　一三〇
鷄湮居二□□之□

渴

渴　養　二一三
以渴（謁）請故

老乙　一七七
谷毋已［盈］將渴（竭）

繆　〇三〇
渴（竭）其腹心

漿

漿　方　二五〇
爲藥漿方

湯

湯　方　〇二二
稍（消）石直（置）温湯中

九　三五二
湯乃自吾

戰　一四一
臣以爲湯武復生

易　〇一九
湯武之德也

湩

湩　問　〇七二
禹於是飲湩

渝　繆　〇三三
不敢渝其身焉

減　陰乙　〇三八
城爲損減

陰乙　〇〇三
迎減地

十　一二一
賢人減（咸）起

温　方　〇二二
稍（消）石直（置）温湯中

療　〇四三
温之勿熱

遣一　一〇九
温酒二資

遣三
温酒二坶

問　〇三〇
塞〈寒〉温安生

溥　合　一〇七
三日舌溥（薄）而滑

涓　方　二九二
涓涓以痒

滂　陽甲　〇六八
心滂滂如痛

滑　遣一　二八七
滑辟席一

遣一　二八八
滑辟席一繢掾（緣）

合　一〇七
三日舌溥（薄）而滑

十　一一九
滑（猾）民將生

溝　戰　一〇二
是以有溝（講）慮

相　〇一六
深溝長渠

溓　繫　〇一五
溓（謙）也者

繆　〇三一
今易溓之初六

濕　方　〇四五
如産時居濕地久

養　一一三
濕磿（磨）

合　一〇七
四曰下汐股濕

十　一三八
晁濕共（恭）僉（儉）

淬　養　〇四八
閭（濾）棄其淬

滅　周　〇七九
筮（噬）膚滅鼻

繫　〇四三
惡不責（積）不足以滅身

二　〇〇五
其行滅而不可用也

漢　相　〇二二
漢水前注

星　〇八一
漢元

漳

漳　戰　一五四
絶漳鋪（淦）［水］

漸

漸　周　〇八六
鳴（鴻）漸於淵

溉

溉　養　二〇七
我須（鬚）麋（眉）溉（既）化

養　二〇六
凡彼亨〈莫〉不溉（既）蒿有英

星　〇四六
溉（既）已去之

漻

漻　老乙　二三九
蕭（寂）呵漻（寥）呵

漬

漬　方　〇〇五
淳酒漬而餅之

足　〇〇二
其直者貫目內漬（眥）

養　〇九一
即以漬巾

養　〇三三
以美醬一棓（杯）漬

溜

溜　問　〇八一
亓（其）人〈入〉中散溜（流）

十　〇八七
五穀溜孰（熟）

刑乙　〇八一
下必溜（流）血

潏

潏　刑乙　〇六三
倍（背）潏在中

潰 方 二四八
後而潰出血

相 〇一六
絶繼（𢇍）潰隄

潢 戰 二五五
秦韓戰於蜀潢

潛 易 〇二五
潛龍［勿用］

潤 要 〇一一
萬勿（物）潤

潘 養 〇八五
潘石三指最（撮）一

濁 德 四五三
清濁者悳（德）之人

氣 A〇〇八
濁（蜀）云

老乙 二三一
湷呵其若濁

潚 老甲 一〇〇
潚（淵）呵始（似）萬物之宗

二 〇〇一
潚（淵）而不沫

潞 問 〇二九
翕甘潞（露）以爲積

澤 養　〇二二
澤上□□而出

戰　一五七
決焚□澤

問　〇七六
子澤（繹）之

合　一〇五
說（悅）澤（懌）以好

十　〇九六
夫地有山有澤

易　〇二六
則不澤于面

相　〇〇六
出於澤

星　〇三〇
客星白澤黃澤客勝

瀆 氣　G〇七〇
瀆星出

澡 方　〇五七
孰澡（操）湮汲

濟 春　〇七八
荆人未濟

戰　二九四
濟陽陰

戰　一七七
趙取濟西

濡 方　〇四九
四支（肢）毋濡

周　〇一七
虆（蕢）茹（如）濡茹（如）

周　〇七七
濡其尾

周　〇七七
濡其尾

氵乃　汐　沌　汨　汞

濯　遣一　〇五二
牛濯脾岑（含）心肺各一器

牌三
濯雞笥

周　〇二六
不若西鄰之濯（禴）祭

瀆　周　〇二九
井瀆（谷）射付（鮒）

灌　方　〇三五
爲灌之

氣　F〇二四
赤灌兵興將軍死

方　二七三
三氵乃煮逢（蓬）虆

合　一〇七
四曰下汐股濕

老乙　二三一
沌呵其若樸

遣一　一九二
膝汨幸食杯五十

遣三
膝汨□檢一合

殘　頁一三
汞

沘

養　〇七五
□而沘取汁

沕

老甲　一二四
沕（没）身不怠

陰乙　圖四
沕昌

老乙　二三五
沕（忽）呵其若海

彔

方　〇五五
復唾匕彔（漿）以揩

泊

老甲　一二九
我泊焉未佻（兆）

德　四六三
胃（謂）所受□□有厚泊（薄）

稱　一五三
泊（薄）棺槨

汭

足　〇〇四
尪（鼽）汭（衄）

足　〇一一
尪（鼽）汭（衄）

涅

戰　一一五
涅子之私也

浸

十　〇八〇
令力黑浸行伏匿

周　〇〇一
浸（潛）龍勿用

星　〇二二
濅（浸）行百廿日

星　〇一八
濅（浸）行百二十日

浬

問　〇五二
以脩美浬

泥

方　〇二〇
泥之

浮

方　〇五七
小（少）多如再食浮（漿）

涿

方　四二八
先以黍潘孰洒涿（瘃）

湶

周　〇三〇
井戾（洌）寒湶（泉）

滫

方　二四一
取其汁滫（潰）美黍米三斗

渞

陰甲　一一五
離鄉渞婦來歸

渢

老乙　二四九
渢（汎）呵其可左右也

涬

老乙　二三一

涬呵其若濁

潪

問　〇三三

亓（其）出也潪（務）合於天

湶

相　〇二〇

疑（擬）之湶（涼）月

相　〇七四下

疑（擬）之湶（涼）月

滜

陰甲　〇一九

毋以滜峕

溪

陰甲　一〇九

小月浴於川溪

溍

周　〇七一

溍（晉）如浚（摧）如

周　〇七二

溍（晉）其角

周　〇七一

溍（晉）如炙鼠（鼫）

澮

陰甲　〇六三

澮（淦）池大錯以祭

温

足　〇一二

皆久（灸）陽明温（脈）

足　〇二〇

［久（灸）］卷（厥）陰温（脈）

足　〇二一

揗温（脈）如三人參舂

足　○三○

皆久（灸）臂泰（太）陽温（脈）

滊

談　○五八

十已而滊（迄）

⿰氵莊

老乙　二三一

⿰氵莊呵其若浴（谷）

澫

春　○二四

今禍澫矣

漰

方　○四一

漰與薛（蘗）半斗

⿰氵⿱叕口

胎　○二六

男子獨食肉⿰氵⿱叕口（歠）汁

澋

談　○五七

壹已清澋（涼）出

⿰氵壹

五　三四三

毋⿰氵壹（貳）壐（爾）心

澩

老甲　一三三
澩（幽）呵鳴（冥）呵

濆

養　〇九〇
令極濆（沸）

養　〇〇四
大濆（沸）

凝

療　〇二六
令凝

濺

合　一二五
彖濺者

瀸

養　〇八六
以三［月］茜瀸（截）□

養　〇四七
沃以美瀸（截）三斗

潧

問　〇三二
秋辟（避）霜潧（霧）

潏

戰　〇五六
齊使宋竅侯潏謂臣曰

濩

陰甲　一一三
筑郭池濩

陰甲　二六二
㫖濩浴筑門

周　〇一〇
不濩（獲）其身

流　足　〇二三
陽病北（背）如流湯

候　〇八七
傅而不流

五　二一六
路人如流

氣　F〇九五
逆水之流

問　〇八七
散藥以流刑者也

經　〇一三
流之四方

出　〇三三
不流必驚水

二　〇〇二
水流之物莫不隋（隨）從

涉　戰　一五五
道涉谷

老乙　二三〇
與呵其若冬涉水

繆　〇三二
用涉大川

頻　胎　〇〇一
禹問幼頻曰

鄰　戰　一六六
必無兵（與）强秦鄰（鄰）之禍

戰　二〇八
誠爲鄰（鄰）世世無患

戰　一五二
兵（與）大粱（梁）鄰（鄰）

川　陰甲　一〇九
小月浴於川溪

戰　二三七
韓亡參（三）川

二　〇一四
猶地之有川浴（谷）也

巟 星 ○○一
其巠句巟（芒）

州 方 二六三
人州出不可入者

春 ○二九
魏州餘來也

談 ○三三
翕州

十 一二六
施于九州

巠 養 目录
巠（輕）身益力

老甲 ○八三
民之巠（輕）死

老甲 一四四
巠（輕）則失本

泉 談 ○二一
嶂（踵）以玉泉

問 ○一一
飲走獸泉英

原 九 三七七
故不可得原

遣三
鯉鮍肉原白羹一鼎

十 一三三
道有原而无端

道 一七四
道原四百六十四

源

五 三三三
源鼻口之生（性）

永 周 〇六〇
元永貞

周 〇一七
永貞吉

周 〇〇五
不永所事

羕 氣 G〇六九
黄爲大羕（瀁）

𠂢 談 〇四七
通𠂢（脈）利筋

脈 陽乙 〇一六
臂巨陰脈

合 一二七
前脈皆動

問 〇四九
百脈生疾

問 〇二一
百脈通行

谿 胎 〇三四
入谿谷□□□之三

相 〇一六
闔浴谷投谿

冬 陰甲 一九四
冬三月壬癸

養 〇九〇
冬日置竈上

問 〇二一
冬（終）身失〈无〉央（殃）

經　○六六
冬（終）而復始

十　一二八
鮮能冬（終）之

冶

冶　方　○二三
燔而冶

療　○一二
冶陵檣一升

養　○一八
陰乾冶之

禁　○○八
燔冶

方　○二八
藥已冶

凌　問　○三三
冬辟（避）凌陰

十　一二五
徑（徑）遂凌節

雨　陰甲　○九四
亥得雨

刑丙　○四二
以風氣若雲雨也

氣　A○四一
不出五日大雨

殘　頁二八、
雨師（師）

稱　一四五
穴處者知雨

二　○○一
上則風雨奉之

二　○○二
風雨辟（避）鄉（嚮）

屚　養　一二七
即屚（漏）之

問　○五二
必亓（其）陰精屚（漏）泄

雪　十　○八八
雪霜復清

雷　方　○四八
取雷尾戻（矢）三果（顆）

氣　G○六四
不雷不風

二　○○二
則雷神養之

刑乙　○七三
雨而不雷

刑乙　○九四
乙卯風雷

刑乙　○九四
丁卯風雷

刑乙　○九四
癸卯風雷

零　方　四一一
以般服零

霖　陰甲　二五四
祭霖

霝　養　一二六
取白苻紅符伏霝各二兩

老乙　一七七
神得一以霝（靈）

要　○一三
神霝（靈）之趨

霜　遣三
霜緒禪衣一續掾（緣）

易　○三一
履霜堅冰至

老乙　○八八
雪霜復清

霚　却　○○三
霜霚（霧）和以輸陽銚

霤　方　二○六
令積（癩）者屋霤下東鄉（嚮）

露　刑甲　○三四
歲十二月露

䨟

氣　B○六九
戰從䨟（虹）所勝得地

⿱雨魁

方　○二一
薺（齏）杏⿱雨魁〈霰（核）〉中人（仁）

雲　養　一五二
冶雲母銷松脂等

刑甲　○三五
若雲而非雲

老甲　一二二
天物雲雲

遣一　二五三
素乘雲繡枕巾一

道　一七○
星辰雲氣

二　○一○
民反諸雲夢

云　養　二○二
一曰云石

問　○三四
則刑（形）有云光

氣　A○○五
燕云

老乙　一八四
聞道者曰云（損）

魚方　〇二三
取㲋魚

養　二〇一
五曰魚㬱（嘬）

老甲　一六七
魚不脱於潚（淵）

遣一　〇九二
魚脂一資

遣三
魚鮇一笥

合　一一七
十曰魚嘬

問　〇八六
魚鳖（鼈）

談　〇四三
十曰魚族（嘬）

遣三
白魚廿貼

周　〇〇九
枹（包）有魚

魴　遣一　〇九九
魴一坶

鮇　遣三
肉鮇一笥

鮍　遣三
鯉鮍肉原白羹一鼎

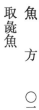

鮒 鮑 鮮 鯉 鰸 鱣 鮒

鮒 方 二四九
鮒魚如手者七

鮑 遣一 〇一二
鹿肉鮑魚筍白羹一鼎

鮮 方 一三五
治之以鮮産魚

胎 〇三三
女子鮮子者産

春 〇三七
同立（位）之人鮮〈解〉
邦惡也

遣一 〇一七
鮮鱖禺（藕）鮑白羹一鼎

遣三
鮮鯉雜□酪羹一鼎

十 一二八
鮮能冬（終）之

鯉 遣一 〇四八
鯉離巂一貼

遣三
鮮鯉雜□酪羹一鼎

鰸 遣三
鰸一坶

遣一 一〇〇
鰸一坶

鱣 方 三四一
以牡□膏鱣血饍

遣三
鮒一坶

魷

遣一　〇九〇
魚魷一資

遣三
魚魷一坶

鮫

療　〇六八
而處水者爲鮫

鮠

遣三
炙鮠烝鮠一笥

鯌

牌三
鯌兔笥

鱉

繆　〇五五
湯之德及禽獸魚鱉矣

鰿

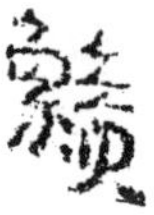

遣三
鰿離鬵一坫

遣一　〇一六
鰿白羹一鼎

鱥

遣三
鮮鱥禺鮑白羹一鼎

遣一　〇一七
鮮鱥禺（藕）鮑白羹一鼎

鱹

易　〇二〇
或鱹（躍）在淵

漁　明　四二九
汙池則盡漁

繆　〇五四
漁者也

燕　明　四三九
北［地］斷而爲燕

戰　〇三七
齊勺（趙）未嘗謀燕

戰　二五一
今燕之罪大

戰　〇〇一
自趙獻書燕王曰

戰　一七六
燕畢□□之事

氣　A〇〇五
燕云

星　〇七四
齊者燕趙魏之陽也

龍　老甲　一一三
苛（何）胃（謂）龍（寵）辱若驚

戰　一八八
左師觸龍言願見

氣　A〇五七
兵在外龍之卿（鄉）也

陰乙　圖四
青龍

周　〇〇一
見龍在田

易　〇〇三
見羣龍无首

二　〇〇一
易屢稱於龍

相　〇七〇
蔥龍（蘢）葉

相　〇一八
蔥龍（蘢）葉

龔

問　〇五七
龔（龍）登能高

翼

翼　陰甲　〇六九
丁張翼

陰甲　一九三
坐昜翼軫皙

養　〇六五
合翼成□□□

周　〇五一
垂其左翼

養　〇七七
遺兩翼之末

陰乙
翼丑

非

非　陰甲　一九五
女非是日與星□

老甲　〇四七
非其鬼不神也

遣一　二四五
右方非衣

問　〇二七
非其所能

稱　一五三
毋非時而榮

靡

靡　問　〇〇八
民何得而奏（腠）理靡曼

談　〇六五
凡牡之屬靡（摩）裏

十　〇八五
不靡不黑

馬王堆簡帛文字編

第十二

孔　老甲　一三二
孔德之容

二　〇〇一
孔子曰

乳　足　〇一一
乳内兼（廉）痛

談　〇五四
乳堅鼻汗

合　一〇七
二日乳堅鼻汗

周　〇二六
冬（終）乳（亂）

不　陰甲　二五六
不可以祭

養　〇一三
爲不起者

刑丙　〇二五
戰者不勝

春　〇五五
雖入不爲德

戰　〇〇三
宋不可信

遣三
乙笥凡十五物不發

合　一二二
深不及也

陰乙　〇一七
刑不入中宮

陰乙　〇九五
不遷定徙者後利

經　〇〇二
曰不知足

易　〇〇三
因不習而備

二　〇〇一
高尚齊虖（乎）星辰日月而不眺

星　〇〇九
不乃天列（裂）

至　陰甲　二〇二
於七中逆至復從□歲

方　〇二四
至不癰而止

刑丙　〇四三
疾至於發屋析木

老甲　〇一四
天下之至柔

春　〇〇七
歸而飲至

戰　一三〇
請毋至三月

氣　B〇二八
兵車將至其邑

問　〇〇五
至之五臧（藏）

問　〇〇五
玄尊乃至

經　〇〇四
至明者有功

稱　一五一
至言不飾

二　〇〇五
時至矣而不出

到　療　〇四五
［却］到一卵復［益］

養　一九一
□來敢到晝所者

氣　B〇三七
月六軍（暈）到九軍（暈）

遣三
書到先質具奏主饗君

相　〇五三
從陽睫本上到匡（眶）骨

臺

臺　明　四二七
高臺之下必有深池

戰　一六〇
支臺隨（墮）

遣三
大燭臺二

陰乙　〇四六
臺門𡍫

老乙　二〇一
九成之臺

相　〇〇一
上有君臺

西

西　陰甲　一四二
西南毀

刑丙　〇四三
風從西北方來

禁　〇〇八
取東西鄉（嚮）犬頭

出　〇三五
東中西中有得

周　〇二四
利西南

易　〇二一
西南得崩（朋）

星　〇一一
西北乃生天萲（槍）

棲

棲　戰　二一五
不難以國壹棲（接）

戰　二一三
句（勾）淺（踐）棲會稽

鹽

鹽　問　〇四六
必鹽之而勿予

鹽

鹽　遣一　一〇四
鹽一資

談　〇六四
鹽甘甚而養（癢）乃始

合　一二六
鹽甘甚也

户　陰甲　一五二
樹杋當户房（牖）之間

禁　〇〇二
垛（塗）户□方五尺

易　〇三四
易之門户也

戹　戰　一五五
攻冥戹之塞

房　陰甲　〇六七
至房心

合　一〇二
揗扌寸（肘）房

刑乙　〇九四
房左驂

扇　遣一　二八〇
小扇一錦緣

遣三
大扇一

經　〇四八
扇蜚（飛）耎（蝡）動

房

陰甲　一五二
樹杋當户房（牖）之間

門　陰甲　一三一
祝從門中三□

方　〇五三
取若門左

春　〇五四
必［寧］氏之門出

禁　〇〇一
又（有）犬善皋（嗥）於亶（壇）與門

出　〇二一
星門也

易　〇三四
易之門户也

閈　星　〇二五
垢一閈

閉 陽甲 ○四五
欲獨閉户牖而處

老甲 一四五
善閉者無閘（闗）籥（鑰）

戰 ○九五
閉闗於宋

合 一二八
故能發閉通塞

問 ○一七
慎用玉閉

陰乙 ○一二
四時以閉

易 ○三五
言不當其時則閉慎而觀

開 十 一三七
而天開以時

間 陰甲 一五二
樹枋當户房（牖）之間

方 ○四八
嬰兒病間（癇）方

春 ○八三
見間而弗從

遣三
河間舞者四人

繆 ○六七
趙間（簡）子欲伐衛

閔 春 ○九一
閔公於武諱

閭 療 ○五四
□閭□

闡　老甲　〇七六

毋（毋）闡（狎）其所居

易　〇〇八

筮（噬）闡（嗑）絫紀

閨　周　〇九二

告公用閨（圭）

閭　養　〇四八

閭（濾）棄其滓

相　〇一八

半而閭

閲　療　〇一二

閲十餘房

十　一二三

皆閲一空

闇　周　〇二一

人〈入〉贛（坎）闇（窞）

閼　戰　一五四

氏（是）復閼輿之事

星　〇〇一

［其名］爲單閼

閹　戰　〇五五

秦將不出商閹（於）

十　〇九〇

黄帝問閹冉曰

闓　相　〇一六

闓浴（谷）投谿

蘭　療　○七八
取蘭（蘭）葉

戰　一六○
有河山以蘭之

遣三
員付簍二盛蘭（蘭）膏

昭　○○四
蘭與之衛

闕　五　一七六
五行皆刑（形）於闕（厥）內

十　一三五
天闕土〈之〉

周　○七○
闕（厥）復（孚）交如

闔　經　○三八
闔（合）於民心

十　一二九
闔（合）於天地

闐　老乙　二五二
吾將闐（鎮）之以无名之樸

關　戰　二五四
關甲於燕

戰　○一二
與宋通關

戰　○九五
閉關於宋

戰　二二八
距麋關

氣　B○九六
北宮曰亡關

經　○一六
發禁拕（弛）關市之正（征）毄（也）

閏

遣一　二七七
竽一越閏錦衣素掾（緣）

関

遺三
右方四牒以（已）関在椁中

閡

老乙　一九四
其正（政）閡（閔）閡（閔）

閥

陰甲　一三八
以門爲牢閥

閪

繫　○二三
是故閪（闔）户胃（謂）之川（坤）

閳

老甲　一四五
善閉者无閳（關）籥（閳）

𨷾

陰甲　○○三
西南𨷾

明　四三○
夫故當壯奮於𨷾

閿

周　○七六
（閿）（婚）厚（媾）

闠

陰甲
闠有辟高

耳　陰甲　一六二
耳□病囂死

老甲　一一二
五音使人之耳聾

戰　三二一
頛然進其左耳

合　一一二
耳目蔥（聰）明

問　〇一九
耳目蔥（聰）明

問　〇三六
使耳勿聞

要　〇一七
我觀其德義耳也

耴　易　〇二九
君子群居莫耴（亂）首

聒　二　〇一四
其猶聒（括）囊也

易　〇二一
聒（括）囊

聖　養　二〇一
是以聖人必有法廁（則）

老甲　〇六六
聖人无積

五　二八〇
聖人知天之道

戰　二二三
聖王之事也

問　〇二七
問雖聖人

氣　A〇二三
聖王出霸

二　〇〇一
俔神聖之德也

經　○○四
至静者耶（聖）

易　○二○
文而耶（聖）也

聞　陰甲　一二九
必以敬聞

戰　○五八
而不欲其從已聞也

出　○三一
西東有小喜南聞言

要　○一四
賜聞諸夫子

聲　老甲　○九六
意〈音〉聲之相和也

老甲　○六五
鷄狗之聲相聞

五　三一七
耳目也者説（悦）聲色者也

戰　二二六
聲德兵（與）國

問　○一六
以致五聲

談　○二二
再墥（動）聲音章

老乙　一七九
大音希聲

十　一四○
名殸（聲）章明

職　九　三六三
事分在職臣

明　四四二
諸侯有職

春　○六七
次職其□

聕

經　〇三六

亂則失職

聶　遺一　二八四

合青笥二合盛聶敝（幣）

遺三

聶敝二笥

牌三

聶敝千匹

問　〇七八

故辟聶（懾）懟胠（怯）

者

聽　春　〇六六

隱公弗聽

春　〇五九

寧召子弗聽

戰　〇四三

魚（吾）必不聽衆口與造

言

老甲　一一六

聽之而弗聞

五　三一九

不義則不聽弗視也

九　三六四

以无職并恥（聽）有職

經　〇六二

四曰聽諸侯之所廢置

聾　陽乙　〇〇二

耳聾

老甲　一一二

五音使人之耳聾

遺三

□離纗一聕

遺一　一三八

栂（梅）十聕

聭

靡

戰　〇三四
除群臣之聭（恥）

戰　二〇五
報惠王之聭（恥）

戰　三一八
靡（靡）皮歸

戰　三一九
靡（靡）皮曰

巸　道　一六八
精静不巸（熙）

十　一三六
行之巸（熙）

手　方　〇六六
侯（候）天甸（電）而兩
手相靡（摩）

五　二〇九
耳目鼻口手足六者

談　〇四九
一曰接手

合　一〇二
握手土揗陽

老乙　二一三
則希不傷其手

失　刑丙　〇二五
亦毋失也

春　〇五四
夫子失德以亡

戰　二七一
失計韓倗（倗）

氣　B〇八二
君失其邦不反（返）

出　〇三四
曰失下失大凶

經　〇二四
主失立（位）

經　〇二四
臣失册（處）

十　一〇六
毋失吾恒刑

失
經　〇〇一　引得失以繩
二　〇〇二　而不失本刑（形）
二　〇〇五　大人安失（佚）矣而不朝
易　〇〇八　忠身失量

扞
談　〇四二　三日尺扞（蠖）
相　〇三七　前不能大扞

扶
遣三　唐扶于糈一笥
相　〇〇五　有尺有扶

把
方　〇一七　以續［㡭（斷）］根一把
養　一二一　取革菱長四寸一把

投
五　三二五　手執□則投［之］
戰　一六四　投質於趙
相　〇一六　闔浴（谷）投谿

抉
方　一三五　使人鼻抉（缺）指斷

抒
方　〇三四　疾沸而抒
方　三七七　抒臧（藏）之

抗　老乙　二〇九
故抗兵相若

二　〇〇六
抗（亢）龍有悔

抵　方　三八〇
以履下靡（磨）抵之

合　一〇二
抵夜（腋）旁

星　〇二六
上抵之

抱　合　一〇六
作相呴相抱

道　一七三
抱道執度

承　方　〇九七
左承之

戰　三一二
兼承吾國之敝

戰　〇七一
燕人承

十　一一五
是胃（謂）承禄

周　〇三八
女承筐无實

周　〇〇二
六二抱（包）承

繆　〇四〇
女承匡

招　刑丙　〇五五
招榣在上

戰　二一四
則莫若招霸齊而奠（尊）之

拕　經　〇一六
發禁拕（弛）關市之正（征）毆（也）

拔　陰甲　○七一
辛必（畢）此觿拔□

養　○六三
以五月拔

戰　二七四
拔二城

戰　二八三
幾拔矣

經　○一八
不可拔也

二　○三○
拔取之中也

拙　老乙　一八二
［大］巧如拙

抴　周　○七七
抴（曳）其綸（輪）

指　養　一○七
三指最（撮）後飯

足　○○七
病足小指次［指］廢

易　○三八
其指閒（簡）

星　○二九
凡戰必擊期（旗）所指

星　○三七
三指有憂城

拜　戰　○三二
臣秦拜辭事

持 戰 〇〇五
梁（梁）以自持也

談 〇六二
必微以持

問 〇五三
乃持（恃）巫醫

挑 養 〇八八
善挑

養 一二七
反復挑之

拾 老甲 一六六
將欲拾（翕）之必古（固）張之

挈 相 〇七五
欲目捋挈

相 〇四七
捋挈善走

挾 方 二〇八
令人挾提積（癩）者

戰 二〇七
挾君之讎

戰 一九八
而挾重器多也

十 一四二
不挾陳

九 三八〇
挾主與□□□□□

捐 相 〇一六
伏則棄捐

捉　療　〇四一
孰捉

振　陽乙　〇〇四
振寒

戰　〇四七
以振臣之死

合　一一一
［八日］振動

談　〇二六
以振其病

繫　〇〇五
振無咎存乎謀

挩　養　〇七八
即挩去其□□□□其肌

戰　一〇五
長驅重令（命）挩（兑）

捕　陽乙　〇一二
恐人將捕之

老乙　一九一
據鳥孟（猛）獸弗捕
（搏）

挐　養　〇六四
與志（職）膏相挐（滓）
和

揞　合　一〇二
土揞陽

掐　候　〇八七
舌掐（陷）橐（卵）卷

掊　戰　二九四

必不能掊（背）梁（梁）

捽　方　〇七二

以三指大捽（撮）飲之

接　遣一　二六二

接姦一兩

合　一二〇

一曰接手

合　一一〇

接刑（形）已没

摺　方　〇五五

復唾匕彖（漿）以摺

老乙　二二九

摺之而弗得

撩　〇〇六

用布抿（摺）揗中身及前

養　〇八九

以抿（摺）男女

探　問　〇三七

探（深）余（徐）去執（勢）

摟　方　二六六

治之以柳蕈一摟

掩　陰甲　〇五八

翼軫掩

陰甲　二一七

角亢掩衛（衡）

捦　十　一二〇

上捦之天

掌　養　〇四九

取大如掌

戰　〇五三

皆以不復其掌（常）

握　明　四三〇

三軍之士握鐱（劍）者

（屠）

道　一七三

握少以知多

提　方　二〇八

令人挾提積（癩）者

十　〇九四

身提鼓鞄（枹）

稱　一五一

提正名以伐

周　〇五三

无提（祇）悔

星　〇〇七

營室聶（攝）提格始昌

揗　足　〇二一

揗温（脈）如三人參春

合　一〇三

揗拯匡

掾　遣一　二七二

紅綺熏橐一素掾（緣）

遣三

涓辟席一錦掾（緣）

周　〇〇三

九三爲掾（遯）有疾

揻　合　一〇八

徐揻（撼）

搜　方　一二三

□食甚□□□搜

摇　養　一九九

湯斿（游）於摇（瑤）臺

刑甲　〇二八

軍大榣（摇）

相　〇三〇

賢毋動榣（摇）者

損　養　二〇〇

損産［者色］也

陰乙　〇三八

城爲損減

經　〇二六

國將大損

十　一二六

爽則損命

揾　療　〇一一

用布揾中身

摯　戰　二二六

故出摯（質）以爲信

戰　一〇九

［天］下將入地與重摯（質）於秦

戰　〇七七

燕纍臣以求摯（質）

戰　二七三

割摯（縶）馬免而西走

戰　〇九四

摯（質）子

撮　方　〇四二
以三指一撮

撓　方　〇四六
合撓而烝（蒸）

戰　一六四
秦撓以講

撜　周　〇九〇
撜（拯）馬

撞　養　二一八
食飲恒移音（陰）撞（動）之

養　二〇三
[二]日震撞（動）

撅　合　一〇九
深内而上撅之

摹　方　四二九
摹以捏去之

播　問　〇五六
下播於地

操　方　一九五
操柏杵

養　〇八三
操以循（揗）玉筴（策）

明　四〇九
今操百洫（鎰）之璧以居中野

遣三　一人操矛

合　一〇五　爲得操揗之

道　一七三　操正以政（正）畸（奇）

據

據　養　〇四九　以據臂

戰　〇七四　今三晉之敢據薛公

談　〇五二　欲上之麻（摩）且據（距）也

繆　〇六八　衛使據（蘧）柏（伯）王〈玉〉相

擇

擇　九　四〇三　后環擇吾見素

戰　二八七　譔（選）擇賢者

戰　〇九八　擇（釋）齊兵於滎陽

談　〇三五　怒擇（釋）之

繆　〇五七　彼擇取而不我與者也

擅

擅　九　三八四　擅主之前

九　三九三　是故擅主之臣

十　一〇六　其上帝未先而擅興兵

經　〇一一　而毋擅天功

撫

撫　方　四〇九　撫以布

搗 養 〇七五
即并擣（搗）

方 〇六八
搗（搗）而煮之

九 四〇二
所胃（謂）守備搗具

舉 老甲 〇八六
下者舉之

戰 〇四六
臣舉天下使臣之封不塹（慚）

戰 一八三
非一舉之事也

問 〇八五
舉梟雁鵠蕭（鷫）相（鸘）

陰乙 〇一六
以此舉事

陰乙 〇六八
舉兵西伐

經 一二七
舉兵而栽（誅）之

二 〇一一
必入〈人〉舉之

二 〇一一
賢以舉忌也

繆 〇二二
其思慮舉錯（措）也

繆 〇六七
遂舉兵伐陳

擊 春 〇七九
君子不擊不成之列

戰 二九七
擊其不意

遣三
鐃鐸各一擊者二人

陰乙 〇四六
利以張軍攻擊

周 〇〇九
擊（繫）于金梯（梶）

星 〇二九
凡戰必擊期（旗）所指

要 〇一二
或擊（繫）之

攘　老乙　二〇九

攘无臂

老乙　一七五

攘臂而乃（扔）之

戰　一七六

地不兵（與）秦攘（壤）介（界）

攫　老甲　〇三六

攫（攫）鳥猛獸弗搏

攣　方　〇四六

以扁（遍）熨直肎（肎）攣筋所

攠　合　一二三

旁欲攠（摩）也

拊

合　一二〇

二曰信（伸）拊（肘）

合　一〇二

揗拊（肘）房

扡

相　〇一三

衣（依）者勿扡〈湶〉

拼

養　〇八六

□□者一拼

方　一八二

薙一拼（⿱幵朿）

扽

問　〇八八

必如扽鞫（鞠）

抐

氣　F〇七六
抐星

抇

方　二四五
若有堅血如抇末而出者

⿺尢舌

足　〇一一
⿺尢舌（朒）洒（衄）

足　〇〇四
⿺尢舌（朒）洒（衄）

抹

經　〇五八
抹（昧）利

⿰扌古

養　二〇二
二日⿰扌古瓠

抬

問　〇六四
精神日抬（怡）

捖

養　〇三九
捖（丸）之如大牛戒

拯

合　一〇三
揗拯匡

採

戰　二三五
齊採（抱）社稷事王

挴

方　四二九
摹以挴去之

植

老甲　一〇六
植（持）而盈之

老乙　二二四
植（持）而盈之

搋

周　〇七三
旅人先芺後搋〈號〉桃（咷）

掙

十　一〇七
規（蚑）僥（蟯）畢掙（争）

經　〇二四
男女掙（争）威

撾

五　二五二
撾（剮）而四體（體）

控

十　〇八七
時控三樂

揕

合　一〇八
上揕而勿內

捈

遣三 素裏繢掾素捈

遣三 素捈裏

摣

周 〇〇六 終朝三摣（褫）之

⿰扌從

十 〇八七 人執者⿰扌從兵

⿱亯手

方 三七三 發⿱亯手（歆）

⿰扌豉

老乙 二二四 ⿰扌豉（揣）而允之

撌

道 一七一 堅强而不撌

⿱斬手

戰 〇四六 臣舉天下使臣之封不⿱斬手（慚）

㩉

老乙 二五一 將欲㩉（翕）之

攜

方　二九五
人攜之甚

擳

易　○二五
物之上擳而下絶者

㨶

戰　一○三
㨶（遂）明（盟）功（攻）秦

戰　○五五
齊不出吕㨶（隧）

[扌賣]

周　○六二
三歲不[扌賣]（覿）

周　○一五
再參（三）[扌賣]（瀆）

攅

戰　一七六
利攅〈擅〉河山之間

脊　足　○一四
脊内兼（廉）痛

陽乙　○○一
夾（挾）脊

戰　○六七
薛公相脊〈齊〉也

談　○二三
四蹱（動）脊骨强

合　一一三
四而脊脅强

問　○二○
脊胠不陽（傷）

十　一○六
屈其脊

女　陰甲　一九六

女三童於歲前之一方

養　〇八九

以抿（揞）男女

春　〇四三

夫女制不逆夫

遣三

居女一笥

牌三

粔女笥

禁　〇〇九

小女子左蚤（爪）四

合　一一〇

而女乃大竭

母　陰甲　一四九

正東有母喪

方　〇八四

毋爲鳳鳥蓐

戰　一四九

故大（太）后母也

陰乙　〇五二

家母褱生子疾

奴　戰　〇四四

以奴（努）自信

遣三

大奴百人衣布

稱　一六一

奴（駑）犬制其余

繆　〇一一

其妻奴（努）粉白黑涅

相　〇二七

一奴（駑）也

好　陰甲　〇二二

爲好事者發

五　二一三

好仁者也

十　一三四

驕洫（溢）好争

合　一〇六
說（悅）澤（懌）以好

要　〇〇八
吾好學而毚（纔）聞要

老甲　〇四二
我好靜而民自正

如　養　〇〇四
不欲如此

遣一　二九六
菜（彩）金如大叔（菽）者千斤一笥

問　〇三四
如臧（藏）於淵

出　〇三四
丙丁食時暮食自如

老乙　二〇八
如以玆（慈）垣之

昜　〇四三
□則初如疑（擬）之

星　〇二五
夾如銚

安　經　〇六二
一曰安殺殺賢

周　〇四六
枹（包）安（荒）用馮河

妝　陰甲　一三四
不妝

姓　老甲　〇二四
百姓皆屬耳目焉

春　〇九三
賢者死忠以辱尤而百姓愚焉

十　〇八五
姓生已定

妻

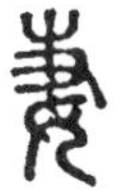

妻　戰　〇四〇
殺妻逐子

禁　〇〇二
夫妻相惡

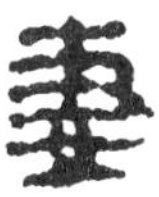
經　〇一一
妻其子女

稱　一四八
立正妻者

姑

姑　牌三
熬炙姑笥

遣一　〇七六
熬（熬）炙姑一笥

遣三
熬炙姑一器

禁　〇〇四
姑婦善斫（鬭）

姊

姊　喪
姑姊妹女子

妹

妹　稱　一五〇
隱忌妬妹賊妾

始

始　養　〇六一
新乳始沐

九　四〇三
臣主始不相吾（忤）也

合　一一二
始十

老乙　一七九
善始且善成

易　〇三二
君子見始弗逆

委

委　周　〇七〇
交如委（威）如

相　〇三四
游肉下委

姷

侑　方　〇一一
以安（按）其侑（痏）

春　〇八七
訊公子侑

明　四一〇
其所以侑之者

姚

姚　問　〇七三
以安后姚

威

威　養　一七二
桔梗茈威各一小束

五　三四九
故能威（畏）

春　〇六七
長將畏其威

問　〇七六
威王曰

經　〇二六
男女分威

經　〇三八
强則威行

二　〇一七
龍神威而精處

姦

姦　春　〇六九
有姦心而□□□□正也

戰　二七五
姦（間）趙入秦

遣一　二六二
接姦一兩

婜

婜　遣一　二七三
素婜一

婦　陰甲　〇二四
婦死者三人

陰甲　〇〇三
婦辱不生

陰甲　〇二六
取婦者不利

戰　一九三
婦人異甚

戰　一八七
老婦必唾其面

禁　〇〇四
姑婦善斫（鬭）

陰乙　一〇七
取婦者室九益

婢　明　四三二
係（奚）婢衣錦繡

陰乙　〇二〇
婢賞以□

刑乙　〇四〇
殺人奴婢

妻　陰甲　二一八
圭妻掩衡（衡）

陰甲　二四六
妻緊牛以祭

刑乙　〇九五
衛妻，燕也

星　〇九五
與妻晨出東方

媒　經　〇五九
爲怨媒

婺　遣三
婺俞一㭒

刑乙　〇九六
婺女

妧

嫁　陰甲　二六三
婦嫁子徙生子女

春　〇四五
今聽女辭而嫁之

春　〇四二
蔡人嫁之

陰乙　〇四五
嫁子取□

稱　一四七
不嫁子於盛盈之家

媪　戰　一九三
媪之愛燕后賢長安君

戰　一九四
媪之送燕后也

戰　一九八
今媪尊長安之位

愧　春　〇九一
愧於諸𢘓（悔）德售（詐）窓（怨）

嬰　養　一六五
先置□嬰（罌）中

老甲　一〇八
能嬰兒乎

禁　〇〇四
嬰兒善泣

老乙　二三五
若嬰兒未咳

嬬　周　〇三七
歸妹以嬬（須）

繫　〇〇四
所樂而妧（玩）

妬

戰　一七一
秦不妬得

稱　一五〇
隱忌妬妹

㛐

陽乙　〇一七
四㛐甬（痛）

娉

談　〇六六
娉樂之要

婘

五　三四〇
婘（展）槫（轉）反廁（側）

毋　療　〇四一
令毋（無）汁

養　〇一六
毋□□必有（又）歠（歠）

春　〇三〇
子毋以秦□□人

戰　〇〇四
王毋夏（憂）事

遣三
毋尊襌衣一

出　〇二八
西毋行北凶

陰乙　〇一三
必毋迎德以地

易　〇三三
知毋過數而務柔和

民　春　〇八五
復其民

戰　一二一
歸息士民

刑甲　〇三四
不有流民

氣　G〇一五
民移千里

經　〇〇六
萬民有恒事

星　〇〇五
視下民公

弗　陰甲　〇二二
□□弗有

養　一一九
節（即）弗欲

老甲　〇二九
弗有也

經　〇〇一
生法而弗敢犯毆（也）

二　〇〇二
鳥守（獸）弗干

也　養　一二三
□食之可也

五　三一六
直之也

春　〇二八
晉獻公欲得隨會也

春　〇〇八
非先王□勝之樂也

戰　〇〇二
臣之所惡也

刑甲　〇三五
其旁易其行也

合　一〇五
玄門中交脈也

陰乙　〇〇九
刑德并斿（游）也

易　〇〇一
此地之義也

氏　春　〇一五
肖（趙）氏

戰　〇六八
而勺（趙）氏不得

戰　〇八八
勺（趙）氏將悉上黨以功（攻）秦

氣　B〇九三
邦君得祀任氏

刑乙　〇六〇
猶氏（是）必單（戰）也

刑乙　〇九七
魏氏南陽

氏　老乙　一九五
［深］根固氏（柢）

經　〇六八
皮（彼）且自氏（抵）其刑

十　一二五
進不氏

星　一一一
與氏晨出東方

戈　遣三
象戈一

陰乙　〇三九
凡玄戈昭榣

陰乙　〇四〇
玄戈

戎　方　一六九
贛戎鹽若美鹽

氣　A〇〇七
戎云

戰　一四一
以戎〈戌〉大粱（梁）

繫　〇三三
神戎（農）是（氏）作

或　老甲　〇四九
故或下以取

春　〇六三
或欲或不欲

陰乙　〇九六
或胃（謂）爲憂

經　〇〇二
或以死

要　〇一八
或以易乎

易　〇二〇
或鑃（躍）在淵

武

武 刑丙 〇五五
玄武

戰 一八五
而武安君之棄禍存身之夬（訣）也

老乙 二〇八
故善爲士者不武

經 〇一九
［文］武並行

戔

戔 方 二六三
以寒水戔（濺）其心腹

繆 〇六一
以戊（越）戔（踐）吴

戟

戟 刑甲 〇二八
没戟

刑乙 〇七二
疾西風樓戟奮（奪）

遣三
執短戟六十人

賊

賊 陰甲 〇六三
賊日以祭

春 〇九一
共中（仲）使卜奇賊閔公
於武諱

老乙 二〇二
國之賊也

經 〇一八
國无盜賊

稱 一五〇
隱忌妬妹賊妄

戰

戰 陰甲 〇一〇
凡戰左天右地

陰甲 〇一三
王戰

刑丙 〇三二
戰者不勝

戰 一三二
秦戰勝魏

氣 B〇三三
不出十日大戰

刑甲 〇一一
大戰

戲

戰　一三三
邯戰〈單〉復歸

陰乙　〇一九
戰欲倍之右之

星　〇二三
陽伐利戰勝

星　〇二九
凡戰必擊期（旗）所指

戲　養　〇六〇
女子與男子戲

合　一〇六
以次（恣）戲道

談　〇三三
先戲兩樂

十　一〇三
作而自戲也

繫　〇三二
古者戲是（氏）之王天下也

𢦏

陰甲　一一三
𢦏吉星去東辟必

𢦔

稱　〇一六
其下𢦔（救）患禍

易　〇一八
無柔𢦔（救）之

易　〇〇三
得之𢦔（救）也

𢧐

明　四一八
佁（始）服軨𢧐（敵）

𢨌

周　〇六九
獲不𢨌

戉　繆　〇六一
以戉（越）戔（踐）吳

繆　〇〇六
戉（越）王勾賤（踐）

戚　五　一八八
不説（悦）不戚

春　〇九四
使吾失親戚之

我　老甲　〇四二
我好静而民自正

春　〇三四
將因我于晉

戰　二六一
韓為不能聽我

戰　〇一〇
且我夏（憂）之

十　一〇三
我將觀其往事之卒

繆　〇三〇
我又（有）好爵

繆　〇二二
董（童）蒙求我

義　戰　二三八
魏王胃（謂）韓倗（倗）張義（儀）

戰　二五六
因張義（儀）而和於秦

五　二〇二
仁義禮知（智）之所繇（由）生也

戰　〇五一
義不與王皆立

十　〇九五
反義逆時

易　〇〇一
此地之義也

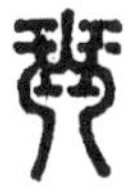

琴　遣三
琴一青綺綉素裹

遣三
琴筍二

瑟　遣一　二七六
瑟一越閨錦衣

遣三
楚竽瑟各一

直　陰甲　一一四
中秋可以南直邑吉

老甲　〇一七
大直如詘（屈）

遣三
象直食其（棋）廿

禁　〇〇六
書其名直（置）履中

合　一二〇
三日直踵

經　〇〇五
事如直木

十　一〇三
更置六直而合以信

亡　陰甲　〇九四
主有亡

春　〇四二
蔡其亡乎

戰　一三五
而國隋（隨）以亡

氣　B〇八四
北宮主亡

氣　B〇五五
有邦亡

易　〇一八
不死必亡

乍　九　三八八
非乍（作）人者

匃　戰　二三七
秦敗屈匃

戰　二四二
乘屈匃之敝

无　陽甲　○四○
甚則无膏

養　一九七
无氣則死

春　○八二
上下无却然后可以濟

戰　○一○
臣爲此无敢去之

談　○四○
无非學與服

問　○二七
長於无刑（形）

經　○○三
唯虛无有

殘　頁一四
則子孫无後

易　○○一
六柔无剛

無　陰甲　一○九
終歲無咎

戰　○二六
無所用

刑甲　○一二
無軍

牌三
無夷牛膹

二　○一○
無（蕪）其地

星　○四三
斬刑無極

匹　遣三
付（附）馬二匹

牌三
聶敝千匹

匽　春　○七九
士匽爲魯君槀（犒）師

區　方　一七九
合而一區

繫　〇一三
君子之區（樞）幾（機）

匿　五　二〇三
不匿

問　〇四四
諱其名而匿其體（體）

經　〇〇四
則无所逃迹匿正矣

相　〇七五
中匿者

匠　老甲　〇八一
是伐〈代〉大匠斲也

老乙　二一二
是代大匠斲

老乙　二一三
夫代大匠斲

匡　春　〇七〇
□牲而素不匡

合　一〇三
揗拯匡

十　一一九
社禝以匡

繆　〇四〇
女承匡

⿷匸屚

方　一八三
⿷匸屚（寑）東鄉（嚮）弱（溺）之

⿷匸虎

遣一　〇八八
卑⿷匸虎四

遣三
𨞽畫卑⿷匸虎桱八寸卌

曲　老甲　一三六
曲則金（全）

戰　一二二
事印曲盡害

經　〇〇一
而明曲直者毆（也）

相　〇二〇
曲爲牝

由　戰　三二四
若由是觀之

畚　養　〇三七
以牡鳥卵汁畚（弁）

瓦　療　〇四一
以故瓦甗毋（無）無（蕪）者盛

養　一九一
席彼裂瓦

胎　〇一六
以瓦甌

遣一　一四一
瓦資一

遣三
瓦雍甗一具

甌　療　〇四二
善密蓋以瓦甌

胎　〇一六
以瓦甌

甑　方　二八六
即急抒置甑

甗

甗　方　〇九四
以食□逆甗下

療　〇四一
以故瓦甗毋（無）無（蕪）者盛

遣一　二二三
瓦膂甗各錫垛

遣三
瓦雍甗一具

甑

相　〇四九
欲薄而有甑

相　〇五五
雍蒙別環者陰甑

相　〇〇七
大者如甑

弓

弓　陰甲　一九二
不三弓五

方　三八〇
以桼（漆）弓矢

遣三
弓矢十二象族（簇）

老乙　二一四
酉（猶）張弓也

引

引　療　〇七九
取丘（蚯）引（蚓）之矢

養　二一八
卧有（又）引之

問　〇七一
故覺侵（寢）而引陰

經　〇〇一
能自引以繩

弘

弘　五　三四五
如文王之它（施）者（諸）弘夭

五　三四六
不得如散宜生弘夭者也

戰　〇一一
王之賜使孫與弘來

弧

弧　方　二二五
以爲弧

相　〇一八
長而弧

弩

弩　明　四二五
務敬（檠）弓弩

戰　二二九
秦以强弩坐羊腸之道

遣三
卒木肓操弩負矢百

張

張　陰甲　〇二四
三年婦出張室死

足　〇二二
有（又）腹張（脹）

老甲　一六六
將欲拾（翕）之必古（固）張之

戰　〇三四
齊殺張庫

合　一三三
中極氣張

談　〇六三
自宮張

陰乙　〇四六
利以張軍攻擊

星　〇九八
張楚

發

發　陰甲　〇六三
發日以祭

方　一三四
其所發毋恒處

刑丙　〇四三
發屋析木

德　四五四
發⿱竹軍（揮）而盈天下者

戰　〇八五
毋庸發怒於宋魯也

刑甲　〇一三
不出三年而發

遣三
乙笥凡十五物不發

合　一二八
故能發閉通塞

陰乙　〇一二
其初發也

弳

陰乙　〇九八
大毛（秏）發徒者不死

十　〇八四
寺（待）地氣之發也

經　〇一四
四年而發號令

周　〇六三
困于赤發（紱）

易　〇二二
學而能發也

彈　老甲　〇七九
彈（坦）而善謀

彊　遣一　〇九六
彊（薑）脂一資

遣三
彊（姜）□一資

彊　經　〇〇九
皓（浩）彊无刑（形）

繫　〇〇六
故能彊論天下之道

弼　二　〇一一
賢輔弜（弼）之

遣三
弳一

弦　遣一　〇三六
弦（弦）脯一笥

牌三
弦（弦）朊脯笥

相　〇一八
短而弦

孫

刑乙　〇六二
月七日不弦

孫　陰甲　一四六
□於子孫

五　二四八
孫（遜）孫（遜）也

戰　一九五
子孫相繼

談　〇二六
去七孫（損）

十　一一五
子孫不殖

要　〇一四
孫（遜）正而行義

易　〇〇五
孫（遜）位也

星　〇五三
孫子毋處

䌛　老甲　一〇三
䌛䌛呵若存

老乙　二二二
䌛䌛呵其若存

繇　五　二〇二
仁義禮知（智）之所繇（由）生也

氣　E〇一七
繇其邦又（有）兵亡

十　一二六
民知所繇（由）

易　〇一七
五繇者

十　〇九八
誰敵（適）繇（由）始

馬王堆簡帛文字編

第十三

紀　陰甲　〇六三

紀星以祭

陰乙　〇四九

朔亂而更紀

十　一二一

民无亂紀

易　〇〇八

筮（噬）閘（嗑）絮紀

約　療　〇一七

約取蕃石

胎　〇一九

以瓤衣約包（胞）

戰　〇三三

約功（攻）秦去帝

戰　〇〇五

今與臣約

出　〇一〇

大凶以行約縛

老乙　二四二

善結者无纆約而不可解也

紅　養　一二六

取白苻紅符

遣一　二七二

紅綺熏囊一

紃　經　一二三

何以知紃之至

紂　納　級　純　紑　紐　紛　細

紂　戰　二〇四
不當桀紂

納　戰　〇一七
奉陽君使周納言之

級　談　〇五三
下不級（及）心也

純　相　〇一八
美戋（哉）純

相　〇七〇
美戋（哉）純

紑　易　〇〇四
下多陰而紑□□□□

紐　星　〇〇八
紐其下之［國有憂］

紛　老甲　〇三九
解其紛

刑甲　〇三五
氣若紛而非紛

細　養　一二四
取細辛乾桓（薑）

老甲　〇八五
柔弱微細居上

稱　一五一
細事不察

終 絀 紫 紺 組 絇 紲

終

終 陰甲 一〇九
終歲無咎

戰 〇一一
今齊王使李終之勺（趙）

陰乙 一〇一
終身不起

周 〇七〇
終吉

周 〇六三
有終

絀

絀 十 〇八八
其時贏而事絀

稱 一五六
贏絀變化

紫

紫 戰 二一二
齊紫敗素也

遣三
紫沈巾一

遣三
紫三采斿剥沈一

紺

紺 遣一 二七〇
紺綺信期繡熏囊

遣三
皆衣紺冠

牌三
紺繒笥

組

組 遣一 二七五
紅組帶一

十 一一九
不可法組

繆 〇六六
其婦組疾

絇

絇 相 〇四二
名曰絇羅

繆 〇〇六
文王絇（拘）於（牖）里

紲

紲 老乙 一九五
直而不紲

紨　談　〇四九
二曰信（伸）紨（肘）

絶　足　〇二二
温〈温〉（脈）絶如食頃

老甲　一二六
絶聲（聖）棄知（智）

春　〇四五
以絶齊

戰　〇七〇
絶中國而功（攻）齊

十　一一八
三遂絶從

𢇍　陰甲　一五二
略不可𢇍絶

問　〇一一
𢇍（繼）以蜚虫

結　方　四四九
手結

老甲　一四五
善結者［无纆］

陰乙　〇五二
結日以祠

老乙　二〇五
使民復結繩而用之

繫　〇三三
作結繩而爲古（罟）

給　星　〇〇三
其名爲汁（協）給（洽）

絩　經　〇七三
絩（佻）長非恒者

絳　遣三

素絳二

遣三

緒絳一素裏

絰　五　二二六

不在嶉（衰）絰也

周　○六九

即（則）大絰（耊）之趉（嗟）

絝　遣三

緒絝一素裏

絬　相　○四五

絬者善走

絜　方　四四九

繩之以堅絜

綃　遣一　二五二

白綃乘雲繡

經　陰甲　一一九

小歲所居經之兕

陰甲　○六三

經星以祭

戰　二一七

如經（涇）陽君

問　○二九

歙榣（瑤）泉靈尊以爲經

周　○一八

柫（拂）經于北〈丘〉頤

經　○三九

順爲經紀

星　〇〇六
進退左右之經度

綠　綠

綠　遣三
綠束要一

㬎

㬎　養　一九四
取牛車臬㬎（暈）帶之

綺

綺　遣一　二七二
紅綺熏囊一素掾（緣）

遣三
赤綺信期繡囊

牌三
綺繒笥

績

績　遣一　二八八
滑辟席一績掾（緣）

緇

緇　方　一九〇
以衣中衽（紝）緇〈繢〉
約左手大指一

綸

綸　九　三五九
曰天綸

戰　二三一
綸（崙）山之玉不出

周　〇七七
拙（曳）其綸（輪）

網

網　合　一〇三
上黿網

維　緘　編　緒　練　緹　緣　緛

維　陰乙　圖四
天維

星　〇〇八
是胃（謂）天維〈縮〉

緘　談　〇五五
徐緘（撼）

編　問　〇七六
臣爲道三百編

緒　遣一　二四九
緒巾一

遣三
白緒禪衣一

練　問　〇〇九
君欲練色鮮白

經　〇一六
巽（選）練賢不宵（肖）
有别殹（也）

繫　〇三六
上練下楣

緹　遣三
緹禪便常（裳）一

遣三
緹裏李繻掾（緣）

緣　遣一　二八〇
小扇一錦緣

易　〇三一
文人緣序

緛　相　〇〇一
旁又（有）積緛

相　〇四四
旁又（有）積緛者

褕　經　〇一八

衣備（服）不相褕（逾）

縛　遣三

沙縛複反襲一

出　〇一〇

以行約縛

縠　明　四二五

疎縠之冠者

縑　遣一　二九四

土珠璣一縑囊

遣三

土珠璣一縑囊

縱　遣三

紫縱一素裹

相　〇一八

縱陽

總　經　〇四八

則與天地總矣

縵　明　四二四

然而左右之人縵帛之衣

氣　B〇九〇

縵王相將起北宮

縷　刑甲　〇五六

縷（婁）燕

繆　老甲　一四〇
繡（寂）呵繆（寥）呵

繆　〇〇一
繆和問於先生曰

織　方　三五九
取三歲織（膱）豬膏

繢　遣一　二四六
紋緒巾二繢掾（緣）

遣三
涓度席一繢掾（緣）

繚　戰　一五九
繚舞陽之北

繞　星　〇四七
其周環繞之

星　〇五六
若麻（摩）近繞環之

繒　養　一一四
以繒蘩（裝）之

遣一　二三三
布繒檢（奩）一

牌三
紺繒笥

繕　刑乙　〇四三
求將繕兵

纆　老乙　二四二
善結者无纆約而不可解也

繡

繡　遣三　琴一青綺綉（繡）素裏

遣三　竽一錦綉（繡）素裏

明　四三二　□□係（奚）婢衣錦繡

遣一　二五四　繡枕一

牌三　繡繒笥

遣三　赤綺信期繡一素掾（緣）

繰

繰　戰　〇三一　王信田代〈伐〉繰去［疾］之

繳

繳　問　〇四三　人有九繳（竅）十二節

易　〇二五　繳□□□□□

繭

繭　相　〇〇六　繭然有朕有骨

相　〇二四　陰危如繭

繩

繩　九　三五四　以繩適臣之罪

九　三七五　木直繩弗能罪也

周　〇八七　婦三歲不繩（孕）

繫　〇三三　作結繩而爲古（罟）

相　〇〇二　陰陽受繩

繼　纗　續　纞　纏　纍

繼　戰　一九五
子孫相繼

繻　遣一　二五六
繻緩緰（緰）飭（飾）

遣三
赤繻博席

遣三
素信期繡檢戴一赤繻掾（緣）

續　方　〇一七
以續［鑑（斷）］根一把

戰　一六一
而國續以圍

問　〇六九
此氣血之續也

相　〇五二
續長

纞　周　〇二一
親（寘）之于纞（叢）勒（棘）

纏　療　〇一五
用之以纏中身

相　〇三一
命〈名〉曰虎纏

纍　戰　〇七七
燕纍臣以求摯（質）

問　〇五五
長生纍迣（世）

老乙　二三五
纍呵佁（似）无所歸

周　〇二九
纍（羸）其刑垪（瓶）

周　〇六三
困于褐（葛）纍（藟）

纑

纑　養　○三七
八月取毚纑實陰乾

五　二○七
索纑纑

相　○二○
連如纑

纓

纓　相　○一四
下爲纓筋

纗

纗　方　一六六
葉從（縱）纗者

纏

纏　療　○六五
衣赤纏衣

糺

問　○六七
家大糺（亂）

紓

十　一四一
紓也毛也不翏

絉

遣三
緒絉三

遣三
素絉二今三

紋

遣一　二四六
紋緒巾二

⿰糸孚	⿰糸君	⿰糸甫	⿱罒糸	絪	⿰糸收	絉	紻

十　一二四 ⿰糸孚〈總〉凡守一	老乙　二二九 故⿰糸君而爲一	陰甲　一一六 自⿰糸甫多甬⿰土余㣣	易　〇〇八 筮（噬）閘（嗑）⿱罒糸紀	遣一　二五二 郭（椁）中絪度一赤掾（緣）	相　〇三一 如⿰糸收（收）索者	遣三 連絉合衣□一	陽乙　〇一七 紻（缺）汾（盆）甬（痛）

絳

戰　二二四

禾穀絳（豐）盈

縊

遣一　二六五

縊綺鍼衣一赤掾（緣）

紻

合　一三一

十已而紻

緁

周　〇七一

晝日三緁（接）

遣一　二五三

繢周掾（緣）素緁

十　〇九一

外内交緁（接）

二　〇〇七

言大人之廣德而下緁（接）民也

綒

遣三

沙綒（縠）復前襲一素掾（緣）

緮

周　〇一一

車說（脱）緮（輹）

周　〇三三

壯于泰（大）車之緮（輹）

緍

遣一　二五六

繻緩緍（緜）飭（飾）

緡

要　〇一三
賜緡行之爲也

⿰糸鄉

遣一　二五一
郭（椁）中⿰糸鄉印繫帷一

⿰糸⿱癸口

療　〇六四
若以⿰糸⿱癸口（綴）衣

⿰糸尉

遣三
素⿰糸尉二

遣一　二六六
沙綺⿰糸尉一兩

繁

問　〇四九
不能繁生

繵

陰甲　一九二
是胃重惡繵兇

⿰糸著

遣三
紺⿰糸著襌衣一

⿰糸薏

遣三
緒⿰糸薏襌衣一

遣三
青⿰糸薏襌衣

繲

方　〇五一

日繲睞然

縉

戰　〇七九

縉子之請

繫

遣一　二五一

郭（椁）中繫印繫帷一

盭

遣三

盭綺複帶襦一

遣三

盭錫禪衣一

遣三

盭穀長襦一

遣三

盭敎長穀一

縎

問　〇六三

縎（縮）州

素　春　〇七〇

□牲而素不匡

戰　二一三

敗素也

牌三

素縉笥

遣一　二四七

紋緒巾一素掾（緣）

遣三

素一笥

經　〇五二

寧則素

緩　絲　虫　蚩

經　○○九　故能至素至精

道　一六九　无爲其素也

緩　養　一一四　竹緩節者一節

戰　二八二　走秦必緩

戰　二八二　秦王怒於楚之緩也

遣一　二五六　素周掾（緣）繻緩緰（緰）飭（飾）

十　一○○　緩而爲□

相　○七○　上急下緩

刑乙　○五九　以知單（戰）緩急

絲　五　一九二　愛父其絲（繼）愛人

遣一　二六○　絲履一

相　○二○　縣（懸）縣（懸）如絲

虫　療　○四二　令虫勿能入

療　○六六　令蜮及虫蛇蛇弗敢射

方　○二一　虫即出

老乙　一九○　蠭（蜂）癘（蠆）虫（虺）蛇弗赫（螫）

十　○八八　執（蟄）虫不出

問　○一一　鹽（繼）以蜚虫

蚩　方　四一○　蚩其汁

養　○二一　以五月望取蚩鄉軵者籥

氣　殘　蚩（蚩）尤出

虹　陰乙　圖四
虹宮

蚖　問　〇八六
蚖檀（蟺）

蚑　療　〇六八
而處土者爲蚑

强　方　〇五〇
頸脊强而復（腹）大

老甲　〇一四
故强良（梁）者不得死

遣三
强鮮鱝一鼎

合　一一三
四而脊脅强

老乙　二四四
不以兵强於天下

繆　〇二四
剴（豈）可强及輿才（哉）

畫　遣三
單一繡平畫完百

出　〇一七
乙丙東壁畫

蓋　方　〇九一
蓋殺人今兹

養　〇七八
令蠭蓋之

蛫　方　〇八六
[illegible]（齏）蛫

蛟　二　〇〇二

則魚蛟先後之

蜀　陰甲　〇五〇

可無事蜀甚

五　二二三

君子慎其蜀（獨）

戰　二五五

秦韓戰於蜀潢

遣三

蜀鼎六

稱　一四八

廣乎蜀（獨）見

蝛　療　〇六六

令蝛及虫蛇蛇弗敢射

閩　春　〇八六

閩（闇）人殺之

老乙　二三五

我獨閩（閔）閩（閔）呵

蝥　繆　〇五四

蝥作罔

蝗　合　一一六

五曰蝗磔

螣　養　一七三

白螣蛇

螌　養　〇八一
螌蝱廿

雖　春　〇五五
雖入不爲德

合　一〇六
雖欲勿爲

陰乙　〇四二
雖利戰敗

螻　養　〇九二
牡螻首二七

蝕　星　〇四〇
蝕大白

蟯　方　二五四
蟯白徒道出者方

蟬　談　〇四二
二曰蟬付（附）

蠃　方　一八二
取蠃牛二七

養　〇四七
五月取蛂蠃三斗

蠖　合　一一六
三日庰（尺）蠖

蠪
蠪　問　○九九
蠪息以晨
殘　頁一四
與蠪相以

蠸
蠸　養　○九五
頡蠸

蚥
春　○七一
公使人戉（攻）隱公□□
蚥

蛂
養　○四七
五月取蛂贏三斗

蜴
方　三四○
刑赤蜴

蝟
老甲　○三六
逢（蜂）㾡（蠆）蝟
（虺）地（蛇）弗螫

螑
養　一七一
燔螑

蝱
養　○八一
螌蝱廿

蟞

療　〇七六
刑蟞（鼈）

問　〇八六
魚蟞（鼈）

⿰虫喿

談　〇五七
三已而⿰虫喿（燥）

⿱彈虫

胎　〇〇六
⿱彈虫（⿱彈魚）魚□□

方　三七〇
蚤
桯若以虎蚤

老甲　一五四
不道蚤（早）已

戰　二四九
地不可不蚤（早）定

禁　〇〇九
取雄隹左蚤（爪）四

繆　〇二一
蚤（早）夜在公

星　〇五四
其出蚤（早）於時爲月食

胎　〇一六
蛾
毋令虫蛾能入

方　〇九七
蠡
湮汲一音（杯）入奚蠡中

養　〇七八
蠭
令蠭蠚之

療　〇一二
旁令蠭（蜂）□蠚之

療　〇六七
蜮虫蛇蠭（蜂）

  𧓍    

老乙 一九〇
蠭（蜂）癘（蠆）虫（虺）蛇弗赫（螫）

蠶 方 二〇三
炙蠶卵

蠠 養 〇四五
以蠠（蜜）若棗脂和丸

戰 一四六
而衛〈衛〉效𧓍（蟬）尤

蜚 療 〇六八
蜚（飛）而之荊南者爲蜮

五 一八五
［嬰］嬰于蜚（飛）

相 〇一五
鳥以蜚（飛）

蟲 養 〇三四
羸（蠃）中蟲陰乾冶

蠱 養 一七六
蠱（冶）五物

風 方 〇三〇
風入傷

刑丙 〇四二
以風氣若雲雨也

老甲 一三八
飄風不冬（終）朝

飄

遣三
木五采畫并（屏）風

遣一　二一七
木五菜（彩）畫并（屏）風

問　〇三二
夏辟（避）湯風

老乙　二三八
蘮（飄）風不冬（終）朝

稱　一四五
故巢居者察風

二　〇〇一
上則風雨奉之

飄　老甲　一三八
飄風不冬（終）朝

它

它　方　二五〇
毋飲它、

五　二六五
非有它（他）心也

五　三四五
如文王之它（施）者（諸）

戰　〇二七
勺（趙）止臣而它人取齊

戰　二〇九
而毋有它慮也

要　〇一三
夫子它日教此弟子曰

蛇

蛇　療　〇二〇
蛇牀二

養　〇四五
要茗蛇牀

養　一七三
白膳蛇

戰　〇五二
五相〈伯〉蛇正（政）

二　〇〇二
有（又）能蛇變

龜

龜　方　二四六
龜岀（腦）與地膽蟲相半

周　〇九二
十傰（朋）之龜

周　〇一三
十傰（朋）之龜弗克

繫　〇二五
莫善乎蓍龜

蠅　方　〇五四
有血如蠅羽者

卵

卵　方　一〇五
取凷（塊）大如鷄卵者

療　〇四四
［明日］飲三卵

養　〇三五
毀鷄卵入酒中

牌三
卵笥

牌一
卵笥

遣一　〇八一
卵一笥

遣三
卵一笥九百枚

二

二　陰甲　二五〇
二歲

養　〇六五
長寸者二參

胎　〇二一
呻（呑）爵甕二

陽乙　〇〇四
爲十二病

春　〇一六
是辱二主

戰　〇四〇
二者大物也

遣一　一七八
右方𨫼畫橦（鐘）二

遣三
素絳二

合　一〇六
二日乳堅鼻汗

二

易　〇四四　二與四同

星　〇一八　二百廿四日

凡

凡　陰甲　一四四　凡室刀高之兇

胎　〇一四　凡治字者

合　一〇二　凡將合陰陽之方

經　〇二三　凡觀國有六逆

經　〇〇八　凡事無小大

繆　〇〇五　凡天之道

星　〇二九　凡小白大白兩星偕出

星　〇三二　凡觀五色

亘

亘　春　〇四六　亘（桓）公衛（率）帀（師）以侵蔡

春　〇六六　魯亘（桓）公少

竺

竺　戰　二二四　怨竺（毒）積怒

亟

亟　談　〇一三　是故亟傷

稱　一四九　亟應勿言

星　〇二六　去之甚亟

恒

恒　養　二一八　食飲恒移音（陰）撞（動）之

刑丙　〇一七　句陳長之恒陳

戰　二三〇　茝恒山而守三百里

二著

十　〇八〇　以觀无恒善之法
十　一〇六　毋失吾恒刑
二　〇一二　馬恒弗駕

易　〇〇八　恒言不已
繆　〇五一　不恒其［德］者

方　二五一　取著（署）茋（蕨）汁二斗以漬之

土

土　陰甲　一四七　室土不可以東亟
遣一　二九九　土牛五十
遣三　土牛百

陰乙　一〇六　少得師將利土者

凷　方　一〇六　取凷（塊）言曰

地

地　陰甲　一五六　□死亡地百里
陰甲　〇一四　中旬天地才（在）東
老甲　〇二五　動皆之死地之十有三

合　一〇四　與天地牟（侔）存
陰乙　〇九一　將利將地
陰乙　〇二一　左德右刑勝取地

二　〇一〇
無（蕪）其地

星　〇三三
［黄］而角則地之爭

在　方　一一四
取犬尾及禾在圈垣上

陽乙　〇一六
在于手常（掌）中

療　〇四〇
避小時大時所在

刑丙　〇四四
在邑兵起

老甲　〇二四
［聖人］之在天下

春　〇五〇
是不見亡之在一邦之後

戰　〇七六
在王之循甘燕也

戰　二八四
在楚之救粱（梁）

問　〇三九
務在積精

出　〇二五
在室不可行役

刑乙　〇七二
軍在野

均　問　〇六六
上均湛地

十　〇九五
均而平之

繆　〇六〇
環周而欲均荆方城之外

刑乙　〇二一
凡均始司成

坐　陰甲　一九六
凡坐昜（陽）坐陰

老甲　〇三八
坐（挫）其閱（鋭）

坡　坐　垣　封

遣三　坐莞席二

遣一　二九〇　坐莞席三

談　〇三三　旦起起坐

坡　問　〇一二　興坡（彼）鳴雄

垂　胎　〇二九　且垂字

戰　一六一　垂都然（燃）

談　〇三三　垂尻

問　〇六二　一曰垂枝（肢）

周　〇五一　垂其左翼

垣　方　〇五四　而棄之於垣

胎　〇一八　包（胞）貍（埋）陰垣下

老乙　二〇八　如以茲（慈）垣之

相　〇六九　厚其垣

封　戰　〇二四　以定其封

戰　二四九　爲君慮封

戰　〇三五　以定其封於齊

遣一　〇二四
牛封羹一鼎

陰乙　〇三二
便地益封踐山

殘　頁一
封至於

垝　戰　一五七
城垝津

垢　方　一七二
漬繻頸及頭垢中

垗　老乙　二三五
我博（泊）焉未垗（兆）

垸　方　〇六二
稍垸

養　一五二
［之］各一垸（丸）

城　殘　頁一三
城中

刑甲　〇四四
軍有拔城

氣　B〇六〇
攻城入

陰乙　〇四五
利以爲國城郭樹嫁子

經　〇一二
隋（墮）其城郭

埂　陰甲　二四四
埂與鬼

基

基　陰甲　一五六
丁卯基以食朝成七吉

易　○三九
德之基也

老乙　一七八
必高矣而以下爲基

經　○四六
女樂玩好燔材亂之基也

堋

堋　周　○五三
堋（朋）來无咎

堵

堵　五　三二五
□□食則堵（吐）之

塞

塞　戰　○七○
終不敢出塞涑（溯）河

戰　一五五
冥戹之塞

合　一二八
故能發閉通塞

問　○一九
必心塞葆

老乙　一八八
塞其垝

周　○二九
爲我心塞（惻）

繆　○六九
其行塞

毀

毀　陰甲　一四二
西南毀

方　一一七
治之［以］鳥卵勿毀半斗

療　○四三
毀雞卵

養　〇三五
毀雞卵入酒中

戰　一七二
齊毀

陰乙　〇四八
家毀生子疾

經　〇四四
伐天毀

十　一一四
大人則毀

刑乙　〇三九
必破毀亡

塗　方　一二七
不可以塗身

稱　一四九
塗其門

填　星　〇五一
賓填州星

墓　戰　一五七
河内共墓必危

稱　一五九
[死]人有墓

墨　問　〇八八
是生甘心密墨

易　〇三〇
見亞（惡）墨（默）然弗反

增　戰　〇五〇
孝如增（曾）參

戰　一五九
夫增（憎）韓

壇　周　〇二七
屯如壇（邅）如

璽　方　三八一
璽（爾）亡

瘵　○六九
璽（爾）效（教）爲宗孫

五　三四四
毋澧（貳）璽（爾）心

問　○○二
璽（爾）察天之請（情）

繆　○二七
吾與璽（爾）贏之

壓　刑甲　○一七
雨壓之

壘　繆　○六○
斯壘爲三遂而出毄（擊）荆人

壞　陰甲　殘
壞以祭

戰　一五七
秦固有壞（懷）茀（茅）刜（邢）丘

經　○五二
則存亡興壞可知［也］

十　一二一
以壞（懷）下民

周　○七三
壞（懷）其茨（資）

壤　戰　二二九
則地兵（與）王布屬壤芥者七百里

圩

遣一　二○一
膝畫華圩（盂）十枚

遣一　二○四
右方膝畫華圩（盂）十

遣三
膝畫菜（彩）圩（盂）廿枚

遣三　髹畫木圩（盂）一容五升

坂

周　〇八六　鳿（鴻）漸于坂（磐）

块

周　〇三三　□藩块（決）不羸

坰

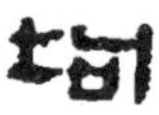

相　〇四一　坰不澤

星　〇二五　坰一閈

坣

陰甲　一六七　□之坣其身有咎安

垌

相　〇三八　匿垌均竟后怒

坍

遣一　〇九八　馬醬一坍

遣一　一〇〇　鰸一坍

𡊁

周　〇六九　不鼓𡊁（缶）而歌

拼

周　〇二九

羸（嬴）其刑拼（瓶）

垸

老乙　一八八

塞其垸

埉

明　四二六

高丘之下必有大埉（峽）

埱

禁　〇〇五

涂（塗）埱上方五尺

埰

陰甲　一一六

自縛多甬埰侄

遣一　二二一

瓦器三貴（繪）錫埰六鼎

遣一　二二四

右方七牒瓦器錫埰

禁　〇〇一

埰（塗）井上方五尺

埴

胎　〇〇一

我欲埴（殖）人産子

老乙　二二六

埴器之用也

埤

稱　一五五

埤（卑）而正者增

⿰土舍

遣三

元梅一⿰土舍

⿰土甾

方　一三二

燔⿰土甾

塭

周　〇二一

塭（堤）既平

堬

春　〇二八

斬桎堬（踰）

塤

周　〇〇九

或（有）塤（隕）自天

塼

相　〇〇七

細者如塼

墯

老乙　二四四

或陪（培）或墯

⿱竹坙

陰甲　一六七

二月上旬⿱竹坙已傷張

⿱⿰車彡土

老甲　〇三八
同其⿱⿰車彡土（塵）

⿰土然

老乙　二二六
⿰土然（埏）埴而爲器

綞

十　一二五
毋綞民明

⿱䜌土

方　〇四五
筋⿱䜌土（攣）難以信（伸）

垚

堯　陰甲　二二〇
申無堯

問　〇四二
堯曰治生奈何

繫　〇三五
黄帝堯舜

戰　二〇四
非適禺（遇）堯

堇

堇　老甲　〇三〇
終身不堇（勤）

老甲　一〇三
用之不堇（勤）

老乙　二二二
用之不堇（勤）

要　〇一九
未尚（嘗）不廢書而堇（嘆）

里　陰甲　一五六
□死亡地百里

陰甲　一二六
□出音必里行順

春　○○一
□□□□殺里克

繆　○○六
文王絇（拘）於（牖）里

野　五　二二五
袁（遠）送于野

五　一八五
袁（遠）送于野

十　一四〇
不謀削人之野

刑乙　○七二
軍在野

刑乙　○七二
又（有）敬在野

星　○二四
將軍在野

氣　G○六五
當野有兵

氣　A○六九
人入之野

田　療　○六六
以田暘豕邋屯（純）衣

戰　○五七
今有（又）告薛公之使者
田林

二　○一○
出田七月不歸

甸　方　○六六
侯（候）天甸（電）而兩
手相靡（摩）

留　談　○二六
淉泣留（流）出

十　一○五
毋留（流）吾醅（醢）

二　○二三
留□年穀十

刑乙　〇八五

乃留（流）血［苦骨］

界　養　一〇七

界當三物

星　〇四三

會於陰陽之界

畛　繆　〇三二

畛焉不［自］明也

畜　陰甲　一七七

六畜死之

老乙　一八六

德畜之

十　〇九五

今余欲畜而正之

畦　星　〇九四

與畦（奎）晨［出］東方

略　陰甲　一五二

略不可蠿（絶）

畸　老甲　〇四〇

以畸（奇）用兵

道　一七三

操正以政（正）畸（奇）

當　陰甲　〇五二

丁當司馬

方　一九九

月與日相當

胎　〇〇四

當是之時

暘　畺　黄

當 春 〇八〇 不當名則不克

當 氣 B〇八六 唯日所當

當 合 一三二 當此之時

當 經 〇〇九 誅禁不當

暘 療 〇六六 以田暘豖邋屯（純）衣

畺 方 二七一 桂畺（薑）椒朱（茱）臾（萸）

畺 養 一六四 乾畺（薑）五

黄 陰甲 一三八 □黄丙午戊

黄 方 〇四四 治黄黔（芩）甘草相半

黄 養 〇三二 取黄蜂駘廿

黄 氣 B〇五八 黄云夾月

黄 遣一 一二八 黄粢食四器盛

黄 遣一 一六一 黄卷一石

黄 遣三 黄卷一石

黄 牌三 黄卷笥

黄 十 一二一 黄帝曰

黄 星 〇三〇 黄澤客胜

男

男　養　二一五
男女蕃兹

胎　〇一八
多女毋（無）男

合　一二七
男之精將

經　〇〇七
男農女工

要　〇一一
男女購（構）請（精）而萬物成

力

力　養　目録
巠（輕）身益力

養　〇二〇
力善行

胎　〇三〇
爲勁有力

春　〇四六
而力□□□□□乎

談　〇一二
力事弗使

稱　一五六
忿不量力死

二　〇一六
屈力以成功

功

功　戰　〇一四
雖未功（攻）齊

經　〇〇四
至明者有功

陰乙　〇四六
基三尺土功毋□

易　〇一八
其吉保功也

星　〇三四
四角有功

加

加　療　〇〇九
内加

養　〇一八
加以五月望取萊藺

春　〇七五
[伐之]所未加

繆　〇五九　其下流江水未加清而士人大説（悦）

助　戰　二一〇　助齊伐宋

昭　〇〇六　力國助焉

劫　戰　一三七　且劫王以多割

十　一四〇　不謀劫人之宇

勁　胎　〇三〇　爲勁有力

戰　三二二　所勁吾國

談　〇二一　堅勁以强

勉　春　〇五六　□爲勉者

戰　一二六　奉陽君之上以勉之

經　〇一六　德者愛勉之［也］

繆　〇三一　是以皆□□必勉輕奮

勇　五　二五八　强禦者勇力者

明　四一〇　［内非］有孟賁之勇也

稱　一六〇　古（怙）其勇力之御

易　〇二六　見勇（用）則僮（動）

勃

勃　合　一〇三
陵勃海

務

務　明　四二五
務敬（檠）弓弩

戰　〇〇四
務自樂也

道　一七三
弗務及也

二　〇〇八
務幾者

動

動　陽乙　〇〇三
是動則病

老甲　〇一二
道之動也

氣　A〇二七
賢人動

合　一二〇
八動

合　一一一
乃觀八動

經　〇〇二
生必動

經　〇一七
動之靜之

經　〇三六
動靜不時胃（謂）之逆

經　〇四八
扇蜚（飛）耎（蝡）動

勝

勝　陰甲　〇一一
逆地勝而有□闕

刑丙　〇二五
戰者不勝

老甲　〇七〇
[以戰]則勝

五　三二一
賤不勝貴也才（哉）

春　〇〇七
勝之

戰　一三二
秦戰勝魏

陰乙 〇〇四

歲徙所不勝

陰乙 一〇〇

大毛（耗）師不勝

周 〇〇三

莫之勝奪（說）

昭 〇〇二

不乘胼（勝）名以教其人

易 〇〇五

知未騰勝也

星 〇二三

戰勝

勞 陰甲 一六六

角箕東井勞

胎 〇〇三

男子勿勞

春 〇五九

是以勞著惡也

戰 一九八

奉厚而無勞

陰乙 〇二一

以此舉事必不見勞辱

談 〇四四

四曰労（勞）實

勢 陰甲 〇五二

丙當連勢

戰 二七七

蒙勢（鶩）主齮也

勤 戰 一一四

臣恐楚王之勤豎之死也

飭 明 四二二

其所以飭（飾）之者

劇　五　三〇二
劇者强也

稱　一五七
外其膚而內其劇

稱　一五七
膚既爲膚劇既爲劇

相　〇一一
劇（據）此馬者

勶　老甲　一四四
善行者无勶（轍）迹

相　〇二七
勶（徹）肉欲長欲深

勸　道　一七三
不爲治勸

繆　〇二〇
以勸其下羣臣

戰　〇六三
言勸晉國變矣

劭

遣三
劭一象金首鐔一

勑

十　一〇四
勑（剝）其□革以爲干侯

務

明　四四八
有務也

春　〇八一
邪以務（攘）之

劦　遣一　〇一四
小叔（菽）鹿劦（脅）白羹一鼎

馬王堆簡帛文字編

第十四

金

金　方　〇二三

令金傷毋痛方

春　〇八三

而佴（耻）不金（全）刑

陳（陣）之義

老甲　一〇七

金玉盈室

遣三

金首鐔一

問　〇八七

如火於金

陰乙　〇六六

舉金石兵刃

經　〇四六

黄金珠玉

繫　〇一四

其利斷金

釘

釘　周　〇六八

過涉滅釘（頂）

鉊

鉊　方　〇四五

其肎（肎）直而口鉊

養　二〇六

河月之□治鉊而見□

鈞

鈞　戰　二五四

千鈞非馬之任也

鈁

鈁　遣一　二二一

鈁六盛米酒温酒

鉞

鉞　十　〇九四

出其鏘鉞

鉅

鉅　陽甲　〇五五

是鉅陰脈（脈）主治

銀

銀　方　三一八

以水銀二

銅

銅　談　〇四九

六曰振銅（動）

陰乙　〇六五

金銅

銚

銚　星　〇二五

夾如銚

銛

銛　老乙　二四六

銛櫳爲上

衡　氣　B〇五六

月衡兩星軍疲

銷　繆　〇三九

地道銷［盈而］流嗛

鋌　方　二五四

先道（導）以滑夏鋌

銼　老乙　一九二

銼（挫）其兑（鋭）而解其紛

鋭　方　一五六

鋭某

鋭　繆　〇六一

其鋭者必盡

鋪　戰　一五四

絶漳鋪（滏）

錫　遣一　二二一

瓦器三貴（繪）錫垛

錫　遣三

買瓦鼎錫垛

錫　相　〇三〇

高錫之

錯　陰甲　〇六五

大錯以祭

錯　周　〇〇四

錯（素）禮（履）

錢

錢　遣一　二九七
土錢千萬

遣一　二九八
右方土珠金錢

遣三
土錢百萬

錐

錐　遣三
□□錐畫

鍑

鍑　方　四四七
以鍑煮

鍪

鍪　禁　○○九
以鍪熬

遣三
執短鍪六十人

鍵

鍵　周　○○一
君子終日鍵（乾）鍵（乾）

易　○一六
是故鍵（乾）之炕（亢）龍

鍼

鍼　遣一　二六五
絳綺鍼衣

鏡

鏡　遣一　二三三
布繒檢（奩）一中有鏡

遣一　二四三
所以除鏡一

鏺

鏺　遣三
鐘鏺各一楮

鐃

鐃　遣三
屯于鐃鐸各一

鐘

鐘　春　〇三六
縣（懸）鐘而長飲酉（酒）

遣三
鐘鐩各一楮

經　〇一一
聽其鐘鼓

鐔

鐔　遣三
金首鐔一

鐵

鐵　養　〇六六
以水二升洎故鐵鬵

陰乙　〇〇八
此之謂陰鐵

鐸

鐸　遣三
鐃鐸各一擊者二人

鑪

鑪　太
黃龍持鑪

鑽

鑽　戰　〇二七
願王之定慮而羽鑽臣也

鑿

鑿　老乙　二二六
鑿户牖

鈚

周　〇三一

不亡（喪）鈚（匕）觴（鬯）

鉇

方　〇一六

鉇（施）之

釖

明　四二〇

以爲兵首釖（刃）

鈋

遣一　一六六

髹畫鈋六

遣三

髹畫鈋六

鉿

五　二三〇

可以剛柔多鉿爲

銑

却　〇〇三

銑光輸陽輸陰

鍳

星　〇一一

西北乃生天鍳（槍）

錝

遣一　二二三

瓦錝二皆畫

錄

相　〇五六
中有細錄（綫）

鏘

十　〇九四
出其鏘鉞

鐖

五　三四三
鐖而知之天也

鐱

明　四三〇
三軍之士握鐱（劍）

鑲

方　三四五
［有（又）］以金鑲
（鉛）冶末皆等

勹

勺　陰甲　一九六
凡勺其門

戰　〇二六
勺（趙）毋惡於齊爲上

戰　〇一二
怒於勺（趙）之止臣也

遣一　〇八五
脛勺一器

与

与　陽乙　〇一一
水与閉同則死

陽乙　〇一六
有陽脈与俱病

戰　〇五六
寡人与子謀功（攻）宋

軵

相　○五三
弗軵弗久

相　○○六
弗軵弗久

几

几　經　○一三
陰竊者几（飢）

處

處　方　一○七
置凷（塊）其處

療　○四二
貍（埋）清地陽處久見日所

九　三九一
處安其民

戰　○二五
臣將何處焉

戰　三一○
不自處危

処

処　氣
臣主貿処（處）

談　○三九
居処（處）樂長

經　○○三
無処（處）也

易　○○六
得処（處）也

且

且　方　○八三
尋尋豕且貫而心

胎　○二九
且垂字

戰　○○八
必且美矣

合　一二二
欲上之攠（摩）且距也

問　○三六
且以安浸（寑）

經　○六八
皮（彼）且自氐（抵）其刑

且

繆　〇三四　且夫川（坤）者

易　〇三六　隱文且静

斤

斤　養　一四一　用石膏一斤少半

遣一　二九五　土金二千斤

遣三　土金千斤

斧

斧　周　〇八三　亡（喪）其溍（資）斧

昭　〇一三　□之溍（資）斧

所

所　陰甲　一一九　小歲所居經之兇

老甲　〇五九　而復衆人之所過

戰　〇一三　臣之所患

戰　二九一　所説謀者爲之

氣　A〇四四　氣云所出作必有大亂

遣一　二四三　所以除鏡一

經　〇三五　而莫知其所從來

易　〇〇四　所以人□也

星　〇四六　所居之國受兵

斯

斯　療　〇六八　棲木者爲蠭（蜂）蠆斯

五　二六九　故斯（厮）役人之道

老乙　二一九　斯不善矣

新

新　養　一七八　并以細新白布裹三

胎　〇三三　以新布裹之

老甲　一三六　敝則新

[斤/臼]

問　〇三一
新氣爲壽

稱　一五八
百姓斬木剤（刈）新
（薪）

斲　老甲　〇八一
夫伐〈代〉大匠斲者

繫　〇三三
斲木爲枱（耜）

相　〇一三
薄如斲

禁　〇〇四
姑婦善斲（鬭）

斷　陰甲　〇一六
斷后無□

繫　〇二六
所以斷也

陰乙　〇三七
以斷獄刑

陰甲　一五四
[斤/臼]居毋死之

陰甲　殘
[斤/臼]浴

斗　陰甲　一〇三
星斗緊牛婺室畢

方　一五四
湮汲水三斗

養　〇〇四
二斗半□□□□□□

養　一〇〇
之各四斗

遣一　一四九
賴穜（種）三斗布囊一

遣三
葵穜五斗布囊

經　〇〇五
斗石已具

繫　〇一三
營辰之斗也

升　方　一一五
竈黄土十分升一

養　〇〇六
近内而飲此漿一升

遣一　一八〇
膝畫七升卮二

魁　出　〇〇九
九魁

矛　陰甲　一〇三
胴（胃）矛（卯）

遣三
一人操矛

遣三
執長桱矛八人

矜　老甲　一三五
自矜者不長

老乙　二三七
自矜者不長

戰　一三二
臣有以矜於世矣

車　陰甲　二五九
車馬不可

氣　B〇二六
衆車至

氣　G〇四二
日軍（暈）有雲如車笠

稱　一五二
雷□爲車

二　〇一〇
無車而獨行

軍　老甲　一五七
是以便（偏）將軍居左

戰　一三二
華軍

戰　〇〇五
約御（却）軍之日

刑甲　〇〇六
月交軍（暈）

氣　G〇四二
日軍（暈）

出　〇二六
十二日宮軍

軌

軌　相　〇〇三
後又（有）從軌

⿰車巛

⿰車巛　繆　〇五四
湯出⿰車巛（巡）守

軒

軒　刑甲　〇三九
百軒三見

十　一三〇
天下名軒執□

斬

斬　陰甲　一五三
斬大木爲室

養　〇五四
而卒斬之

陰乙　〇六三
不可以斬

稱　一五八
百姓斬木刑（刈）新（薪）

星　〇四三
斬刑無極

軺

軺　陰甲　〇六四
軺美以祭

遣三
軺車二乘乘駕三匹

軡

軡　明　四一二
以爲軡適（敵）必危之矣

軵

軵　養　〇二一
取蚩鄉軵者籥

軫　軹　載　輇　輕

軫　陰甲　一九三
箕晳翼軫勺

戰　二三七
胃（謂）陳軫曰

出　〇〇五
七星軫産

星　〇〇三
八月與軫晨出東方

軹　戰　二三三
反（返）温軹高平於魏

載　春　〇九三
齊侯使公子彭生載

戰　三〇九
請使宜信君載先生見

遣一　〇六二
牛載（胾）一笥

遣三
牛載（胾）一笥

十　一三〇
身載於前

經　〇一〇
耶（聖）人故載

繆　〇六四
載鬼一車

繆　〇二六
日日載載

相　〇六四
足可以載雲

輇　相　〇一六
輇弱既短

輕　却　〇〇一
爲首重足輕體（體）軫（胗）

五　一七七
思不輕不刑（形）

戰　二一〇
名卑而權輕

戰　一七四
利成而立重者輕

戰　〇四一
將輕臣

稱　一六五
重國陽輕國陰

經　〇〇六
輕重不稱

繆　〇三一
必勉輕奮

輒

輒　養　〇四九
輒復染

輔

輔　九　三六二
輔臣法四時

老甲　〇五九
能輔萬物之自［然］

談　〇二八
服司以輔其外

稱　一六〇
不用輔佐之助

輜

輜　老甲　一四三
不離其甾（輜）重

遣三
甾（輜）車一兩（輛）

老乙　二四一
不遠其甾（輜）重

輬

輬　遣三
輬車二乘

輪

輪　二　〇二三
屯輪之

相　〇二三
車輪者

輯　經　〇三〇
萬民和輯

輮　經　〇〇七
生殺輮（柔）剛

輸　刦　〇三
霜霚（霧）和以輸陽

合　一二八
中府受輸而盈

輿　方　四四四
以敝箕爲輿

養　一四九
輿舋冬各□□

明　四〇六
故輿邦□積於兵

戰　一五四
氏（是）復閼輿之事也

戰　一八九
輿（與）恐玉體（體）之
有所郄（郄）也

周　〇二四
往蹇（蹇）來輿（譽）

轂　老乙　二二五
卅福（輻）同一轂

繆　〇六二
請爲長轂五百乘

轘　氣　F〇〇九
如轘死者盈萬

轉　戰　二一三
轉敗而爲功

相　〇〇三
得薄與轉

轖 ⿱⺮輂 軵 ⿰車占 ⿰車亘 ⿱革車 官

轖 喪
轖皆如箸

⿱⺮輂 遣一 二八一
熏大⿱⺮輂一

遣三
熏大⿱⺮輂一

十 一〇二
軵其力

問 〇五二
⿰車占白內成

繆 〇一五
晉文齊⿰車亘（桓）是也

周 〇六八
棟⿱革車（隆）

官 陰甲 〇五三
巳當官□

九 三六七
故法君爲官求人

陰乙 〇三六
正人新國官

老乙 二四一
雖有環官（館）

二 〇三三
敬官任事

阪　氣　F〇六一
軍阪（叛）

阮　方　二五七
駱阮一名曰白苦

阿　春　〇九四
容行阿君

戰　〇三三
齊勺（趙）遇於阿

相　〇〇六
大海之阿

附　却　〇〇八
昏失氣爲黑附

遣三
其一人操附馬

降　氣　G〇四二
出軍（暈）中圍降

經　〇一〇
天將降央（殃）

二　〇一三
甘露時雨聚降

刑乙　〇六二
盡白盡降

陜　相　〇〇五
損陜（狹）益廣

除　養　目録
除中益氣

老甲　一〇八
脩（滌）除玄藍（鑒）

遣一　二四三
所以除鏡一

陛　陵　陰

陰乙　圖四
除衛（衛）

陛　刑甲　○○三
月不盡八日北陛

刑乙　○六三
月八日南陛

陵　戰　二九四
若秦拔鄢陵

戰　二九五
若秦拔鄢陵

戰　一○四
欲以平陵蛇（馳）薛

戰　一五八
而惡安陵是（氏）於秦

問　○五七
亓（其）行陵雲

老乙　一八六
陵行不辟（避）兕虎

二　○○二
陵處則雷神養之

陰　陰甲　一四○
□月陰

養　一○二
皆陰乾

胎　○一八
包（胞）貍（埋）陰垣下

陽乙　○一六
臂巨陰脈

戰　一○一
陰成於秦

牌三
⿱敄灬陰䳇笥

遣一　○七七
⿱敄灬（熬）陰䳇（鶉）一笥

談　○一二
陰陽九譤（竅）十二節

陸　陳　陶

陰乙　〇〇八

大（太）陰十六歲而與德并於木

刑乙　〇〇一

大（太）陰始生子

氣　A〇四八

陰食

星　〇二三

其六十日爲陰

戰　〇五八

願王之陰知之

問　〇九七

椄（接）陰之道

星　〇二一

陰國有之

星　〇四三

大陰居十二辰

陸　周　〇八七

鳿（鴻）漸于陸

陳　胎　〇一三

十月氣陳□□

春　〇八三

陳（陣）何爲

戰　一五六

與楚兵夬（決）於陳鄗（郊）

問　〇五〇

必先吐陳

談　〇四七

十埶（勢）豫陳

經　〇〇五

尺寸已陳

陶　戰　一四三

陶必亡

戰　一〇四

以陶封君

陪　陲　陽　隅　隄　隃

陪　老乙　二四四
或陪（培）或墒（墮）

陲　昭　〇〇六
上正（政）陲（垂）衣常（裳）以來遠人

陽　陰甲　一四一
□月陽

足　〇二三
陽病折骨絶筋

合　一〇二
土揗陽

陰乙　〇一九
刑德皆在陽

經　〇四一
極陽殺於外

經　〇四一
已逆陰陽

二　〇〇五
龍寖矣而不陽

隅　陰甲　一五一
樹木當比隅兇

繆　〇四〇
宮成杒隅

星　〇五〇
月立隅中

隄　相　〇一〇
池上有隄

相　〇一六
絶繼（繼）潰隄

隃　繆　〇六一
齊之不能隃（踰）騶（鄒）魯

　　　　陜　陽　

階　繆　〇〇一

賁其階

隤　陽乙　〇一五

丈夫則隤（㿗）山（疝）

險　經　〇五九

守國而侍（恃）其地險者削

隱　方　一八八

煮隱夫木

春　〇六六

隱公立以奉孤

稱　一五〇

時極未至而隱於德

易　〇三八

其事隱而單（戰）

相　〇〇六

陜（皎）乎若繩

星　〇七〇

陽國之將陽（傷）

厽　易　〇二三

此鍵（乾）川（坤）之厽（參）説也

二　〇〇一

二厽（三）子問曰

絫　四　叕　欼　亞

絫 談 〇六三
絫哀者

合 一二五
絫⿰氵幾者

四 陰甲 一六八
廿四日

陰甲 〇三四
順四

養 一二一
長四寸一把

養 二〇一
四曰蟾者（諸）

遣一 一七五
右方髹畫枋（鈁）四

殘 頁一七
四月

合 一〇七
四曰下汐股濕

經 〇〇六
四時晦明生殺

叕 德 四五六
化而知之叕也

養 〇一六
必有（又）欼（歠）

養 〇一五
已後再欼（歠）一

亞 養 〇五四
去其上箁亞（惡）者

經 〇四三
美亞（惡）不匿其請（情）

周 〇三一
芙（笑）言亞（啞）亞（啞）

易 〇〇二
長生而亞（惡）死

五　陰甲　一九七
不三弓五

陰甲　一九六
是胃（謂）五愳（懼）

療　〇六七
女（汝）弟兄五人

戰　一四七
五百七十

戰　〇〇六
五和

戰　〇三〇
臣受教任齊交五年

遣三
稻米白□五石布橐

禁　〇〇三
垛（塗）門左右方五尺

合　一二〇
五日上句（鉤）

星　〇三四
五角取國

六　陰甲　〇三四
順六

足　〇三四
上足温（脈）六

養　一五一
服之六末强

遣一　一七一
右方膝畫壺六

談　〇二三
六墥（動）水道行

合　一一四
六而水道行

合　一一六
六日爰（猨）據

陰乙　一〇五
子生死婦不出六歲中

經　〇二三
凡觀國有六逆

易　〇〇一
六柔无剛

七　陰甲　一五六
丁卯基以食朝成七吉

養　○三四
欲廿用七最（撮）

五　一八四
尸（鳲）𠙵（鳩）在桑其子七氏（兮）

遣一　三○五
土鳥十七

遣三
膝畫七斗卮

合　一一七
七日瞻（詹）諸

問　○二一
七至勿星

陰乙　○九五
七歲去之

出　○二六
七日大屯

九　胎　○二八
求九宗之草

戰　○六七
伐楚九歲

戰　二○一
五百六十九

氣　G○七八
九月上丙

遣一　○一○
右方酹羹九鼎

談　○一二
陰陽九譤（竅）十二節

合　一一九
九日淺之

問　○二三
九至勿星

出。　○二六
九日小得

經　○一七
必廄而上九

昜　○二四
九也者

禹　方　一○六
禹步三

療　○一三
因取禹熏

養　一九五
南鄉（嚮）禹步三

离

- 离 老乙 二二四 能毋离乎
- 經 〇二四 群臣离志
- 十 〇八二 离爲四[時]

禽

- 禽 春 〇七九 不禽（擒）二毛
- 戰 二七〇 兵爲秦禽（擒）
- 十 〇九五 因而禽（擒）之
- 經 〇三一 驅騁馳獵則禽芒（荒）
- 周 〇四三 田无禽
- 周 〇二三 失前禽
- 周 〇二九 舊井无禽

萬

- 萬 老甲 一〇〇 潚（淵）呵始（似）萬物之宗
- 戰 二八六 萬家之邑
- 遣一 二九七 土錢千萬
- 遣三 土錢百萬
- 問 〇〇二 萬勿（物）失之而不醢（繼）
- 經 〇〇一 萬物之所從生

獸

- 獸 方 二三七 取野獸肉食者
- 老甲 〇三六 擢（攫）鳥猛獸弗搏
- 問 〇八三 陽獸也
- 問 〇一一 飲走獸泉英
- 道 一六九 獸得而走
- 繆 〇五五 湯之德及禽獸魚鱉矣

甲

甲　陰甲　〇六九
甲乙斗

戰　〇〇九
爲予趙甲因在粱（梁）者

氣　F〇二二
甲兵盡出

出　〇三二
甲子午

出　〇二四
甲己晝

乙

乙　陰甲　〇六九
乙心尾

出　〇三三
甲乙下失（昳）

尤

尤　方　二〇〇
獨産穨（癩）九（尤）

方　一〇三
令尤（疣）者抱禾

老甲　一〇六
故无尤

戰　一四六
而衛〈衛〉效蠱（蟬）尤

十　一〇四
黄帝身禺（過）之（蚩）尤

乾

乾　方　〇二三
乾而冶

養　〇一八
陰乾冶之

遣一　二一四
盛乾（干）定郭（椁）首

合　一〇八
五日嗌乾咽唾

亂　春　〇七五
故刑伐已加而亂心不生

經　〇七六
亂積於內而稱失於外者伐

刑甲　〇一五
所宿其國內亂

氣　A〇四五
大亂兵也

氣　G〇五一
其邦內亂

氣　〇四九
其邦亂

陰乙　〇四九
朔亂而更紀

二　〇二六
天亂驕而成嗛（謙）

㐌

十　一四一
事恒自㐌（施）

稱　一五六
後將反㐌（施）

丙　陰甲　〇六八
丙辰

氣　G〇七八
九月上丙

牌三
祱衣丙（兩）笥

出　〇二八
丙辰戊

出　〇〇六
丙寅

丁　陰甲　〇五二
丁當司馬

刑甲　〇四四
丁巳

出　〇〇四
丙丁己庚

戊　陰甲　一一二
乙丑戊辰

刑丙　〇四二
以戊戌

刑甲　〇一七
戊子

陰乙　〇六四
戊己其餘日

出　〇二九
戊辰戌

成　陰甲　一五六
丁卯基以食朝成七吉

五　二八八
言大悳（德）備成矣

春　〇九四
有（又）勒（力）成吾君之過

合　一三二
成死爲薄

問　〇〇八
黃帝問於大成曰

遣三
髤畫檢（奩）徑尺高藍成五寸二合

陰乙　一一〇
大成師勝得地

二　〇二六
天亂驕而成嗛（謙）

要　〇一一
男女購（構）請（精）而萬物成

己　陰甲　〇三六
己巳

春　〇二八
乃令君羊（佯）囚己

陰乙　〇六四
戊己其餘日

刑甲　〇五三
己卯風雷

巴　瘵　〇二〇
取巴叔（菽）三

庚　陰甲　〇七〇
庚辛東井

出　〇〇九
庚辛

出　〇二四
甲己晝乙庚晻

辛　辜　辟　辭

星　○六五

秋必庚戌

辛　陰甲　一一○

丁丑巳癸辛未角

胎　○○三

毋食辛星（腥）

刑丙　圖二

辛丑

春　○六七

閔子辛聞之

戰　○一○

故臣使辛謁大之

出　○二五

丙辛夕以行大凶

辜　春　○八六

刑人佴（恥）刑而哀不辜

經　○五八

一國而服（備）三不辜者死

陰乙　○八七

辜罪毀築

辟　遺一　二八七

滑辟席一

辭　春　○四五

今聽女辭而嫁之

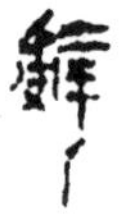

戰　○三二

臣秦揍（拜）辭事

易　○三八

其辭文

十　○九三

黃帝於是辭其國大夫

戰　二三九

槫（轉）辭也

戰　二四○

韓倗（倗）之救魏之辭

辞 辯 壬 癸 子

辞

養 〇七九
而以辞（塗）布巾

辯

辯 五 一九二
中心辯焉而正行之

十 一一二
以辯（辨）雌雄之節

易 〇二三
孰能辯焉

壬

壬 陰甲 〇六七
壬斗

陰甲 二五四
壬午以祭霖

出 〇〇四
壬癸戊

癸

癸 陰甲 一一〇
丁丑己癸

陰甲 二四五
癸未

刑丙 圖二
癸卯

刑甲 〇五三
癸卯風雷

出 〇二六
正月壬子癸丑

子

子 陰甲 二〇四
以臧後子貧

陰甲
其子伐之

療 〇五九
羿使子毋

胎 〇二〇
其子美晳

春 〇七三
吾不敬子矣

遣一 二三一
五子奩一合

禁 〇〇九
小女子左蚤（爪）四

出 〇三一
丙子午

殘 頁一
子曰

字

字　胎　〇一四　凡治字者

老乙　二四〇　字之曰道

周　〇二七　［女］子貞不字

存

存　戰　一六五　偃（挾）韓之質以存韓

合　一〇四　與天地牟（侔）存

經　〇〇五　亡而復存

稱　一六〇　君臾存也

要　〇一二　故存也

季

季　陰甲　一一三　季春不可以東北起土攻

陰甲　〇一七　季月下□

孟

孟　五　二三七　受之孟賁

戰　一三二　走孟卯

戰　一三六　走孟卯

戰　一四〇　今有（又）走孟卯

十　〇八八　孟穀乃蕭（肅）

稱　一五五　虎狼爲孟（猛）可揗

易　〇〇四　無孟（妄）之卦

孤

孤　陰甲　二五八　□孤

老甲　〇一三　唯孤寡不槖（轂）

春　〇六六　隱公立以奉孤

孷

經　○六三
内皆朕（勝）則君孤直（特）

縠　遣三
白縠表二素裏其一故

遣三
鮮支禪衣一縠掾（緣）

問　○三八
驪欣咪縠

易　○三二
順而保縠

疑　春　○五八
將以疑君

戰　○三二
勹（趙）疑燕而不功（攻）齊

稱　一四八
疑則相傷

周　○三四
勿疑傰（朋）甲（盍）讒（簪）

易　○○三
得之疑也

相　○二○
疑（擬）之湶（凉）月

孳　稱　一四八
不使庶孳疑焉

問　○三五
陰陰孷氣

孱　春　○七四
朝夕自孱

疏 養 〇四六
裹以疏布

療 〇一八
以疏（絲）繒裹之

明 四二四
疎（疏）穀之冠者

老甲 〇三九
亦不可得而疏

老乙 二一二
疏而不失

殘 頁一
反爲疏

遣三
疏（梳）比一雙

丑 陰甲 一八二
子丑寅卯

出 〇二五
正月壬子癸丑

殘 頁二八
丑本

䏔 養 〇五三
以牛若鹿䏔殺

羞 周 〇四三
或承之羞

寅 陰甲 一一二
兇日甲子丙寅

陰甲 一四一
從寅順行

出 〇二五
正月壬子癸丑甲寅

卯 陰甲 〇〇八
北以丁卯

療 〇一一
善臧（藏）卯（留）用

戰 一三二
走孟卯

辰　辱　巳

卯

戰　一三六　今有（又）走孟卯

刑甲　〇五二　乙卯風雷

出　〇三〇　卯東西吉南有得北見鬼

辰　陰甲　一七八　辰巳午未

出　〇二八　辰東南有得西毋行北凶

經　〇四三　日月星辰之期

要　〇二一　而不可以日月生（星）辰盡稱也

二　〇〇一　高尚齊虖（乎）星辰日月而不眺

辱　陰甲　〇〇四　婦辱不生

老甲　一一三　龍（寵）辱若驚

春　〇一六　是辱二主

陰乙　一〇三　少逆師辱將死士者

老乙　一七九　大白如辱

老乙　二二七　弄（寵）辱若驚

繆　〇六三　其餘不足以辱大國

巳　陰甲　一一一　丑亥未巳戌子辰寅

陰甲　〇三六　癸巳

陰甲　〇三六　辛巳

陰甲　一四一　去徙乃巳

方　〇二八　藥巳治

養　二一一　不能巳

巳

戰　三二五
聾（龐）皮已計之矣

戰　〇一三
反如已

相　〇六八
即是已

以　陰甲　二〇四
以臧後子貧

方　一五四
以龍須（鬚）一束并者（煮）

養　〇三三
以酒飲三指最（撮）

養　一二二
以三指最（撮）

養　〇〇七
節（即）漿□□以沃之

胎　〇一六
以瓦甌

氣　E〇二九
以亂兵

遣一　二四三
所以除鏡一

合　一〇六
以次（恣）戲道

經　〇〇三
或以生

繫　〇四二
善不責（積）不足以成名

午

午　陰甲　二五四
壬午以祭霖

春　〇〇六
韓間午（忤）秦

出　〇二九
午東毋行

啎

啎　問　〇三七
覺啎（寤）毋變

未

未　療　〇四三
恒以旦未食時飲之

養　一九二
取女子未嘗男子者［布］

春　〇七五
［伐之］所未加

出　〇三二
乙丑未

出　〇〇七
未酉

十　〇八九
優未愛民

易　〇〇五
知未騰勝也

要　〇一〇
未嘗弗知

申　陰甲　一八八
申酉戌亥

戰　二四八
胃（謂）春申君曰

出　〇二九
申東有得南凶

殘　頁一五
甲申

臾　稱　一六〇
君臾存也

稱　一六〇
親臾存也

老乙　二四二
是胃（謂）臾（愧）明

酉　陰甲　一八八
申酉戌亥

五　二一五
酉下子輕恩於翟

出　〇二八
巳卯酉

出　〇三〇
酉東有小喜

老乙　二一四
酉（猶）張弓也

酒　陰甲　〇一八
酒生以亥必有死生

遣一　一七三
盛米酒

問　〇八〇
子之長酒何邪

療　〇四三

注汁酒中

養　〇三五

毀鷄卵入酒中

酌　周　〇一三

酌損之

莤　養　〇八六

以三［月］莤瀸（截）□

截　養　〇九〇

以截漬一分而暴之

酸　養　一〇三

澤舃（瀉）蓫酸棗

醇　療　〇四三

取醇酒半桮（杯）

醉　陰甲　一二七

必醉訶無（舞）

養　〇六二

而醉（淬）戴（鐵）

醬　方　二四二

菽醬之宰（滓）半

養　〇〇三

□□以瘨（顛）棘爲醬方

遣一　〇九三

肉醬一資

酭

遣一　一〇六
醬一資

遣三
醬一坿

醢　遣三
醢一坿

醪　養　目録
醪利中

醫　春　〇九三
醫寧日

問　〇五三
乃持（恃）巫醫

醴　療　〇四八
加醴

養　〇六三
而以稱醴傅之

釀　養　一五五
以釀之

釃　養　一六六
勿釃

十　一〇五
投之苦酭（醢）

十　一〇五
毋留（流）吾酭（醢）

⿰酉夸

遣一　〇〇四
豕⿰酉夸羹一鼎

遣三
狗⿰酉夸羹一鼎

⿰酉昜

二　〇一三
民忘相⿰酉昜（⿰酉𥏻）以壽

⿰酉盒

遣一　一〇三
⿰酉盒一資

尊

尊　遣三
毋尊禪衣一

問　〇〇五
玄尊乃至

問　〇二九
飲榣（瑶）泉靈尊以爲經

繆　〇三一
尊嚴顯貴

戌

戌　陰甲　二四一
己卯丁戌五日

刑甲　〇九〇
戊戌爲上奇

出　〇三〇
戌東有得南凶

亥

亥　陰甲　一八八
申酉戌亥

出　〇三一
亥西東北南皆吉

出　〇三〇
己巳亥

出　〇〇七
丑亥

馬王堆簡帛文字編

合文

七月

二　○一○
出田七月不歸

七十

戰　一四七
五百七十

遺三
女子七十二人皆衣綺

星　一二七
余七十八

七星

陰甲　○一八
□矛（卯）七星

陰甲　○六一
七星與鬼

陰甲　○五六
七星張折

陰乙　○四一
七星寅

八隶

遺三
八隶室各二

大夫

春　○○七
燕大夫子□衛（率）帀（師）以衛（御）晉人

孔子

五　二一七
孔子之聞輕者之鼓

小月

陰甲　一〇八
小月浴於川溪

五十

星　一三二
余五十二

六十

養　〇三一
六十五

遣三
執短鍪六十人皆冠畫

正月

星　〇一八
［攝］提格以正月與營室晨出東方

東井

星　〇三〇
□日東井

牽牛

星　一一七
與牽牛晨出東方

營室

星　〇九二
與營室晨出東方

婺女

星　〇八八
與婺女晨出東方

觜觿

陰甲　一九四
此觜觿參晢

陰甲　一〇三
此觜觿參日生

刑甲　〇五七
觜觿趙氏西地

刑乙　〇九七
觜觿趙氏西地

星　〇九九
與觜觿晨出東方

馬王堆簡帛文字編

附録

遣三

繡□一蔡（彩）績掾（緣）

九　三九五

是故□獲邦之［半］

陰甲　一四九

更□故室大凶

陰甲　一五一

女以爲室必鹽□孱

九　三七〇

謂□之命

陰甲　一九五

與星□其方之星

陰甲

出門□

陰乙　〇五五

逆七不可以□人

陰乙　〇四六

臺門□

陰甲　一四七

室土不可以東□

陰甲　一五〇

⿰馬少茅屋而□之大凶

養　二〇六

凡彼□不溉（既）蔿有英

遣三

土□五十

遣一　三〇三

土□五十

遣三

□剥檢戴一

遣三

□剥盾緹裏繢掾（緣）

春　〇七〇
□而素不匡

要　〇一一
天地□

易　〇三〇
乎□以來群

陰甲
一逆□毀

春　〇八九
夫共中（仲）⿰吾馬（圉）人
⿰馬樂旅其□

陰甲　一二八
□女

易　〇〇四
所以人□也

遣三
鮮鯉雜□⿰酉夸羹一鼎

陰甲　一三一

□基

周　〇五八

□羊悔亡

星　〇一四

左□鋭

星　〇一二

其來〈末〉鋭長可四尺

陰甲　一二七

必醉訶無（舞）至□

陰甲　一六三

耳□病囂死

陰甲　二五八

帝耑王□

陰甲　一三四

□言

經　〇二四

此之胃（謂）□國

陰甲　二〇二
於七中徙至復迯□歲

陰甲　二一九
□以歲後

陰甲　一六四
歲□多

陰甲　〇六三
□星以祭

陰甲　〇一九
以齊□齊

陰甲　一四五
□封之正室必有詒

陰甲　一二六
必□出言

陰甲　一一七
君子□

陰甲　〇九一

斬伐殺生以祭天□大吉

後記

這本尚不完備的工具書總算可以交卷付印了，想起八年前，當本書的研究申報獲得一九九二年國家中華社會科學基金資助立項的時候，心里是多么興奮和躊躇滿志，滿以爲用一己之力，在兩年内就可以完成。可没想到一作起來，才發現自己掉進了進退兩難的泥潭之中，這不僅是材料本身有着許多無法回避而又很難處理的問題，而且本人的工作條件也不可能集中整段的時間，來按時完成這個看似很容易實則很繁難的項目。因此，儘管我在新加坡參加文物隨展三個多月的時間内都没忘記抓緊做字頭卡片，但終因數量太多、問題不斷而進展緩慢，後來只得申請項目結項延期和尋求同事的協助。這里應該特别提到的是湖南省博物館的鄭曙斌同志和喻燕姣同志，她們爲本書的編排、剪貼、校對毫無怨言地工作了好幾年，如果没有她們兩位的努力工作，那這本書還不知道什么時候才能完成。此外，博物館的王健美同志協助做了部分字頭卡片的統計核對，曹宇琴同志多次提供帛書竹簡的底片資料，陳美如、易家敏同志沖洗了大部分字頭照片，廖丹、吴鏑同志抄寫了書稿，陳小和等同志爲字頭做了掃描和電腦編排。可以説，本書的編成都有他們的一份功勞在裏面。

本書在結項之時，曾得到李學勤、曾憲通、張振林、謝桂華、高至喜諸先生的慨然應允，承擔此課題的結項鑒定工作。他們對本書進行了充分的肯定和較高的評價。同時，也提出了很多中肯的修訂意見。此外，香港的饒宗頤教授欣然爲本書題寫了書名，李學勤先生還在百忙中審稿和惠賜序言，他們對後學的關愛和鼓勵令人感念。因此，本書的編著出版，在很大程度上應歸功於他們的指導和支持。

最後，還應感謝湖南省社會科學規劃辦公室、文物出版社、湖南省博物館的領導和有關同志的關照和支持，應感謝學界許多同仁的關注和幫助，如果没有他們的幫助，這本書也許還不能與讀者見面呢。

陳松長

一九九九年十一月二十五日記於香江

檢字表

五　畫

六　畫

八　畫

十　畫

十一畫

十二畫

十三畫

十四畫

十九畫

二十畫

二十一畫

二十二畫

二十三畫

二十四畫

二十五畫

二十六畫

二十七畫

二十九畫

三十三畫

三十六畫